林仲轩　赵瑜佩　著

电子竞技研究

图景、视角与案例

ESPORTS RESEARCH

Knowledge Graph, Research Perspectives, and Case Studies

社会科学文献出版社
SOCIAL SCIENCES ACADEMIC PRESS (CHINA)

目 录

第一章　绪论 …………………………………………………………… 1
　　一　电子竞技的概念释义及社会争议 ………………………………… 1
　　二　国外电子竞技的发展经验——以美国和韩国为例 ……………… 6
　　三　我国电子竞技的发展轨迹 ……………………………………… 10
　　四　电子竞技的社会影响 …………………………………………… 13
　　五　内容结构 ………………………………………………………… 17

第一部分　研究图景

第二章　国外电子竞技研究的知识图谱分析 …………………………… 21
　　一　数据来源与处理 ………………………………………………… 22
　　二　图谱分析 ………………………………………………………… 24
　　三　主要研究历程 …………………………………………………… 32
　　四　电竞研究发展前景 ……………………………………………… 36

第三章　中国电子竞技研究的知识图谱分析 …………………………… 38
　　一　数据来源与处理 ………………………………………………… 39
　　二　图谱分析 ………………………………………………………… 40
　　三　主要研究历程 …………………………………………………… 49
　　四　电竞研究发展方向 ……………………………………………… 55

1

第二部分　研究视角：游戏、体育、文化及产业

第四章　游戏视角 ······ 59
 一　国内电子竞技与游戏研究 ······ 60
 二　国外电子竞技与游戏研究 ······ 66

第五章　体育视角 ······ 76
 一　国内电子竞技与体育研究 ······ 77
 二　国外电子竞技与体育研究 ······ 83

第六章　文化视角 ······ 95
 一　国内电子竞技文化研究 ······ 95
 二　国外电子竞技文化研究 ······ 104

第七章　产业视角 ······ 115
 一　国内电子竞技文化产业研究 ······ 115
 二　国外电子竞技文化产业研究 ······ 125

第三部分　研究案例

第八章　电竞素养：关键行动者的"价值共演" ······ 137
 一　文献综述 ······ 137
 二　研究方法 ······ 144
 三　分析与讨论 ······ 146
 四　小结 ······ 159

第九章　电竞职业：混沌理论视角下的职业复杂性 ······ 160
 一　文献综述 ······ 162
 二　研究方法 ······ 170
 三　分析与讨论 ······ 173

四　小结 ……………………………………………………… 189

第十章　电竞污名：中国电竞选手的"面子"与心理转变 ………… 192
　　一　文献综述 …………………………………………………… 194
　　二　研究方法 …………………………………………………… 197
　　三　分析与讨论 ………………………………………………… 199
　　四　小结 ………………………………………………………… 206

第十一章　电竞认知：作为"生活方式运动"的中国电竞 ………… 209
　　一　文献综述 …………………………………………………… 210
　　二　研究方法 …………………………………………………… 224
　　三　分析与讨论 ………………………………………………… 226
　　四　小结 ………………………………………………………… 235

结　语 ……………………………………………………………… 238
　　一　电竞作为场域 ……………………………………………… 238
　　二　电竞作为方法 ……………………………………………… 241

第一章　绪论

一　电子竞技的概念释义及社会争议

2018年,《英雄联盟》等三款游戏入选雅加达亚运会电子体育表演项目。2021年,杭州亚组委正式将《英雄联盟》、《王者荣耀》(亚运版)、《和平精英》(亚运版)、《炉石传说》等八款游戏纳入第19届亚运会电子体育项目。电子竞技的正式"入亚"标志着传统体育与电竞产业的融合进阶,是传统体育产业数字化转型,迈向数字体育(digital sports)的显著成果。

电子竞技(electronic sports,简称 e-sports,"电竞")的诞生背景比较复杂和特殊,目前对电子竞技的定义与内涵尚未有统一定论[1]。学者 Jin 将其宽泛定义为"通过网络游戏和相关活动进行竞争的电子运动和联盟"[2]。学者何旺等则融入信息技术要素,认为电子竞技是涵盖计算机、人、虚拟情境、统一规则的"一项以信息技术为核心,以计算机软硬件技术为体育器材,将数字娱乐赛事化,竞技运动屏幕化,在一种虚拟的环境下进行的有统一竞赛规则的智力竞技运动"[3]。学者 Taylor 基于电子竞技的

---

[1] 宗争. 电子竞技的名与实——电子竞技与体育关系的比较研究 [J]. 成都体育学院学报,2018,44(4):1-8.
[2] Jin D Y. Korea's Online Gaming Empire [M]. Cambridge, MA: The MIT Press, 2010: 59.
[3] 何旺,卢玉,孙文波. 我国电竞行业的发展现状与对策分析 [J]. 湖北体育科技,2020,39(3):213-216+265.

劳动商品属性，将电子竞技描述为"沉浸于数字端竞争，通过玩电子游戏获得相应报酬，并将其视作体育运动的一种新兴模式"[1]。综合来看，目前学界普遍认为电子竞技是个人或团队之间以战胜对手、角逐胜负为目标的比赛活动[2]。

电子竞技的这种特性与体育运动有一定的联系。相同的是，它们都需要技能、策略、战术、集中注意力、沟通、协调、团队合作和强化训练[3]；不同的是，电子竞技还需要依附技术设备的虚拟性且属于侧重智力的脑力竞技。所以，学界开启了关于"电子竞技是否属于体育范畴"的争论。反对派多数认为电子竞技缺乏直接的身体性，因而并不具备充分的体育属性[4]。加之，从体育运动的当下普遍内涵出发，电子竞技并不能实现促进身体健康、增强体能的目的，因而它更类似于国际象棋，是一种侧重思想的智力竞赛[5]。支持者则从体育本体论和概念内涵的演进逻辑等多角度出发，赋予了电子竞技属于体育的合法性。对比体育运动的特性，Hallmann、Witkowski等学者认为，电子竞技如同射击和射箭等项目，同样要求身体的灵巧性、协调性、灵敏性以及高度的注意力[6][7]，它是身体、脑力和心理技巧的结合[8]。这种解释似乎不能完全服众，或许我们需要追溯"体育（sport）"概念的动态演进，以期为电子竞技属于体育的合法性寻找依据。

---

[1] Taylor T L. Raising the Stakes：E-sports and the Professionalization of Computer Gaming［M］. Cambridge：MIT Press，2012：9.

[2] Jonasson K，Thiborg J. Electronic sport and its impact on future sport［J］. Sport in Society，2010，13（2）：287-299.

[3] Lu Z. From e-heroin to e-sports：The development of competitive gaming in China［J］. The International Journal of the History of Sport，2016，33（18）：2186-2206.

[4] Parry J. E-sports are not sports［J］. Sport，Ethics and Philosophy，2019，13（1）：3-18.

[5] 张震. 电子竞技是否属于体育的"本体论约定"阐析与解决路径［J］. 成都体育学院学报，2023，49（1）：38-44+118.

[6] Hallmann K，Giel T. Esports-Competitive sports or recreational activity？［J］. Sport Management Review，2018，21（1）：14-20.

[7] Witkowski E. On the digital playing field：How we "do sport" with networked computer games［J］. Games and Culture，2012，7（5）：349-374.

[8] 霍传颂. 体育演进逻辑下的电子竞技现象思辨［J］. 成都体育学院学报，2020，46（4）：102-107.

首先，依郭红卫之见，娱乐、消遣是"sport"一词最根本的意义[1]，因而即便"sport"的内涵边界随着现代体育新兴渐趋模糊，但仍未跳脱"消遣"本义[2]；顺此释义，具有娱乐性的电子竞技无疑符合了"sport"的基本条件。其次，如郝勤指出，"体育运动"的内涵需要注入时代的新鲜血液，这就要求我们不能固执于"身体活动"的单一属性[3]，因此将电子竞技纳入体育范畴，无疑是拓展"体育运动"概念边界的时代所趋。最后，从"本体论约定"之视角出发，电子竞技从体育本体论意义上看是依托于数字技术的变革形态，是一种更高级的体育新形态，对此有关命题应从"电子竞技是否属于一种体育项目"转向"体育项目属于哪一种电子竞技"[4]。学者们为电子竞技的"正名"侧面展露了现代体育迈向数字体育的"元变革（meta-change）"发生的必要性和合理性。但众所周知，电子竞技作为新时代体育活动的发展势头已成定局，学术界对此类命题的讨论充其量只是提供"名正言顺"的佐证[5]，聚焦"如何发展电子竞技"等后续话题或许会更具社会价值和现实意义。

除了对电子竞技体育合法性的争议之外，大众对网络游戏的刻板印象也是电子竞技未能全面普及的一大阻碍。在某种意义上，电子竞技是视频和网络游戏的结合，虽然电竞更注重技能竞争[6]，但在传统观念中，电竞也往往被视同网络游戏对待。然而，由于网络游戏存在内容暴力、易致成

---

[1] 郭红卫. Sport考论［J］. 体育科学，2009，29（5）：83-97.
[2] 霍传颂. 体育演进逻辑下的电子竞技现象思辨［J］. 成都体育学院学报，2020，46（4）：102-107.
[3] 郝勤. 体育史观的重构与研究范式的转变——兼论体育的源起与概念演进［J］. 成都体育学院学报，2018，44（3）：7-13.
[4] 张震. 电子竞技是否属于体育的"本体论约定"阐析与解决路径［J］. 成都体育学院学报，2023，49（1）：38-44+118.
[5] 宗争. 电子竞技的名与实——电子竞技与体育关系的比较研究［J］. 成都体育学院学报，2018，44（4）：1-8.
[6] Taylor T L. *Raising the Stakes：E-sports and the Professionalization of Computer Gaming*［M］. Cambridge，MA：MIT Press，2012.

瘾、损害健康等负面影响[①②]，被认为是荼毒青少年的"电子海洛因（e-heroin）"[③]，参与电子竞技也难免被误认为"网络成瘾"的行为之一，这种刻板印象尤其体现在电子竞技运动员的社会处境上。在中国，受传统观念影响，电子竞技选手的社会接受程度低，"问题青少年"成为他们在成长过程中难以撕下的标签[④]。

同时，作为一种新兴职业，电子竞技运动员的相关保障制度尚不完善，他们面临着安全感低、收入不稳定[⑤]、监管保护薄弱、保障体系不完善[⑥]、集体声量缺少[⑦]等现实困境。然而，如表1所示，电子竞技职业选手与普通玩家大相径庭，对职业选手而言，网络游戏并非令人娱乐的活动，而是一种严苛的无聊训练；此外，为了不被替代，"成为冠军"是他们最关键的存活方式[⑧]。

表1 电子竞技职业选手与普通玩家的差异性对比

	职业选手	普通玩家
游戏目的	以游戏为职业	为了休闲娱乐或互动
身份限制	层层筛选，青训淘汰率高	玩游戏几乎没有限制
管理安排	遵循严格的管理制度	玩游戏时间随意安排
训练程度	高强度的专业训练	休闲时间的娱乐

---

① 霍传颂. 体育演进逻辑下的电子竞技现象思辨［J］. 成都体育学院学报，2020，46（4）：102-107.

② Marelić M，Vukušić D. E-sports：Definition and social implications［J］. *Exercise and Quality of Life Journal*，2019，11（2）：47-54.

③ Lu Z. From e-heroin to e-sports：The development of competitive gaming in China［J］. *The International Journal of the History of Sport*，2016，33（18）：2186-2206.

④ Lin Z，Zhao Y. Self-enterprising eSports：Meritocracy，precarity，and disposability of eSports players in China［J］. *International Journal of Cultural Studies*，2020，23（4）：582-599.

⑤ Hardt M，Negri A. *Commonwealth*［M］. Cambridge，MA：Belknap Press，2009.

⑥ Vosko L F. *Managing the Margins：Gender，Citizenship and the International Regulation of Precarious Employment*［M］. New York：Oxford University Press，2010.

⑦ Standing G. *The Precariat：The New Dangerous Class*［M］. London：Bloomsbury Academic，2011.

⑧ Lin Z，Zhao Y. Self-enterprising eSports：Meritocracy，precarity，and disposability of eSports players in China［J］. *International Journal of Cultural Studies*，2020，23（4）：582-599.

续表

	职业选手	普通玩家
游戏专一度	需要对同一款游戏进行长时间训练	可以同时玩多款游戏
能力要求	需要天赋、心态等多方面能力	无硬性要求

要想破除对电子竞技的传统偏见，第一要务是区分电子竞技和网络游戏。在《2022年中国电子竞技用户行为研究报告》中，艾媒咨询对比罗列了电子竞技与网络游戏的差异性特征（如表2所示）[①]。结合前文讨论，若仍将电子竞技偏执地等同于网络游戏，难免会陷入观点片面的泥淖。用综合的视角来看，电子竞技是囊括竞赛、能力和数字技术的一体化运动，是游戏、体育、技术、文化、商业、社会的多面融合。在此意义上，电子竞技无疑是体育和游戏的数字化结晶，甚至产生了"1+1>2"的复合效果，它兼具着体育精神、体能锻炼、团队协作、赛制严格等特点。

表2 电子竞技与网络游戏的差异性对比

	电子竞技	网络游戏
基本属性	有组织进行的人与人之间智力对抗的体育运动项目	虚拟世界中追求感受的模拟与角色扮演
比赛规则	严格的时间及回合设置	缺乏明确统一的比赛规则，无时间及回合限制
主要目的	公平公正的体育精神，通过智力或体力对抗，决出胜负	人机或玩家之间交流互动，并非根据对抗得出评判结果
评判标准	思维、反应、心眼四肢协调能力及大局观、意志力与团队精神等	部分网友可通过充值取得优势

伴随数字体育与游戏文化产业的革新，与之嵌套的制度和物质界限相继崩溃重建，电子竞技便是在数字化背景下应运而生的时代产物。对于这一新兴产业、新兴体育项目，我们不能简单将其与媒体、体育或是网络游戏挂钩，而是应将其视作一种多元的结合，即它是超越的，而不是衍生

---

① 艾媒大文娱产业研究中心.2022年中国电子竞技用户行为研究报告[R].艾媒咨询，2022.

的。当前,电子竞技虽仍面临诸多争议,接纳电子竞技运动、发展电竞产业是数字时代的大势所趋,也将是一国软实力的重要体现。

二 国外电子竞技的发展经验——以美国和韩国为例

电子竞技发展至今已涌现出多种游戏类型,包括即时战略游戏(简称RTS,代表游戏《星际争霸》《魔兽争霸》等)、第一人称射击类游戏(简称FPS,代表游戏《穿越火线》《反恐精英》等)、多人在线战术竞技游戏(简称MOBA,代表游戏《风暴英雄》《英雄联盟》等)、体育竞技类游戏(简称SPG,代表游戏《FIFA》系列等)、格斗游戏(简称FTG,代表游戏《铁拳》《街头霸王》等)、卡牌游戏(简称CCG,代表游戏《炉石传说》等)等[1]。

谈及电子竞技的起源,我们可以追溯到1972年由美国斯坦福人工智能实验室组织的小型电子游戏比赛。当时,该比赛以《太空战争》为主打游戏,邀请24名参与者,奖励为《滚石杂志》一年的免费订阅资格。有史可查的第一个电子竞技比赛,是由世界上第一家电子游戏公司雅达利公司(Atari)于1980年12月在美国纽约举办的"国际'太空侵略者'大赛"(The National Space Invaders Championship),这是现代电竞迈出的一大步[2]。在互联网技术普及发展以及经济全球化趋势的推动下,电子竞技已跃升为全球范围的竞技体育项目[3]。如今,全球电子竞技产业的格局已见雏形,北美、西欧、韩国起步较早,而后中国奋起直追,各自形成了较为成熟完善的电竞产业体系与商业模式。以美国和韩国为例,作为欧美和亚洲的典

---

[1] 赤道电子竞技中心.电子竞技游戏种类[EB/OL].2016-01-21.https://mp.weixin.qq.com/s/JAEzPEoz7AZQdEdWBPO33w.

[2] 宗争.电子竞技的名与实——电子竞技与体育关系的比较研究[J].成都体育学院学报,2018,44(4):1-8.

[3] Newman J I, Xue H, Watanabe N M, et al. Gaming gone viral: An analysis of the emerging esports narrative economy [J]. Communication & Sport, 2022, 10 (2): 241-270.

型代表，两个国家的电竞产业发展具有一定的参考性。

美国是欧美地区电竞产业的领头羊。伴随20世纪90年代互联网技术的快速发展，从任天堂世界锦标赛的巡演，到职业游戏玩家联盟（PGL）成立并举办第一届"星际争霸"职业锦标赛，再到当前北美电竞市场近3亿美元市值，美国凭借浓厚的商业氛围以及成熟的市场机制，率先占领全球电竞市场的高地[①]。硬件方面，英特尔、微软、AMD等巨头企业均位于欧美地区，这为电竞产业的发展提供了丰富的资金来源和技术支持。软件方面，暴雪公司、拳头公司等全球知名游戏公司也基本源于欧美，为美国电竞产业提供了丰富的电竞内容资源[②]。此外，美国人的生活水平和教育水平较高，因而他们有更多时间培养有关电竞方面的兴趣爱好，能够不断补给相应的电竞人才，对电子竞技的接受程度也相对更高，这也为电竞产业提供了更丰富的受众群体。

为进一步推进电竞产业体系化、专业化发展，美国在各方面持续发力。社会支持方面，面对电子竞技产业的巨大潜力，传统的美国职业篮球联赛开始涉足职业电竞联赛，扩大了电竞活动的受众[③]。同时，美国陆续成立了各种电竞联盟，推动电竞工作步入职业化、专业化的正轨。1997年美国成立的职业玩家联盟（PGL）和网络运动员职业联盟（CPL）两个游戏联盟，被认为是当代电子竞技史的起源[④]。同时，美国现已摸索出一套较为完善的电竞选手培养体系建设的制度方案。一方面，美国政府将职业电子竞技选手视作移民的一项条件，从2019年开始，美国移民局首度承认

---

① 常任琪，薛建新．美国和韩国电子竞技产业发展及启示［J］．体育成人教育学刊，2020，36（2）：56-59．
② 电竞头条咨询．全球电竞产业报告：国际篇［EB/OL］．2023-01-31．https：//mp.weixin.qq.com/s/VYqdKyX0mUkASVjg07v5Ug．
③ 常任琪，薛建新．美国和韩国电子竞技产业发展及启示［J］．体育成人教育学刊，2020，36（2）：56-59．
④ Taylor T L. *Raising the Stakes：Esports and the Professionalization of Computer Gaming* ［M］．Cambridge，MA：MIT Press，2015．

职业的视频游戏玩家可以像传统体育运动员一样申请工作签证[1]；另一方面，电竞选手的日常训练、生活料理、医疗保健以及退休计划制定等保障项目都渐趋完善，这也吸引了越来越多美国高中生积极投身电竞行业[2]。教育方面，越来越多的研究型高校设立电子竞技课程、项目以及奖学金，例如加州大学（UCI）在数字媒体艺术专业下新设有数字娱乐方向，主要培养电子竞技管理、游戏策划方面人才，该校还修建了电竞馆、设立了《守望先锋》和《英雄联盟》两款游戏奖学金，促进学校良性电竞氛围的形成[3]。

在亚洲，韩国的电竞实力毋庸置疑。尽管韩国并不是第一个发展电子竞技的国家，但凭借发展后劲，韩国被奉为"电子竞技之都""电子竞技圣地"[4]，韩国选手不仅在众多电竞项目中占据一席之地，还在部分项目里拥有称霸的地位。电子竞技是韩国经济的一个发展机遇。受到1997年亚洲金融风暴的影响，韩国经济遭遇重创，因此1998年《星际争霸》在韩国发行之际受到了众多待业者和青少年的追捧。韩国On Media电视台顺势播出相关节目，不仅将该游戏推向又一个高潮，还为电子竞技的风靡奠定了基础[5]。同期，在"文化立国"战略的指导下，韩国政府开始大力扶持电竞产业，电子竞技逐渐成为一种融入大众的主流文化[6]。1999年，韩国电子竞技协会（KeSPA）成立，主要负责韩国电子竞技运营，以及监管韩国星际争霸职业俱乐部与职业选手，包括战队规划运营、商务合作洽谈、选手选拔管理、电竞知识科普等。KeSPA的成立使韩国电竞在电视上得到了

---

[1] 恒信嘉杰移民．"英雄联盟"打得好，就可以拿到美国绿卡？［EB/OL］．2018-11-06. https://www.sohu.com/a/273660088_99934835.

[2] 常任琪，薛建新．美国和韩国电子竞技产业发展及启示［J］．体育成人教育学刊，2020，36（2）：56-59.

[3] SP超玩电竞．美国"电竞专业"当下正热，人人都有望成为电竞界的比尔盖茨［EB/OL］．2020-09-04. https://mp.weixin.qq.com/s/IIbGEZ_78TpC1BtIm7CO7w.

[4] Dal Yong J. Historiography of Korean Esports: Perspectives on spectatorship ［J］．*International Journal of Communication*, 2020, 14: 3727-3745.

[5] 孟丽．韩国电竞产业迅速发展的原因探析［J］．科技经济市场，2022（10）：16-18.

[6] Taylor T L. *Raising the Stakes: Esports and the Professionalization of Computer Gaming* ［M］．Cambridge, MA: MIT Press, 2015.

更好的传播，形成了以电视台为中心、以电子竞技赛事为产品的电竞产业雏形[1]。此外，网吧的涌现也为韩国营造了一种线下的"竞技氛围"和观众观看环境，这也是韩国电竞早期繁荣的一大原因[2]。

为保持势头，韩国在政策支持、选手培养、媒体宣传等方面继续发力。例如，电竞人才培养方面，从人才选拔、福利待遇、技能培训到退役保障、后续就业，韩国已形成一整套完善的"造星"包装体系及规章制度；政策支持方面，韩国相继出台《游戏产业振兴法》《电竞振兴法》，严处外挂、代练等行为，旨在振兴电子竞技运动；媒体宣传方面，韩国大力开展赛事宣传（如 MBC Game、Ghem TV 等电视台相继加入职业联赛的转播队伍）和开发电竞综艺节目（如《True LOL Show》《后一局》《Game Show 游戏乐乐》《LoL the Next 2021》），在电视媒体的助推下，电竞跃身成为韩国的一项基础体育运动，电竞的职业化亦被认可。学者 Dal Yon 指出，韩国电竞产业之所以能如此高速发展，是互联网基础设施发展、好胜心理等社会文化因素综合作用的结果[3]。现如今，电子竞技在韩国的势头猛增不减。《2021 年韩国电竞产业调查报告》显示，2019 年，韩国电竞产业规模达 1398.3 亿韩元，同比增长 22.8%，是自 2016 年以来增长最快的一年。2020 年受疫情影响，产业规模虽有所缩减，但仍高达 1204.1 亿韩元。截至 2021 年 9 月，韩国共有 49 家职业俱乐部、86 个由游戏商运营的职业战队[4][5]。

综观全球，从 21 世纪 00 年代中期开始，电子竞技的国际认可度与接纳程度直线上升，各种组织开始努力将电子竞技认证为一项合法的运动。

---

[1] 孟丽. 韩国电竞产业迅速发展的原因探析[J]. 科技经济市场，2022（10）：16-18.

[2] Dal Yong J. Historiography of Korean Esports: Perspectives on spectatorship[J]. *International Journal of Communication*，2020，14：3727-3745.

[3] Dal Yong J. Historiography of Korean Esports: Perspectives on spectatorship[J]. *International Journal of Communication*，2020，14：3727-3745.

[4] 常任琪，薛建新. 美国和韩国电子竞技产业发展及启示[J]. 体育成人教育学刊，2020，36（2）：56-59.

[5] 孟丽. 韩国电竞产业迅速发展的原因探析[J]. 科技经济市场，2022（10）：16-18.

例如，2007年，亚洲奥林匹克理事会（OCA）将电子竞技引入第二届亚洲室内运动会的正式比赛项目；2013年，OCA将电子竞技作为第四届亚洲室内和武术运动会的正式训练项目，亚洲国家的45个国家奥委会开始对电子竞技表现出越来越大的兴趣，并纷纷成立电子竞技协会。根据Newzoo发布的《2022年全球电竞与游戏直播市场报告》[①]，2022年全球电竞观众增至5.32亿人，其中核心电竞爱好者占据2.61亿人，并且大部分增长来自东南亚、拉丁美洲、中东和非洲等新兴市场。在营收方面，2022年全球电竞赛事营收规模达到13.84亿美元，到2025年这一数字或将超过18亿美元，其中赞助收入将占整个电竞赛事收入的60%。借着这股"西风"，中国乘胜追击，贡献了全球电竞赛事市场收益的约1/3，成为亚洲主要国家电竞产业发展关注度指数最高的国家。

三 我国电子竞技的发展轨迹

2021年11月7日，英雄联盟全球总决赛上，中国EDG战队打败韩国DK战队，夺得冠军。一时间国内全网沸腾，"EDG夺冠"直接登顶微博热搜，阅读量直破30亿，成为当年的现象级事件。大批年轻人为EDG夺冠欢呼雀跃，足以彰显我国电竞产业受众群的广泛以及行业的飞速发展。另据《2022年中国电竞产业报告》，电竞产业的主要收入由电竞游戏、内容直播、赛事活动及俱乐部经营等构成。2022年电竞产业收入虽受到新冠疫情的影响而有所下降，但仍然高达1445.03亿元。这意味着，中国电竞产业已逐渐成为现代全球电竞市场的重要力量。回顾中国电竞产业的发展历程，可以分成四个主要阶段[②]。

---

① Newzoo. 2022年全球电竞与游戏直播市场报告［R］. 2022.
② 钥浪电竞训练基地. 电竞大未来Ep2：我电子竞技发展的四个阶段［EB/OL］. 2022-08-25. https：//mp.weixin.qq.com/s/hIndprc7n_YO-2bt-MHsRQ.

第一阶段（1998-2008年）：曲折前行

20世纪90年代末，《星际争霸》《反恐精英》在国内相继入场，并促成第一批电子竞技用户的诞生。然而，这种氛围并没有持续很久。2000年，一些新闻机构发布的新闻调查认为当时电子竞技文化会导致游戏成瘾、损害身心健康、加剧社会犯罪。即便电竞爱好者如何"据理力争"，电竞文化始终不被主流文化认可，并且受到诸多政策制约，如关停游戏中心、严格限制进口游戏机、严禁制作电竞节目等。加之购买力不足、缺乏版权保护意识、盗版软件盛行等原因，电子游戏也难以组织竞技性活动[①]。尽管如此，这一阶段我国电子竞技仍实现了从无到有的跨越，为后续的发展提供了一定的基础。这一时期，国内最早一批职业选手出现，地方性电子竞技俱乐部陆续成立，标志性事件是2005年SKY李晓峰夺得WCG新加坡世界总决赛冠军。

第二阶段（2009-2013年）：迎来曙光

为了迎接2009年世界电子竞技大赛，2008年成都市第十一届运动会将电子竞技正式列为比赛项目。同年12月29日，国家体育总局将电子竞技重新定义为中国第78个体育运动项目。从此，国内逐渐开始接纳并发展电子竞技产业，加上动作即时战略类游戏和休闲竞技类游戏有逐渐替代即时战略类游戏的趋势，电子竞技的观赏性和可上手性大大提升，这为国内电竞玩家的增长开辟了广阔的空间。2011年资本注入电竞行业，同年《英雄联盟》国服发行，推动着各类电竞俱乐部成立（如iG、EDG）。2013年国家体育总局设立中国电子竞技国家队，并广泛参与赛事。这一时期，在官方的支持下，本土电子竞技的国际影响力也有了显著提高，商业价值逐

---

① Lu Z. From e-heroin to e-sports: The development of competitive gaming in China [J]. *The International Journal of the History of Sport*, 2016, 33 (18): 2186-2206.

渐凸显，这为后期中国电竞产业生态的完善和发展奠定了基础[①]。

第三阶段（2014-2017年）：趋向成熟

2014年是中国电竞转折的一年。在政策支持、资本重视、媒体助力及教育普及的社会大环境下，我国电竞产业有了较好的发展势头，电竞产业化、职业化水平显著提升。一方面，国家开始重视电竞产业的发展，如2015年国家体育总局发布《电子竞技赛事管理暂行规定》，官方首次对电竞产业的发展予以明确支持和规划。另一方面，2015年前后，虎牙、斗鱼等各类直播平台开始涉足电竞产业，在大力推广电子竞技、拓宽受众面的同时，也延伸出"电竞+电商""电竞+综艺"等IP产业，实现了电竞产业的体系化、多元化纵深发展。此外，以中国传媒大学、中国传媒大学南广学院为代表的高校开设了电竞相关专业和课程，致力于我国电竞产业的人才培养和输送[②]。

第四阶段（2018年至今）：百花齐放

伴随智能设备的普及以及公众对电竞态度的普遍缓和，我国电竞产业进入高速发展阶段，主要表现在四个方面。第一，游戏实现街机端、移动端、PC端等多端口共存。除早期《穿越火线》《英雄联盟》等游戏外，《王者荣耀》《绝地求生》《第五人格》等不同种类游戏竞相涌现，呈现"百花齐放""多元争霸"的局面。第二，电子竞技赛事繁荣发展。一方面，在国内游戏厂商主导下，赛事体系渐趋完善，英雄联盟职业联赛（LPL）、王者荣耀职业联赛（KPL）、第五人格深渊的呼唤（COA）等赛事推动了电竞热潮。另一方面，我国电竞选手在国际赛事中大放异彩，例

---

① 何旺，卢玉，孙文波. 我国电竞行业的发展现状与对策分析[J]. 湖北体育科技，2020，39（3）：213-216+265.
② 艺恩数据. 2021中国电竞行业趋势报告[EB/OL]. 2021-08-11. https://mp.weixin.qq.com/s/1F3pY6bjncBWMhKh5fn7uA.

如 2018 年英雄联盟季中邀请赛（MSI）上，中国电子竞技俱乐部 RNG 一举夺冠，不仅吸引了大批电竞爱好者的关注，也推动着中国电子竞技产业爆发期的到来。第三，以游戏厂商、赛事运营商、俱乐部、电竞 KOL、电竞媒体为主导的电竞产业链逐渐形成，并衍生出电竞酒店、电竞综艺、电竞影视剧等 IP 产业。以《英雄联盟》为例，借该游戏的影响力，文学作品（《英雄联盟：我的时代》）、漫画作品（《英雄的信仰》）、音乐节（《英雄联盟》音乐节）等延伸产品相继问世，这提升了整个 IP 产业的增量，实现了多元化营收。第四，电子竞技逐步成为展示民族主义和中国软实力的平台[①]。中国政府在加大对电竞产业扶持力度（如将游戏产业纳入《"十四五"文化产业发展规划》）的同时，也积极完善相关规范制度，以保证电竞产业生态的健康发展。受此影响，地方政府也陆续出台相关政策，助力电竞产业发展升级[②]。

经过多年洗礼，在"摸着石头过河"中，中国电竞产业取得了长足的进步，电子竞技用户规模已近 5 亿，中国甚至被视为全球电竞产业的第一大潜力市场[③]。并且，我国在电竞出海方面也取得了显著成效，中国企业研发的电子竞技游戏在海外部分地区获得了较好的认可度，举办的电竞赛事影响力也在不断增强。

四　电子竞技的社会影响

随着电子竞技的发展，电竞产业对体育、文化、社会、经济等多个领域都产生了不可忽视的影响。

[①] Szablewicz M. A realm of mere representation? "Live" e-sports spectacles and the crafting of China's digital gaming image [J]. *Games and Culture*, 2016, 11 (3): 256-274.

[②] 钥浪电竞训练基地. 电竞大未来 Ep2: 我国电子竞技发展的四个阶段 [EB/OL]. 2022-08-25. https://mp.weixin.qq.com/s/hIndprc7n_YO-2bt-MHsRQ.

[③] Lu Z. From e-heroin to e-sports: The development of competitive gaming in China [J]. *The International Journal of the History of Sport*, 2016, 33 (18): 2186-2206.

(一) 对体育领域的影响

学术研究方面，由于电子竞技并不强调身体行动，因而总会遭受"不是体育"的诟病。然而，这种保守的观点将体育框定在传统单一的身体活动、体力运动的范畴，不利于体育研究的持续发展。学者郝勤从体育研究内涵出发，指出体育的功能价值囊括增进人的意志、培养社会人格、促进人的全面发展、满足现代人的娱乐与感情需求等，远非"增强体质"这么简单[1]。Block 和 Haack 从身体运动出发，提出电竞选手同传统运动员一样承受高压力，他们在键盘和鼠标上每分钟会精确点击 400 次[2]。而在技巧性方面，霍传颂认为电竞是身体、脑力和心理技巧的结合，同样考验人的敏捷度、团队协作能力以及高度的注意力[3]。因此，电子竞技同样能够促进人的身心健康发展，实现体能、智力、运动精神的全方位进阶。在此意义上，电子竞技绝非是体育运动的边缘或者争议项目，而是现代体育向数字体育的延伸，可以拓宽体育研究的内涵边界，开创数字体育与传统体育相结合的新时代。

现实发展方面，屏幕的呈现、虚拟与现实的结合为电子竞技带来了更好的观赏性，使其在游戏设计、对战水平、解说表演以及观赛氛围四个方面都有明显改善，提升了观众与参与者的兴趣，吸引了越来越多的人加入电竞，也为该体育项目招揽了更多的潜在受众[4]。电子竞技同样强调选手之间的竞争性以及选手自身的创新性，需要他们在团队训练中不断磨合，探索新的打法样和配合模式，从而在比赛中打出出其不意的招式，让对手

---

[1] 郝勤. 体育史观的重构与研究范式的转变——兼论体育的源起与概念的演进 [J]. 成都体育学院学报, 2018, 44 (3): 7-13.
[2] Block S, Haack F. Esports: A new industry [C] //SHS Web of Conferences (Volume 92) (2021). EDP Sciences, 2021: 04002.
[3] 霍传颂. 体育演进逻辑下的电子竞技现象思辨 [J]. 成都体育学院学报, 2020, 46 (4): 102-107.
[4] 先锋电竞. 是什么决定了电竞比赛的"观赏性"! [EB/OL]. 2017-04-21. https://mp.weixin.qq.com/s/eZK8M3KTsLUNWcmDicaPKw.

措手不及。在这一层面，电子竞技能够为体育领域不断注入鲜活血液，应该被视为一种创新的体育项目。

（二）对社会方面的影响

电子竞技的社会影响主要体现在青年思想以及社会就业两个方面。负面观点认为，电子竞技是一种"电子海洛因"，会为社会文化带来负面影响，特别不利于青少年群体的成长。学者孙润南指出电子竞技会带来主流价值共识的解构、社会进程的失序以及社会角色失调的风险[①]；张良驯等认为，电子竞技对青少年的消极影响体现在诱发生理疾病、易使青年对暴力脱敏、加剧与社会的情感隔阂、扰乱青年历史观、诱导超额消费等方面。正面观点认为，电子竞技的发展确实会带来一些社会问题，但是我们不能忽视它所具备的正向价值。第一，电竞能提高青年的反应能力、动手能力、合作能力以及应变能力，还能培养青年的创新意识、思维能力；第二，随着电竞产业的迅猛发展，各大高校陆续开设电竞专业，就业市场相继出现相关职业岗位，这无疑为青年的择校、就业营造了良好的环境氛围，提供了全新多元的思考方向[②]。

（三）对文化方面的影响

电子竞技对文化的影响主要体现为亚文化对主流文化和商业文化的解构与重构。一是电子竞技中的部分流行语已经逐渐嵌入到日常话语中，如《英雄联盟》中的"双杀"被用于形容电影中的打斗场景；"打野"成为一种外出的描述。学者Zhang和Reckfenwald指出，电子竞技话语不仅流行于电竞玩家之中，那些很少玩甚至不了解游戏的年轻人和老年人也

---

① 孙润南. 电竞文化影响下的青年社会化引领［J］. 思想教育研究，2022（2）：97−101.
② 张良驯，范策，赵丹丹. 电子竞技对青年发展的影响及治理对策［J］. 青年学报，2022（02）：57−67.

或多或少有所耳闻①。二是官方政治和媒体也开始通过各种话语向受众传递"电子竞技不等于网络游戏"的思想,试图将电竞文化融入主流文化中。学者张文杰认为,电子竞技由网络游戏转变成新兴体育运动不只是主流文化对商业文化单方面的收编行为,也是具有亚文化特点的粉丝积极融合的结果,例如,电竞粉丝通过内容二次创作等方式积极宣扬"职业电竞玩家是为国争光、努力拼搏的电子竞技运动员""电竞文化是体育运动"等思想②。三是电竞产品的输出也能影响资本主义消费文化,为国家文化输出提供便利③。作为年轻人圈层流行的新语言,电子竞技成为"吸引全球电竞爱好者、打破地域和语言界限、连接人与人的重要纽带"④。

(四) 对经济产业的影响

作为一项新兴产业,由电子竞技衍生的电竞经济成为我国新经济发展的重要环节。第一,电子竞技已经步入商业化进程,成为文化产业的重要组成之一。电竞经济已萌发多样化的商业模式,如赞助收入、票务收入、版权收入、周边收入、内容衍生等⑤,刺激了消费,提升了电竞产业的增值空间,为国家经济发展注入源源不断的动力。第二,电子竞技可以衍生IP产业,带动消费增长。在电竞经济本身的辐射带动下,电竞专用鼠标、键盘、手办等周边产品的销量明显提高,同时,电竞主题酒店、网吧等新业态成为电竞爱好者的首要选择,电竞影视剧、电竞综艺等衍生产业都得到了显著发展,形成了立体化、多样式的电竞 IP 产业生态。第三,电子竞

---

① Zhang D G, Recktenwald D. The divide between E-sport and playing games in China [C] //3rd Annual Chinese DiGRA Conference,2016:1-6.
② 张文杰. 数字时代的电子竞技与粉丝文化 [J]. 青年研究,2022 (03):50-62+95.
③ Szablewicz M. A realm of mere representation? "Live" e-sports spectacles and the crafting of China's digital gaming image [J]. Games and Culture,2016,11 (3):256-274.
④ 汪明磊. 互动仪式链视角下电竞用户文化研究——以英雄联盟粉丝为例 [J]. 当代青年研究,2021 (4):18-24.
⑤ 艺恩数据. 2021 中国电竞行业趋势报告 [EB/OL]. 2021-08-11. https://mp.weixin.qq.com/s/1F3pY6bjncBWMhKh5fn7uA.

技成为体育产业新赛道。疫情期间，传统体育产业一度濒临停滞，而电子竞技打破了空间的壁垒，在疫情期间线下赛事活动有所减少的情况下，整体结构上依旧发挥着牵引经济的关键作用，弥补了疫情对体育产业造成的影响，成为疫情期间传统体育产业的"第二条生命线"。[①]

五　内容结构

总体而言，当前电子竞技正在成为能够影响受众特别是青少年群体的新型媒介，是一种新的研究场域和研究方法。为了系统梳理和深入探讨电子竞技的相关研究问题，本书将主要分为研究图景、研究视角和研究案例三个部分。

研究图景部分采用知识图谱的研究方法，通过 CiteSpace 软件系统梳理了国外和国内电竞研究的主要历程，具体以作者、机构、关键词的图谱分析和历程研究总结了当前的电竞研究发展情况；同时，通过对电竞受众、电竞产业发展和电竞生产与传播等研究的梳理，分析了电竞发展方向。这一部分的研究是对电子竞技的全面梳理，也是整本书的研究基础。

研究视角部分，结合研究图景的归纳总结，笔者总结了电竞研究主要聚焦的游戏、体育、文化和产业四个研究视角，以四个章节分别展开图景描绘。电竞与游戏部分，分析了国内外文献中的玩家研究、发展研究、动机研究、身体研究和劳动研究相关议题；电竞与体育部分，深度探讨了电竞与体育的关系；电竞与文化部分，分析了国内电竞产业的社会文化背景，电竞与亚文化的关系，电竞与性别的关系，同时探讨了国外电竞与博彩、性别和粉丝的关系；电竞与产业部分，考虑到电子竞技在国内外的发展差异，国内部分侧重梳理了电竞产业的发展情况，国外部分侧重于电竞赛事的产业发展情况。

[①] 马广坤，胡帅. 电子竞技对我国体育经济发展的影响研究［J］. 当代体育科技，2021，11（31）：223-226.

案例研究部分，具体探讨了电竞素养、电竞职业、电竞污名和电竞认知四个议题。电竞素养部分，主要采用田野观察的方法，分析了电竞产业的商业生态系统；电竞职业部分，主要采用深度访谈的方法，分析了当前电竞选手的职业复杂性；电竞污名部分，主要采用了民族志式的访谈方法，了解了电竞俱乐部中电竞选手的"面子"心理与转变；而电竞认知部分，主要聚焦于具有职业电竞赛事经验的非专职电竞选手和电竞主播两类具有流动属性的群体，探讨了作为"生活方式运动"的中国电竞产业。

第一部分
研究图景

第二章　国外电子竞技研究的知识图谱分析

电子竞技最早出现在 20 世纪 80 年代的美国，并在 20 世纪 90 年代得到蓬勃发展[1]。自 2017 年国际奥委会将电子竞技作为正式的体育运动后，电竞产业得到进一步发展。游戏市场研究及数据分析服务商 Newzoo 发布的《2022 年全球电竞与游戏直播市场报告》预计，到 2025 年末，电子竞技观众数将达 6.408 亿人次，约占全球总人口的 1/10[2]，该报告预估，在庞大的受众驱动下，全球电子竞技产业会在 2022 年末创造近 13.8 亿美元的营收；而企鹅有调、腾讯电竞、亚洲电子体育联合会（AESF）联合发布的《2022 年亚洲电竞运动行业发展报告》预计，2022 年全球电竞赛事营收规模达到 13.84 亿美元，至 2025 年，这一数字将超过 18 亿美元，复合年增长率为 13.4%[3]。

随着电子竞技影响力的快速提升，电竞版权、赛事赞助、内容制作等商业化进程保持着较高的增速。在新冠疫情影响下，美国男子篮球职业联赛（NBA）、足球赛事（FIFA20）、马拉松、高尔夫球巡回赛等部分体育赛事不得不通过线上模式展开，这进一步推动了电子竞技的发展，影响着既

---

[1] 李靖飞, 胡乔. 基于知识图谱的我国电子竞技研究进展分析 [J]. 四川体育科学, 2022, 41 (5): 25-29.
[2] 中国经营报. Newzoo 报告：预估 2022 年末全球电竞产业营收近 13.8 亿美元 [EB/OL]. 2022-06-09. https://baijiahao.baidu.com/s?id=1735157856020103069&wfr=spider&for=pc.
[3] 深圳商报. 2022 年全球电竞赛事营收规模将达 13.84 亿美元 中国电竞用户规模预计达 4.5 亿 [EB/OL]. 2022-08-23. http://www.43710.com/guangyinglongyan/2022/0823/57140.html.

有的体育、游戏等产业的发展格局，也进一步激发了学界对电竞的研究热情[1]。

然而，由于电竞产业涉及传播学、体育学、管理学等众多学科，并且在产业的高速发展下，电竞的范畴、发展方向等依然处于讨论阶段。因此，本章主要通过文献计量学的研究方法，统计了自 2000 年以来国外电竞研究内容，试图在对既有文献进行系统梳理后，初步展示国外电竞研究的发展脉络、知识结构及演进规律，并以可视化的方式表达和呈现[2]。具体操作方面，本章通过 CiteSpace 软件对国外电竞研究进行关键词共现图谱、关键词聚类图谱、关键词时间线图谱、关键词时区图谱、关键词突变图谱、作者合作共现图谱、机构合作共现图谱等进行可视化呈现与分析，梳理电子竞技这一研究领域的脉络和热点，以探索和分析学科研究前沿的演变趋势、研究前沿与其知识基础之间的关系，以及不同研究前沿之间的内部联系[3]。

一　数据来源与处理

Web of Science 核心合集数据库收录了 12400 多种高影响力的学术期刊，包括 SCIE、SSCI、A&HCI、ESCI 等高引用数据库，内容涵盖自然科学、工程技术、生物医学、社会科学、艺术与人文等领域，最早可追溯至 1900 年。与其他数据库相比，Web of Science 核心合集收录了论文中所引用的参考文献，并按照被引作者、出处和出版年代编成独特的引文索引，是现阶段国内外高校使用较多并且最为认可的学术文献数据库之一。因此

---

[1] 艾瑞咨询 . 2022 年中国电竞行业研究报告［EB/OL］. 2022 - 07 - 26. https：//www.thepaper. cn/newsDetail_forward_ 19177647.
[2] 潘佳宝，喻国明 . 新闻传播学视域下中国舆论研究的知识图谱（1986-2015）——基于文献计量学的研究［J］. 现代传播（中国传媒大学学报），2017，39（9）：1-11.
[3] 秦晓楠，卢小丽，武春友 . 国内生态安全研究知识图谱——基于 Citespace 的计量分析［J］. 生态学报，2014（13）：3693-3703.

本章的英文文献主要来自 Web of Science 核心数据库。通过检索自 2000 年至 2022 年 1 月 27 日以"esports""esport""e-sports"或"e-sport"作为主题的文献，本研究最终得到英文文献数据 862 篇，整体情况归纳如下。

第一阶段：2001~2015 年

从发展阶段看，2000 年前后，英文文献中开始了关于电竞的讨论，进入了电竞研究的第一阶段。这一时期，互联网产业的稳步发展带动着电子竞技从单机模式走向网络对抗模式，如《英雄联盟》《炉石传说》等 MOBA 类型电子竞技游戏成为主流电竞游戏。同一时期，英雄联盟职业联赛（LPL）、穿越火线职业联盟电视联赛（CFPL）等专业赛事有序举办，推动了电竞产业的职业化、正规化发展。但是在 2001~2015 年这段时间内，该领域的年均发文量仅为 3.07 篇。经历了这十几年的发展，英文文献中有关电竞议题的讨论热度才有所提升。

第二阶段：2016~2019 年

经历了第一阶段的积淀，2016 年国外电竞研究开始步入迅速增长期。随着智能手机、移动互联网等新技术的发展，电竞产业迈向了新的阶段，其受众群体迅速增长。这一时期中国电竞产业发展迅速，一定程度地推动了全球电竞产业持续向前。如《王者荣耀》《原神》等游戏的普及，王者荣耀职业联赛（KPL）、穿越火线职业联赛（CFM）等赛事的举办以及电竞成为亚运会的表演项目等诸多事件改变着电竞玩家以及全球受众对电竞产业的看法。从 2016 年开始，国外电竞研究的发文量保持稳定增长状态，从 2016 年的 16 篇增至 2019 年的 80 篇，年均增幅达到 134%，这一阶段是电竞赛事发展的重要阶段。

第三阶段：2020 年以后

在多端口电竞硬件设备的发展、电竞游戏自身的迭代以及近 20 年的研究积累下，国外电竞研究自 2020 年进入稳定发展期。2020 年，电竞研究的发文量达到 160 篇、2021 年发文量达到 162 篇，而截至 2022 年 1 月 27 日，2022 年内的电竞研究发文量已有 10 篇。

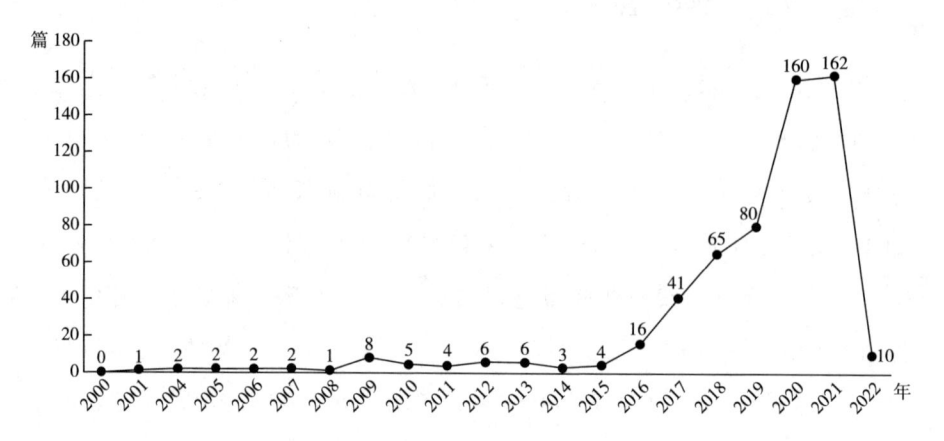

图 1　国外电竞研究发文趋势

二　图谱分析

图谱分析能够全面、系统地梳理国外电竞研究的发展历程，本部分主要分析国外电竞研究的研究作者、研究机构和研究议题。

（一）作者合作共现图谱

梳理电竞研究的作者情况，可以一定程度地反映研究方向及其发展变化。笔者选择节点类型中的 Author，设置 Node Lables 中的 Threshold 为 0，得到清晰的可视化结果，获得作者合作共现的知识图谱，如图 2 所示。有连接线意味着作者之间有合作关系，连接线越多则合作范围越广、连接线越粗则合作成果越多。

对图谱的核心作者节点进行分析，共获得 73 个节点（核心作者）、65

第二章　国外电子竞技研究的知识图谱分析

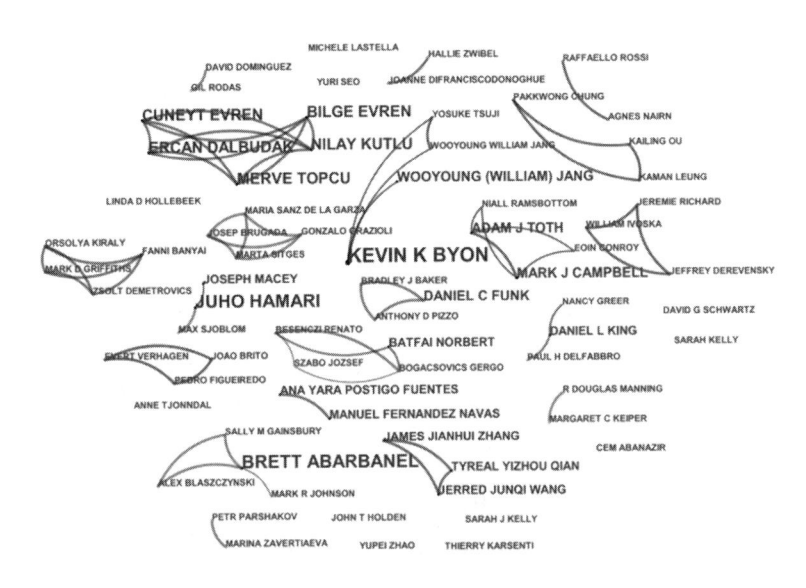

图 2　国外电竞研究知识图谱

条连线（合作关系），密度为 0.0247。不同节点的不同大小，代表着作者的发文频次存在差异，图中的节点越大，代表作者的发文频次越高。总体而言，国外电竞研究中，作者合作发文的情况较多，三人及三人以上的合作团队居多，并且出现了一些规模较大的合作团队，如 Kevin K Byon、Wooyoung William Jang、Yosuke Tsuji 团队，以及 Juho Hamari、Joseph Macey、Max Sjoblom 团队等。同时，也存在一些两人的搭档，如 David Dominguez、Gil Rodas 搭档，Hallie Zwibel、Joanne Difranciscodonoghue 搭档，Raffaello Rossi、Agnes Nairn 搭档等。此外，还有一些作者会单独发文，分别是：Michele Lastella、Yuri Seo、Linda D Hollebeek、David G Schwartz、Sarah Kelly、Anne Tjonndal、Cem Abanazir、John T Holden、Sarah J Kelly、Thierry Karsenti 等。

点击 Network Summary Table，获得作者发文频次与年份信息，经过对数据的整理排序，得到节点（核心作者）的发文量排名前 20 的情况，如表 3 所示。

表 3　国外电竞研究发文量 TOP20 的作者情况

序号	频次	点度中心度	作者	年份
1	9	3	Kevin K Byon	2020
2	7	2	Juho Hamari	2017
3	7	3	Brett Abarbanel	2017
4	5	4	Bilge Evren	2019
5	5	4	Cuneyt Evren	2019
6	5	4	Ercan Dalbudak	2019
7	5	4	Nilay Kutlu	2019
8	5	4	Merve Topcu	2019
9	4	1	Wooyoung（William）Jang	2021
10	4	3	Mark J Campbell	2021
11	4	3	Adam J Toth	2021
12	4	2	Daniel C Funk	2018
13	3	2	Batfai Norbert	2018
14	3	2	James Jianhui Zhang	2020
15	3	1	Joseph Macey	2020
16	3	1	Manuel Fernandez Navas	2020
17	3	2	Jerred Junqi Wang	2020
18	3	1	Ana Yara Postigo Fuentes	2020
19	3	2	Daniel L King	2019
20	3	2	Tyreal Yizhou Qian	2020

（二）机构合作共现图谱

了解电竞研究的发文机构可以在一定程度上了解相关研究领域、研究地域分布和研究院校。通过发文机构合作共现图谱我们可以探测到各发文机构对领域内的学术贡献、机构之间的合作情况等信息。选取 Node Types 中的 Institution，获得发文机构的知识图谱，如图 3 所示。机构分布图共获得 49 个节点（机构），28 条连线（合作关系），密度为 0.0238。

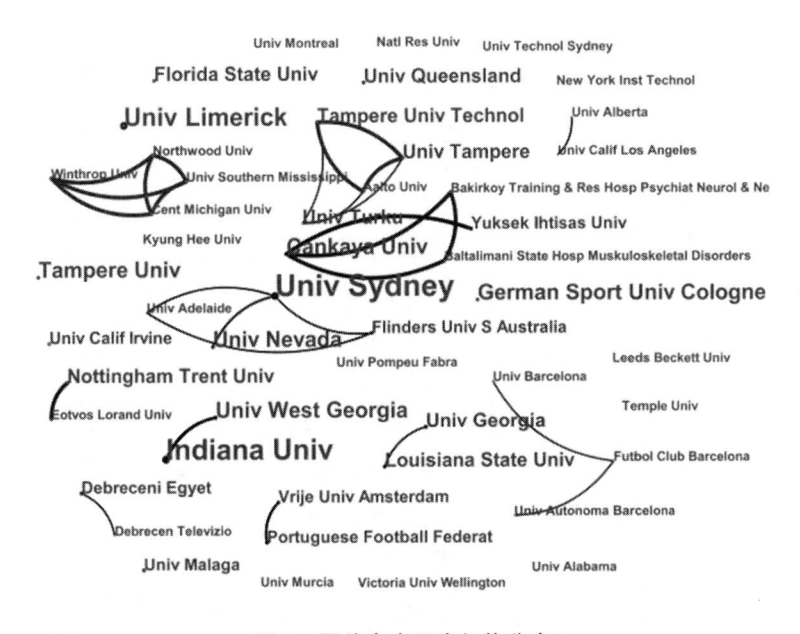

图 3　国外电竞研究机构分布

发文机构已经覆盖美国、欧洲、澳大利亚等全球主要地区，并且发文机构主要集中在高校，也有个别属于研究组织机构。具体而言，发文频次最高的机构是 University of Sydney，发文达 12 次，其次是 Indiana University，发文达到 10 次。其他发文达到 4 次的机构分别是：University of Queensland、University of Turku、Nottingham Trent University、University of Tampere、Tampere University of Technology、Louisiana State University、University of Georgia、Florida State University。总体来说，机构之间的连线比较少，说明达成密切合作关系的机构比较少，独立发文的机构较多。

点击 Network Summary Table，获得发文频次超过 3 次的研究机构，如表 4 所示。

表4 国外电竞研究发文频次超过3次的机构

序号	频次	点度中心度	机构	年份
1	12	3	Univ Sydney	2017
2	10	1	Indiana Univ	2020
3	7	0	Univ Limerick	2019
4	5	0	Tampere Univ	2020
5	5	3	Cankaya Univ	2019
6	5	0	German Sport Univ Cologne	2018
7	5	1	Univ West Georgia	2021
8	5	1	Univ Nevada	2017
9	4	0	Univ Queensland	2021
10	4	3	Univ Turku	2017
11	4	1	Nottingham Trent Univ	2018
12	4	3	Univ Tampere	2017
13	4	3	Tampere Univ Technol	2017
14	4	1	Louisiana State Univ	2020
15	4	1	Univ Georgia	2020
16	4	0	Florida State Univ	2019
17	3	1	Debreceni Egyet	2018
18	3	1	Yuksek Ihtisas Univ	2020
19	3	2	Flinders Univ S Australia	2019
20	3	1	Portuguese Football Federat	2021
21	3	0	Univ Calif Irvine	2018
22	3	0	Univ Malaga	2020
23	3	1	Vrije Univ Amsterdam	2021

（三）关键词共现图谱

关键词研究可以进一步了解当前电竞的研究领域和现阶段的主要研究方向。选择 Node Types 中的 Keyword，获得 350 个节点（关键词），374 条连线（共现关系），密度等于 0.0061。获得的主要关键词共现的知识图谱，如图 4 所示。

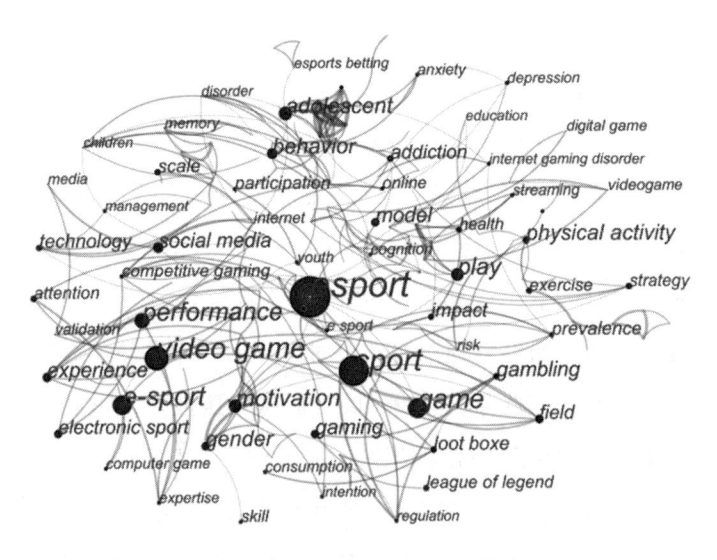

图 4 国外电竞研究关键词图谱

节点的不同大小，代表着关键词频次存在差异，节点越大，关键词频次越高。从图中可以看出，关键词 esport 的节点最大，频次是 248 次，其次是 sport，频次为 101 次。其他节点比较大的关键词依次为：video game、game、e-sport、performance、play、motivation、adolescent、gender、behavior、physical activity、experience、gaming、model、gambling、social media、addiction、electronic sport、field、impact、technology、loot boxes、scale、prevalence、participation、attention、exercise、competitive gaming、strategy、league of legend、health、skill、online 等，它们的频次都达到 10 次以上。

节点比较小的关键词，即频次在 5 次到 9 次之间的关键词为：internet、anxiety、streaming、cognition、validation、consumption、videogame、memory、digital game、computer game、youth、expertise、media、risk、depression、intention、disorder、esports betting、internet gaming disorder、regulation、education、children、managemen、competition、gaming disorder、 personality trait、video gaming、women、stress、sports betting、covid-19、gratification、machine learning、perception、symptom、twitch、motive、exposure、marketing、spectatorship、identity、athlete、neuroticism、gamer、power、player、self determination theory、psychology 等。

结合关键词来看，国外电竞研究的主要关键词大致涵盖了五大议题：一是电子竞技产业本身，如电竞赛事、电竞消费、电竞营销；二是性别议题，如性别、女性等；三是健康议题，如游戏致瘾、压力、焦虑、抑郁等；四是游戏议题，如电竞视频游戏（如《英雄联盟》）、游戏策略；五是管理议题，如监管、教育、游戏风险。此外，还涉及了电竞参与者，如儿童、青少年、游戏玩家、电竞选手，以及新冠疫情背景下电子竞技的现状等。点击 Network Summary Table，获得关键词详细参数，包括中介中心性、关键词最早出现的年份等信息，把词频大于 15 的关键词按照降序排列如下表。

表 5 国外电竞研究词频多于 15 的关键词

序号	关键词	频次	中介中心性	年份
1	esport	248	0.01	2017
2	sport	101	0.05	2004
3	video game	78	0.15	2016
4	game	62	0.02	2017
5	e-sport	57	0.11	2012
6	performance	47	0.02	2017
7	play	36	0.04	2017
8	motivation	33	0.14	2017
9	adolescent	26	0.28	2013
10	gender	24	0.03	2009
11	behavior	23	0.04	2018
12	physical activity	23	0.24	2011
13	experience	21	0.25	2017
14	gaming	21	0.02	2017

续表

序号	关键词	频次	中介中心性	年份
15	model	21	0	2019
16	gambling	21	0.09	2017
17	social media	20	0.02	2018
18	addiction	17	0.12	2019
19	electronic sport	16	0.04	2018
20	field	16	0.16	2017
21	impact	16	0.09	2017
22	technology	16	0.08	2018

（四）关键词聚类图谱

点击 Extract Cluster Keywords（提取聚类关键词），选择 Use Keywords，经过对比之后选择 LLR 聚类方法得到该领域所有关键词的聚类图谱，如图 5 所示。

本次聚类的模块性指数 Q 值（Modularity Q）和聚类轮廓性指数 S 值（Mean Silhouette）分别为 0.7374（>0.3）和 0.7914（>0.5），意味着归类结果具有一定的显著性，聚类合理。

关键词的聚类图谱表明了该领域不同研究的关注点。图中有 12 个红色标签，代表 12 个聚类，是电子竞技领域研究的重点话题。每个聚类的标签都是共现网络中的高频关键词，聚类序号的数字越大表明该聚类中包含的其他关键词越少，反之，数字越小表明该聚类中包含的其他关键词越多。标签标题分别为 #0 non-professional esports player（业余电竞玩家）、#1 professional womens basketball（职业女子篮球）、#2 psychometric validation（心理测量学验证）、#3 esports player（电竞选手）、#4 probable adhd（潜在多动症）、#5 brand perception（品牌认知）、#6 potential risk factor（潜在风险因素）、#7 cognitive research（认知研究）、#8 explaining performance（解释表现）、#9 affective labor（情感劳动）、#10 multiplayer esport（多人

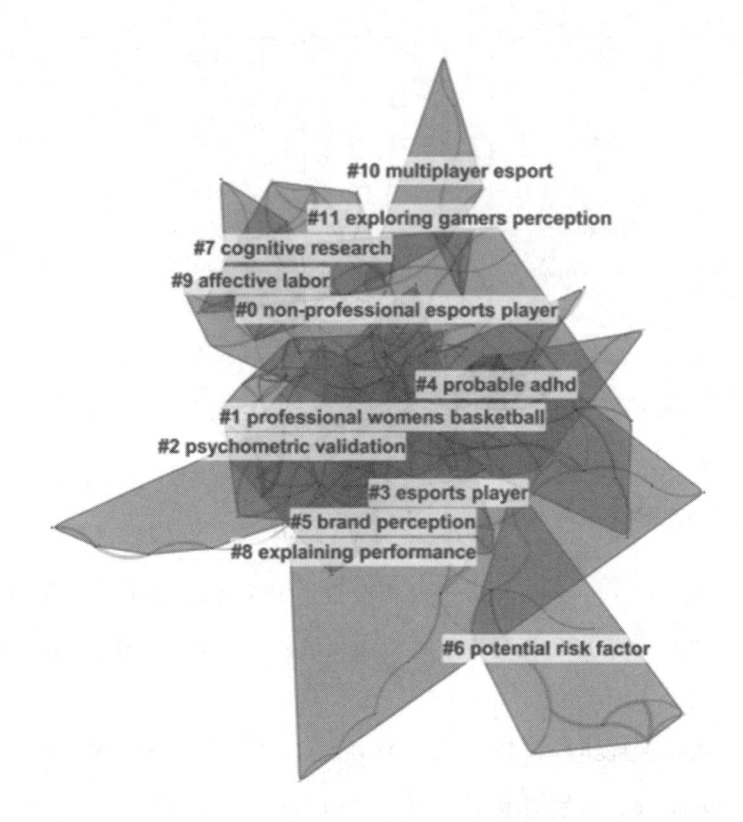

图 5 国外电竞研究关键词聚类图谱

电竞），#11 exploring gamers perception（探索玩家感知）。

聚类内部节点之间的连线表示共现关系，连线越多，说明该领域的关键词之间的共现程度越高。图中除了聚类#6 potential risk factor（潜在风险因素）跨聚类连线比较少之外，其余聚类与跨聚类之间的连线都比较多。连线多意味着这些跨聚类之间的聚类共现程度比较高，在这些领域进行跨聚类、跨学科研究，可以作为新的研究切入点。

三　主要研究历程

本章节还通过计量分析法进行了基于时间的电竞研究历程分析，通过关键词时间轴线和突显图进行两个方面的纵向对比，更好地展现国外电竞研究的发展脉络及演变。

（一）关键词时间线图谱

点击 Control Panel 中的 Layout-Timeline View 可以得到关键词分布的时间脉络，如图6所示。

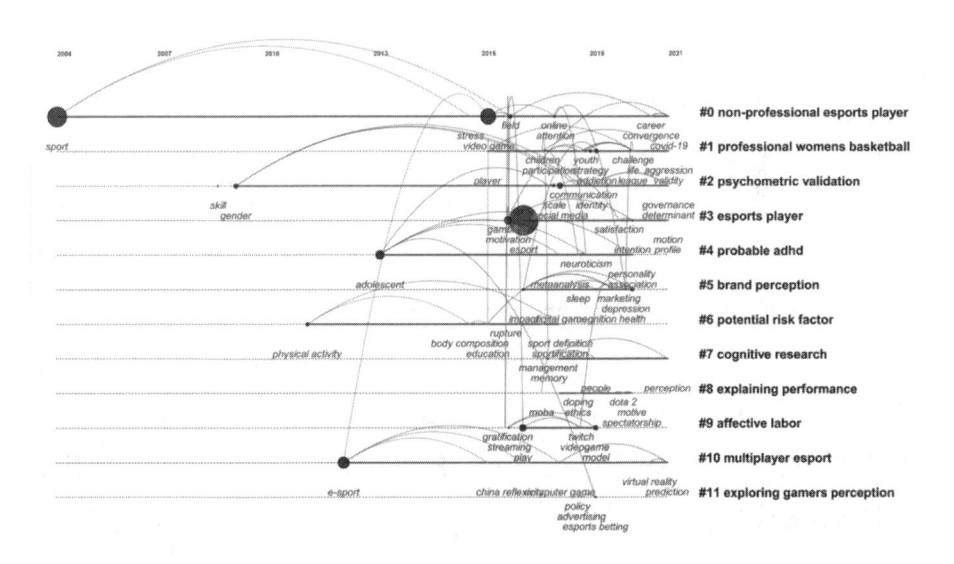

图6 国外电竞研究时间脉络

时间线图谱中，聚类标签作为竖轴，关键词的时间年份是横轴。软件将2000~2022年自动分为6个时间间隔，得到该主题关键词聚类时间线图谱。图中同样有12个聚类，这些关键词按照它们自身出现的年份，在所属的聚类中铺展开来，显示每个聚类里关键词的发展情况，6个时间阶段的聚类关键词情况如下：

2000~2003年，没有出现聚类内部的热点关键词。

2004年出现了聚类内部的热点关键词 sport，之后到2007年内，再没有出现相关热点关键词。

2007~2009年，出现了skill、gender两个热点关键词，这一时期电子竞技研究领域已经出现了关于性别议题的研究。

2010~2013年，出现了physical activity、e-sport、adolescent三个关键词。

2014~2016年，stress、video、player、body composition、education、china等关键词有所增加，连线也相应增多。

2017~2019年，该领域涌现出大量热点关键词，关键词之间的连线也更多，2017年出现performance、play、motivation、experience、gaming、gambling、field、impact、prevalence、exercise、competitive gaming、league of legend、streaming、risk等词；2018年出现behavior、social media、electronic sport、technology、scale、participation、attention、online、internet、validation、memory、digital game、computer game、expertise、media等词；2019年出现model、addiction、loot boxes、strategy、anxiety、cognition、videogame、youth、disorder、esports betting、internet gaming disorder、gaming disorder、personality trait、women等词。这一时期对于电子竞技游戏、相关流媒体、电竞带来的健康问题、青少年问题，以及相关的性别议题尤其是女性等议题较为关注。

2020年至今，热点关键词明显呈下降趋势，连线也在减少，2020年出现了health、consumption、depression、intention、machine learning、motive、marketing、spectatorship、dota 2等词，2021年出现了covid-19、perception、prediction、motion、profile、acceptance、aggression、virtual reality、deep learning、governance等词。这一时期相关研究对于电子竞技领域的机器学习、虚拟现实、深度学习等技术问题较为关注，同时学界也开始关注电子竞技的治理问题。

（二）突现图分析

通过关键词的突现强度和时间长短，可以反映出某时期内研究领域的热点和发展趋势。点击 Control Panel 中的 Burstness，选取本领域的 TOP 25 突现关键词，如下图所示。

Top 25 Keywords with the Strongest Citation Bursts

Keywords	Year	Strength	Begin	End	2001 - 2022
sport	2001	2.1525	2004	2016	
physical activity	2001	3.0705	2011	2018	
e-sport	2001	4.7972	2012	2016	
tendinopathy	2001	1.8689	2017	2017	
regulation	2001	2.2838	2017	2017	
streaming	2001	2.143	2017	2017	
competition	2001	1.6573	2017	2017	
league of legend	2001	2.6937	2017	2018	
field	2001	1.6462	2017	2017	
politics	2001	1.7529	2018	2018	
moba	2001	1.7529	2018	2018	
computer game	2001	2.607	2018	2018	
gamification	2001	1.7529	2018	2018	
football	2001	1.6988	2018	2019	
online	2001	1.9002	2018	2019	
game	2001	3.741	2018	2018	
management	2001	2.0122	2018	2018	
diversity	2001	1.7529	2018	2018	
gamer	2001	2.1253	2018	2018	
self	2001	1.6049	2019	2019	
communication	2001	1.6049	2019	2019	
ethics	2001	1.6049	2019	2019	
cognition	2001	1.858	2019	2020	
advertising	2001	1.6049	2019	2019	
doping	2001	1.6049	2019	2019	

图 7　国外电竞研究 TOP25 突现关键词

从图 7 来看，国外电竞研究中突现的关键词大致可以分为三个阶段。第一个阶段是 2004~2016 年，这一时期的研究主要围绕电竞与体育的关系展开。2004 年 sport 突现，持续到 2016 年骤降。这一时期是电竞研究的初始阶段，学界的关注焦点是电竞与体育的关系，因此，sport 成为这十几年间的突现关键词，是该领域热度持续时间最长的关键词。2011 年突现的关键词 physical activity 持续到 2018 年，显示出学界对电竞参与者身体行动的关注。2012 年的突现关键词为 e-sport，热度持续了 5 年，而且突现强度达到 4.7972，是该图中突现强度最高的，但其热度只持续到 2016 年。

第二个阶段是 2017~2018 年，突现词为 tendinopathy、regulation、

competition、field 等。它们在 2017 年突现，并在同年骤降；而 league of legend 一词，在 2017 年突现并维持至 2018 年。

第三个阶段是 2018~2020 年，这一阶段的研究比较多元，但是大多议题研究只是一时之热，并没有形成持续探讨。例如，politics、moba、computer game、gamification、game、management、diversity 等突现关键词只出现在 2018 年；football、online 和 gamer，从 2018 年持续到 2019 年；self、communication、advertising、doping 等只出现在 2019 年。

四　电竞研究发展前景

结合既有研究成果来看，国外电竞研究主要经历了三个发展阶段，并且已经成为新兴的热门研究领域。结合既有研究来看发展前景，国外电竞研究议题正在通过以下三个方向继续发展。

（一）电竞产业发展研究

在电竞产业自身的发展壮大以及产业业务扩展等趋势下，电竞产业研究逐渐成为涵盖经济学、管理学、传播学、体育学、教育学等交叉学科的研究。经济学方面关注电竞产业的节目赛事、商业资本、电竞消费等议题。管理学方面关注电竞产业的人才建设、职业选手训练、产业监管等议题。传播学方面关注电竞赛事的传播模式、电竞营销和发展策略。体育学方面关注电子竞技的训练模式、体育数字化等研究议题。教育学方面，关注电竞对青少年的教育意义，以及游戏管理等问题。

（二）电竞参与者及相关拓展研究

在这一研究取向中，部分研究者关注到电竞受众群体，即对电竞玩家、观众等进行问卷调研、实验、社会网络分析等效果研究，了解用户参与电竞的原因、体验，以及游戏成瘾等问题。另外，部分研究者从文化研究等方向切入，关注到如青年亚文化、性别尤其是女性玩家、女性选手等议题。

（三）电竞的未来发展方向

较多学者持续关注电竞未来发展的多种可能。在这一研究取向中，学者关注到以下几个方面。一是电竞与新技术如元宇宙、人工智能、算法推送等的互动性与关联性问题。二是在新冠疫情影响下，电竞产业的发展方向问题。三是电竞产业与健康传播相关的问题，如游戏致瘾、压力、焦虑、抑郁等。四是电竞引发的其他话题，如情感劳动、电竞主播、电竞公会等。

第三章　中国电子竞技研究的知识图谱分析

　　电子竞技正在蓬勃发展并且逐步获得全球范围的认可。据弗若斯特沙利文数据，2020 年全球电竞游戏玩家达到 7.939 亿名。全球电竞产业的蓬勃发展，正向推动了中国电竞产业的发展。2019 年，我国的《体育产业统计分类》正式将电竞运动加入职业体育竞赛表演活动之列。2020 年 1 月，国家体育总局发布的《2020 年全国体育政策法规规划工作要点》提出，对电子竞技发展中存在的重难点问题进行研究。而杭州亚运会电竞项目的正式公布，令电竞的市场化更进一步。艾瑞咨询数据显示，2021 年中国电竞市场规模约 1673 亿元，同比增长 13.5%，行业进入平稳增长阶段。在游戏行业监管趋严、直播行业规范化持续加强的背景下，电竞游戏及电竞直播收入增速有所放缓。而随着电竞赛事和电竞内容影响力的快速提升，电竞版权、赛事赞助、内容制作等电竞赛事商业化进程仍保持着较高的增速。[①]

　　产业发展驱动着学界开展电竞研究。目前，电竞正在成为勾连人类学、社会学、经济学等丰富的理论脉络、重视人的主体性关怀、不断挑战学科认知边界、创造多元对话的理论生发场域[②]。然而，由于电竞具有竞技性、娱乐性、商业性等复杂属性，并且电竞研究并非传统学科，因此对

[①] 艾瑞咨询.2022 年中国电竞行业研究报告［EB/OL］.2022-07-26.https://www.thepaper.cn/newsDetail_forward_19177647.

[②] 孙晓蓓，李泳志，李欣人.全球游戏传播的前沿研究图景［J］.新闻记者，2022（5）：70-83.

于电竞的范畴、学科归属、理论发展的研究依然处于讨论阶段。

因此，本章首先通过文献计量学的研究方法，从定量视角对既有文献进行梳理，希望能够揭示电竞研究的知识来源、知识结构关系及演进规律，并且以可视化的方式表达和呈现[①]。在近几年的文献计量学研究中，学者们通过对文献信息的可视化操作，来开展对理论演进、热点变迁、范式转换等方面的研究。具体操作方面，笔者通过 CiteSpace 软件对电竞研究进行关键词共现图谱、关键词聚类图谱、关键词时间线图谱、关键词时区图谱、关键词突变图谱、作者合作共现图谱、机构合作共现图谱等进行可视化呈现与分析，梳理电子竞技这一研究领域的脉络和热点，以探索和分析学科研究前沿的演变趋势、研究前沿与其知识基础之间的关系，以及不同研究前沿之间的内部联系[②]。

一 数据来源与处理

在中文文献资料库中，中国知网（CNKI）期刊库涵盖人文社科、自然科学、工程技术、农业、哲学、医学等领域的期刊、学位论文、会议论文、报刊文献等。截至 2013 年 10 月，该数据库已收录国内学术期刊 8400 多种，核心期刊收录率 96%，是中国内地期刊质量相对最好、最全，并且被最多高校使用的期刊库。因此，本章的中文文献主要来自中国知网，具体以"电竞"或"电子竞技"为主题，通过 CNKI 进行文献检索，共检索到 2628 篇中文文献。

从发展阶段看，2003 年以前是我国电竞研究的第一阶段，中国学界对电竞研究的关注度较低。这一时期，虽然有一定的发文量，但是总体数量不多。

[①] 潘佳宝，喻国明. 新闻传播学视域下中国舆论研究的知识图谱（1986-2015）——基于文献计量学的研究［J］. 现代传播（中国传媒大学学报），2017，39（9）：1-11.

[②] 秦晓楠，卢小丽，武春友. 国内生态安全研究知识图谱——基于 Citespace 的计量分析［J］. 生态学报，2014（13）：3693-3703.

2004~2013年是我国电竞研究的第二阶段。这一时期电竞研究初步成型，每年发文量大致维持在50~80篇，这与当时电竞产业的极速发展相伴随。2003年11月，国家体育总局批准电子竞技为第99项体育运动，CCTV5也开始播出一档名为《电子竞技世界》的节目。在相关政策和全球电竞发展等因素的影响下，2004年国内的电竞产业得到迅速发展，举办了各种赛事活动。其中，由信息产业部相关司局发起，中国各大通信运营商支持，人民邮电报社（集团）和中国互联网协会组织的中国竞技大会（简称CIG），是当时国内规格和级别最高、阵容最强的国家级电子竞技赛事[①]。

2014~2019年是我国电竞研究的第三阶段。这一时期，电竞产业保持稳定增长，同时电竞研究也开始向外围辐射。从数量看，这一时期电竞研究的发文量保持稳定增长的状态，并在2019年达到顶峰。这与2019年各大电子竞技赛事中中国电竞选手取得的优异成绩分不开，如在英雄联盟S9全球总决赛中国赛区，FPX战队成功拿下了总冠军，实现二连冠；炉石传说特技大师赛决赛中，中国选手VKLiooon（狮酱）将冠军殊荣及20万美元奖金收入囊中；2019年王者荣耀世界冠军杯，中国战队eStarPro成为双冠王等[②]。

从2020年开始我国电竞研究进入第四阶段，年均研究发文量保持在300篇的量级。因此，本章重点讨论的电竞研究发文检索范围主要集中在2000年1月至2022年1月。

二 图谱分析

这一部分，本章将具体从研究作者、研究机构、研究议题方面对电竞

[①] 游民星空.2004电子竞技年，四大在线游戏平台赛事盘点［EB/OL］.2005-01-13. https://www.gamersky.com/news/200501/10272.shtml.

[②] 正惊游戏.游戏这一年：2019年中国电竞成绩，英雄联盟单碾压G2夺冠，DOTA2却直接凉凉［EB/OL］.2019-12-18. http://news.17173.com/content/12182019/110033881_1.shtml.

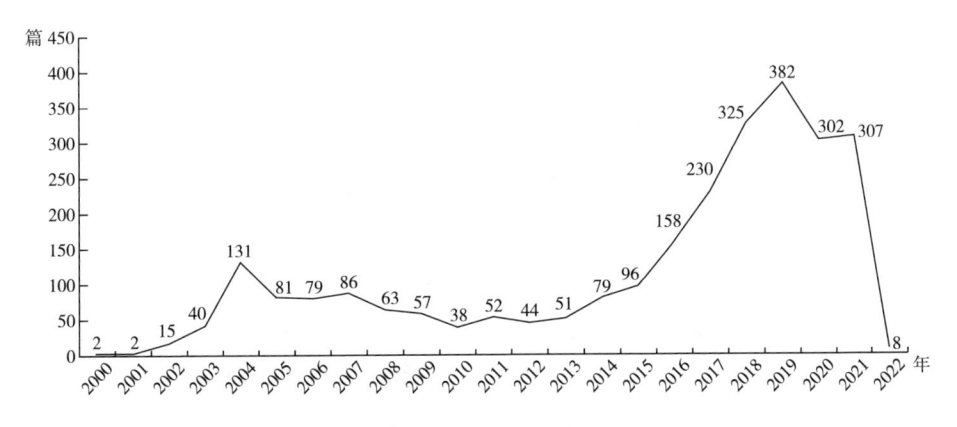

图 8　中国电竞研究发文趋势

研究进行分析。

（一）作者合作共现图谱

梳理电竞研究的作者情况，可以一定程度地反映研究方向和研究发展变化。本部分通过选择 Node Types 中的 Author，设置 Node Lables 中的 Threshold 为 0，得到作者合作共现的知识图谱，如图 9 所示。

通过图谱的核心作者节点分析可以看到，共形成 148 个节点（核心作者）。不同节点的不同大小，代表着作者的发文频次存在差异，图中的节点越大，代表作者的发文频次越高。如图 9 所示，刘福元、姜中介等作者发文频次较多，对电子竞技这一研究领域的文献数量贡献率较高。

进一步通过核心作者节点间的连线进行分析发现，图谱中共有 68 条连线（合作关系），密度为 0.0064。这表明国内电竞研究领域核心作者共现网络密度相对较高，也就是核心作者间的合作程度较高。图谱中连线多，并且一些节点较大的作者之间存在着密切的合作关系，说明他们在这一领域有较大的学术贡献和影响力，合作共现程度较为密切。然而，也有相当规模的核心作者单独发文，如发文频次最高的核心作者刘福元。

电子竞技研究：图景、视角与案例

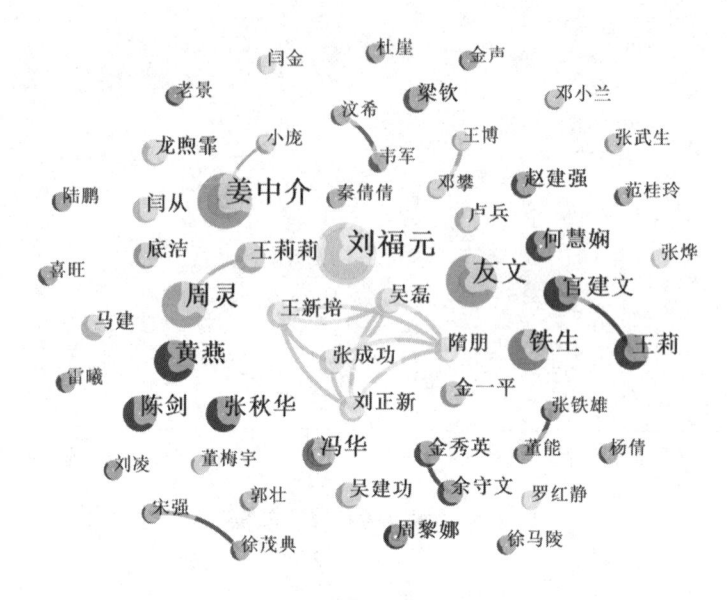

图 9　中国电竞研究合作者关系图谱

此外，节点之间反映学术影响力的连线多少，被量化为节点的点度中心度，是网络中节点在整体网络中所起连接作用大小的度量。点度中心度大的节点相对更容易成为网络中的关键节点。从图 9 中可以看出，作者吴磊、刘正新、王新培、张成功与很多作者存在着密切的合作关系，说明这些作者在这一领域有较大的学术贡献和影响力。经过对数据的整理排序，得到节点（作者）的点度中心度排名前 12 的列表，如表 6 所示。

表 6　中国电竞研究节点（作者）中心度排名 TOP12

序号	发文频次	点度中心度	年份	作者
1	5	4	2021	吴磊
2	5	4	2021	刘正新
3	5	4	2021	王新培
4	5	4	2021	张成功
5	5	4	2021	隋朋
6	11	2	2014	姜中介
7	9	1	2018	周灵

续表

序号	发文频次	点度中心度	年份	作者
8	7	1	2003	官建文
9	7	1	2003	王莉
10	6	1	2018	王莉莉
11	5	1	2006	余守文
12	5	1	2006	金秀英

（二）核心机构分布

了解电竞研究的发文机构可以一定程度地了解相关研究领域、研究地域分布和研究院校。因此，本章节选择 Node Types 中的 Institution，以此获得发文机构的知识图谱，如图 10 所示。

图 10 中国电竞研究机构图谱

首先，针对图谱的核心机构节点进行分析，共获得 215 个节点（机构)。从研究机构来看,电竞相关研究主要集中在体育、财经和传媒三大领域,初步形成了一定的领域偏向。其中,发文频次最高的机构是广州体育学院,其他发文较多达到 6 次及以上的机构依次为:东北财经大学法学院(发文 9 次)、北京体育大学和中国传媒大学南广学院(分别发文 8 次)、中国传媒大学(发文 7 次),华南师范大学体育科学学院、湖南涉外经济学院、湖南科技大学体育学院等机构的发文频次都达到 6 次。点击 Network Summary Table,获得发文频次超过 6 次的机构如表 7 所示。

表 7 中国电竞研究发文频次超过 6 次的机构

序号	频次	机构	年份
1	13	广州体育学院	2010
2	9	东北财经大学法学院	2021
3	8	北京体育大学	2016
4	8	中国传媒大学南广学院	2018
5	7	中国传媒大学	2018
6	6	华南师范大学体育科学学院	2020
7	6	湖南涉外经济学院	2017
8	6	湖南科技大学体育学院	2005

其次,对图谱中核心机构节点间的连线进行分析,共获得 42 条连线(合作关系),密度为 0.0018。这意味着电竞研究已经初步形成了研究群组,形成了对应的研究合作关系,这种合作关系有助于完成规模化、深度化的研究文章。例如,广州体育学院与上海体育学院研究生部就有多篇合作文章,广西体育高等专科学校与广州中医药大学体育健康学院有过合作,上海体育学院体育教育训练学院、澳门理工学院体育与运动专科学校与湛江师范学院体育系等有过合作,长治学院、昆明学院与云南爱因森软件职业学院有过合作。同时,伴随着电竞研究的发展,也有一些学者和机构进行独立研究,因此还有一些节点之间并没有连线。

（三）关键词共现图谱分析

了解研究关键词可以进一步了解研究领域和现阶段的主要研究方向。具体操作方面，点击 Node Types，选择 Keyword，设置 Node Lables 中的 Threshold 为 5，可得到清晰的可视化结果，获得的主要关键词共现的知识图谱，如图 11 所示。

图 11 中国电竞研究主要关键词共现知识图谱

首先，对图谱中核心关键词节点间的连线进行分析，形成 229 个节点（关键词）。点击 Network Summary Table，获得关键词详细参数，经过整理可以得到关键词的共现频次，将频次排名前 13 的关键词经过降序排列，如表 8 所示。不同节点的不同大小，代表着关键词共现的频次存在差异，图中的节点越大，代表关键词共现的频次越高。其中，电子竞技作为核心主题关键词的节点最大，出现频次为 1051 次，其次是电子竞技运动、电子竞技产业、电子竞技赛事、网络游戏、直播平台、体育产业、电子游戏、发展、职业选手、电子竞技游戏、大学生、《英雄联盟》等（见表8）。可以看出，主要关键词集中在与电子竞技相关的产业、赛事、游戏、直播平台、职业选手、受众等方面。结合前述研究机构来看，现阶段中文的电子竞技研究更多集中在电子竞技赛事归属以及可能的商业化发展方面。

表8 中国电竞研究关键词词频 TOP13

序号	频次	年份	关键词
1	1051	2000	电子竞技
2	180	2003	电子竞技运动
3	104	2004	电子竞技产业
4	74	2003	电子竞技赛事
5	71	2002	网络游戏
6	61	2014	直播平台
7	57	2005	体育产业
8	41	2002	电子游戏
9	38	2005	发展
10	33	2006	职业选手
11	31	2005	电子竞技游戏
12	31	2011	大学生
13	30	2014	《英雄联盟》

其次，对图谱中核心关键词节点间的连线分析发现，共有277条明显连线的共现关系，密度为0.0106，这意味着该领域节点之间的连线较多、合作较密。而节点中出现的一些紫色节点，代表节点的中介中心性高。中介中心性是指节点所在网络中通过该点的任意最短路径的条数，是网络中节点在整体网络中所起连接作用大小的度量。因此，紫色节点成为关键节点，如WCG（World Cyber Games）、电子游戏、职业选手、电子竞技、星际争霸、三星电子等都是关键节点。经过对数据的中介中心性的整理排序，得到关键词的中介中心性排名前25的关键词，如表9所示。

表 9　中国电竞研究关键词中介中心性 TOP25 的关键词

频次	中介中心性	年份	关键词
1	0.56	2003	WCG
2	0.38	2002	电子游戏
3	0.32	2004	职业选手
4	0.31	2000	电子竞技
5	0.31	2003	星际争霸
6	0.28	2003	三星电子
7	0.28	2004	国家体育总局
8	0.28	2007	研究
9	0.28	2004	神州数码
10	0.27	2002	笔记本电脑
11	0.26	2003	电子竞技赛事
12	0.24	2004	总决赛
13	0.21	2012	移动游戏
14	0.19	2014	直播平台
15	0.17	2006	职业化
16	0.16	2003	电子竞技运动
17	0.16	2016	职业联赛
18	0.16	2004	FP
19	0.15	2011	大学生
20	0.14	2008	中国
21	0.14	2021	发展路径
22	0.13	2013	刷新率
23	0.13	2018	人工智能
24	0.13	2015	韩国
25	0.13	2004	技术支持服务

具体结合中心性来看，电竞研究的关键词虽然相对较多，但是核心关键词与其他关键词之间的联系较为密切，即该领域内的研究议题总体较为集中。从领域来看，电竞研究的研究领域依然不够明确，分散在竞技、体育、游戏等方面；从研究对象看，青年群体和职业电竞选手是现阶段关注的主要对象；从研究策略看，电竞产业的职业化发展路径，也是学者开始

关注的议题。从研究内容看，电竞研究也存在一些边缘的节点。其中一类是对与电竞产业相关的新技术、新设备的研究探讨，比如"物联网工程""人工智能""GTX"（电竞设备型号）；一类是探讨电竞产业可能引发的问题与保障，比如"著作权"问题；此外还有对电竞产业的发展趋势的探讨，比如"人才培养"议题等。现阶段，这些相关议题的研究已经逐步丰富，但是研究的数量依然较少，在创新性和研究潜力上，都可以进一步发展与探索。

（四）关键词聚类图谱

点击"Extract Cluster Keywords"（提取聚类关键词），选择 Use Keywords，聚类方法选择 LLR 和 LSI，经过对比之后选择 LLR 聚类方法得到该领域所有关键词的聚类图谱，如图 12 所示。

图 12　中国电竞研究关键词聚类图谱

在对聚类图谱进行评价时，聚类模块性指数 Q 值（Modularity Q）和聚类轮廓性指数 S 值（Mean Silhouette）分别要大于 0.3 和 0.5，而本图谱的 Q 值为 0.8652，S 值为 0.5247，意味着聚类合理有效。

关键词的聚类图谱可以显示该领域不同研究的关注点。图中有 11 个红色标签，这 11 个红色标签代表 11 个聚类，分别是#0 物联网工程、#1 游戏产业、#2 直播平台、#3 星际争霸、#4 电子竞技赛事、#5 电子竞技体育、#6 消费者、#7 对策、#8 产业动态、#9 瑞萨科技、#10 电竞解说等。聚类内部节点之间的连线表示共现关系，节点之间的连线越多，说明该领域的共现关键词越多。图中#0 物联网工程、#2 直播平台、#4 电子竞技赛事、#5 电子竞技体育等聚类内部节点的连线较多，而图中#1 游戏产业聚类内部节点之间的连线较少，体现了该领域的共现关键词较少。此外，聚类内部节点之间的连线粗细，表明关键词共现的强度（即共现的频次），图中#6 消费者中，虽然存在共现关键词，但是连线较细，说明共现的频次较少。

整体而言，各个聚类内部均有连线，且连线数量较多，说明该领域内关键词之间共现多。同时，存在一些跨越聚类的连线，但是数量有限。在后续的研究中，学者可以在跨聚类主题领域进行延伸的综合研究，寻找新的研究切入点。

三　主要研究历程

此外本章还通过计量分析法进行了基于时间的电竞研究历程分析，通过关键词时区图、关键词时间线图和关键词突现图等内容的综合对比，进一步解读电竞研究的发展脉络。

（一）关键词时区图分析

具体操作方面，点击 Control Panel 中的 Layout 中的 Timezone-View 可以得到关键词分布的变迁脉络，这样就可以得到一个从左到右、自下而上的主题研究热点演进图。

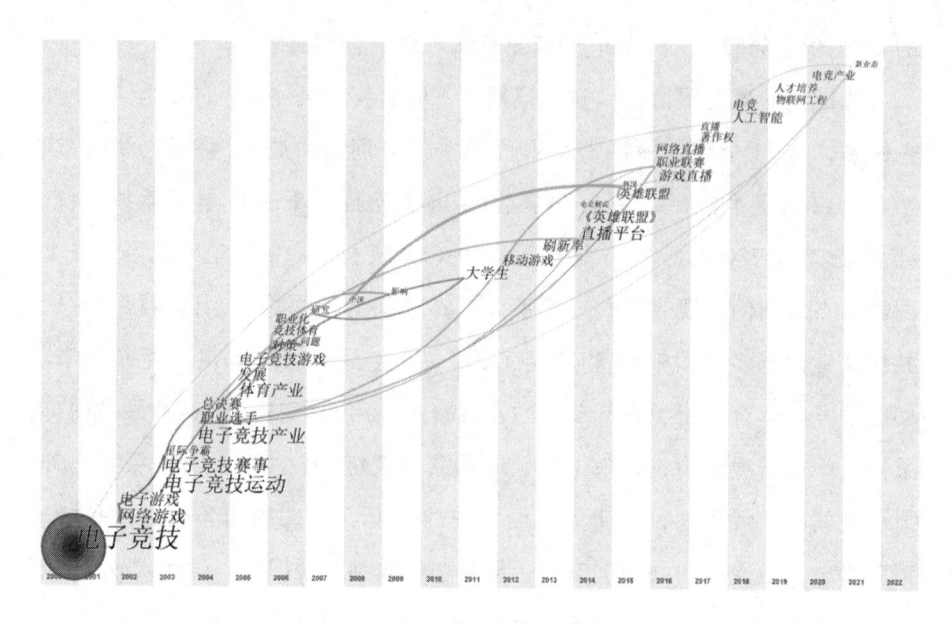

图 13　中国电竞研究关键词时区图

关键词时区图中，所有的节点定位在一个横轴为时间的二维坐标中，根据关键词首次出现的时间，节点被设置在不同的时区中，所处位置随着时间轴依次向上。

2000 年首次出现热点关键词"电子竞技"。

2002 年首次出现的热点关键词是"网络游戏"和"电子游戏"。

2003 年首次出现的关键词分别是"电子竞技运动""电子竞技赛事""星际争霸"。

2004 年首次出现的关键词分别是"电子竞技产业""职业选手""总决赛"。

2005 年首次出现的关键词分别是"体育产业""发展""电子竞技游戏"。

2006 年首次出现的关键词分别是"职业化""竞技体育""对策"。

2007年首次出现的关键词是"总决赛"。

2008年出现在电子竞技相关领域的主要热点关键词是"中国"。

2011年出现在电子竞技相关领域的主要热点关键词是"大学生"。

2012年首次出现的热点关键词是"移动游戏"。

2013年首次出现的热点关键词是"刷新率"。

2014年首次出现的热点关键词是"直播平台""《英雄联盟》""游戏行业""电竞解说"。

2015年首次出现的热点关键词是"英雄联盟"。

2016年首次出现的主要热点关键词是"游戏直播""网络直播""职业联赛"。

2017年首次出现的主要热点关键词是"著作权""直播""消费者"。

2018年首次出现的主要热点关键词是"人工智能""电竞""游戏市场"。

2019年首次出现的主要热点关键词是"物联网工程"和"新职业"。

2020年首次出现的主要热点关键词是"电竞产业"和"人才培养"。

2021年首次出现的主要热点关键词是"新业态"。

可以看出，电子竞技领域内的新关键词不断涌现，自2000年出现"电子竞技"一词以来，与其相关的"电子竞技产业""电子竞技赛事""电子竞技游戏""星际争霸"等新词不断涌现。

值得注意的是，2014年"英雄联盟"开始成为热词，同时期出现的热词还有"直播平台""电竞解说""游戏直播""网络直播""职业联赛"等。一方面，这可以看出一款或几款热门的电子竞技游戏，对于电子竞技的新业态衍生有着重要的作用；另一方面，这启示我们在研究电子竞技的发展时，可以把游戏本身作为"行动者"进行研究。此外，近年来，电竞相关的"职业选手""人才培养""物联网工程""人工智能"成为领域内的热点。

（二）关键词时间线图分析

在关键词聚类图谱的基础上，为了进一步研究各聚类内部的关键词，点击 Control Panel 中的 Layout-Timeline View 可以得到聚类内部关键词分布随时间变迁的脉络。

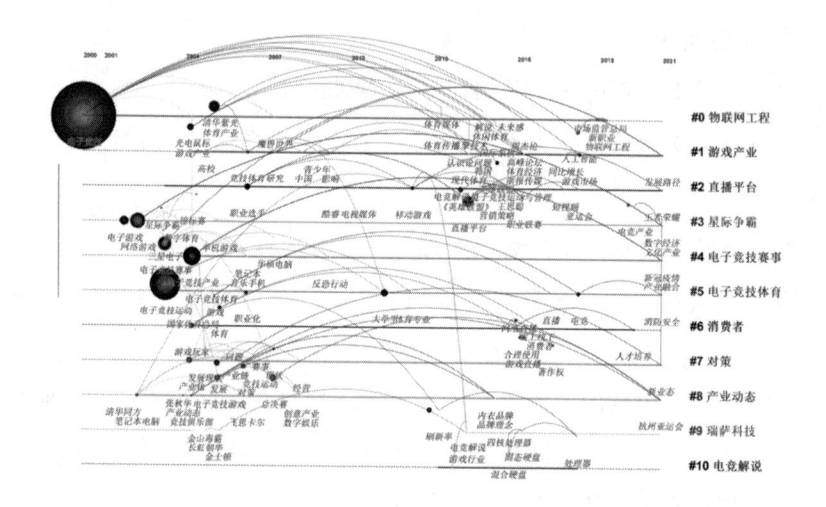

图 14　中国电竞研究关键词聚类演变

从图中可以看出，聚类内部关键词的演变可以分为几个阶段：

2001~2004 年，热点词有"电子游戏""网络游戏""星际争霸""数字体育""电子竞技赛事""游戏产业""电子竞技运动""国家体育总局""竞技俱乐部"等。这一时期对于电子竞技的研究重点关注相关的产业、赛事、游戏、管理机构等。

2004~2007 年，热点关键词大量增多，连线也相应增多，涌现出许多热点关键词，如"清华紫光""高校""体育产业""竞技体育""数字体育""单机游戏""锦标赛""电子竞技体育""游戏玩家""发展现状""产业化""产业动态""竞技俱乐部""电子竞技游戏""问题""对策""魔兽世界""产业链""职业化""职业选手""赛事""现状""总决赛"

等。这一时期大量新词的涌现，体现了电子竞技研究的多样化视角。

2007~2010年出现的热点关键词有"青少年""影响""酷睿""电视媒体""移动游戏""反恐行动""大学生""体育专业""经营""创意产业""数字娱乐""体育媒体""体育传播"等，数量上明显较之前热点关键词少了许多，但是连线依然很多。这一时期的关键词，体现出对于电子竞技与体育之间关系的关注。

2013~2016年，热点关键词增加较多，有"引擎技术""解说""休闲体育""现代体育""《英雄联盟》""直播平台""未来感""高峰论坛""体育经济""英雄联盟""电竞解说员""电子竞技运动与管理营销策略""职业联赛网络直播""线上线下""消费者""游戏直播""合理使用""著作权""游戏行业""刷新率""电竞解说"等。从这一时期的关键词中可以发现，对于电子竞技这一新生事物，学术领域开始关注其消费者、著作权等，体现出对于电子竞技市场的规范意识，以及对消费者的关怀。

2016~2019年，热点关键词和连线都大幅度减少，出现的热点关键词有"市场管理总局""新职业""物联网工程""人工智能""游戏市场""直播""电竞"等。这一时期的关键词反映出电竞游戏市场的不断发展壮大，一些新技术为电子竞技注入新形态。

2019~2021年，该领域的热点关键词和连线也都有所下降，出现的热点关键词有"发展路径""王者荣耀""电竞产业""数字经济""文化产业""新冠疫情""产业融合""人才培养""新业态""杭州亚运会"等。这一时期的关键词体现了疫情时代的研究者对于电竞产业新业态、新人才的关注。

（三）关键词突现图分析

点击 burntness 可得关键词突现图（如图15所示），图中有25个突现关键词。

关键词突现是指关键词在某些年份出现数量激增后骤降，可以体现研

Top 25 Keywords with the Strongest Citation Bursts

Keywords	Year	Strength	Begin	End
网络游戏	2000	7.7971	2002	2004
wcg	2000	12.0134	2003	2012
产业化	2000	8.6056	2004	2009
电子竞技运动	2000	10.0721	2004	2010
电子竞技赛事	2000	11.6895	2004	2008
对策	2000	6.8173	2006	2009
网吧行业	2000	5.215	2006	2009
职业化	2000	4.7713	2006	2007
现状	2000	6.6826	2007	2015
大学生	2000	5.4329	2011	2015
移动游戏	2000	5.7888	2012	2018
竞技体育	2000	5.58	2013	2016
《英雄联盟》	2000	5.6652	2014	2018
直播平台	2000	9.0072	2015	2020
电子竞技游戏	2000	5.0216	2015	2018
合理使用	2000	7.599	2016	2018
网络直播	2000	5.2453	2016	2017
游戏直播	2000	8.0873	2016	2017
著作权	2000	6.4408	2017	2019
刷新率	2000	6.1841	2018	2020
发展	2000	5.7215	2018	2020
游戏市场	2000	7.9918	2018	2019
人工智能	2000	9.8038	2018	2020
职业选手	2000	8.3621	2019	2022
市场监管总局	2000	5.2905	2019	2019

图 15 中国电竞研究 TOP25 关键词突现词

究领域内热词的变迁或转向。其中，有一些热点突现关键词值得重视。

2003 年"WCG"（世界电子竞技大赛）一词突现，一直持续到 2012 年之后才骤降，可见学术界对于"WCG"的关注持续了 10 年之久，通过对世界级电子竞技赛事的研究，来分析电子竞技的发展。

2006 年"网吧行业"一词热度激增，到 2009 年后出现骤降。这一阶段，国内电子竞技赛事的发展处于起步期，电竞赛事多以网吧为载体举办，可见，在电子竞技发展初期，网吧行业是不可忽视的力量。同期，关键词"对策"也成为突现词，说明这期间有学者针对电子竞技发展中存在的问题，提出了一系列的对策。

2007 年关键词"现状"的热度激增，一直持续到 2015 年，由此可以看出，这一时期对于电子竞技现状的研究关注度较高。

2011年"大学生"成为突现词，持续到2015年骤降，可见这一时期，大学生成为电子竞技领域重要的参与者，对这一群体的研究成为新趋势。

2017年"著作权"突现，持续到2019年骤降。这一时期，由于电子竞技游戏的版权管理存在部分盲区，出现一些电竞游戏被侵权、被盗版等行为。

2019年，热点关键词"市场监管总局"突现，其热度于同年骤降，反映出这一年国家对于电子竞技市场的引导与监管。而另一个同样在2019年突现的热点关键词"职业选手"，热度持续至今，仍然有延续的趋势，是目前电子竞技领域的研究热点。

四 电竞研究发展方向

结合既有研究成果来看，我国的电竞研究主要有以下三个发展方向和趋势。

（一）电竞受众研究

电竞受众研究主要分为受众的用户体验研究和青年亚文化研究两大范畴。前者包括电竞用户的使用与满足情况、用户互动情况等效果研究[1]，电竞产业的视听感受及游戏操作体验等媒介技术研究；后者主要指对用户本身的亚文化群体身份认同的研究[2]。但是，由于电竞产业的发展前景尚不明朗，部分研究也会探讨电竞对青少年的危害[3]。

（二）电竞产业发展研究

在电竞产业自身壮大以及产业业务扩展的情况下，电竞产业研究逐渐

---

[1] 陈扬波．我国电竞游戏中的用户体验研究［D］．南京：南京艺术学院，2016．
[2] 张郁瑶．电竞项目"英雄联盟"的青年亚文化建构研究［D］．上海：上海体育学院，2020．
[3] 何天平，宋航．电竞传播在中国：媒介框架变迁与社会认知重塑［J］．上海体育学院学报，2022，46（4）：54-64．

吸引到了经济学、管理学、传播学、体育学等多个学科及其交叉领域学者的关注。经济学关注电竞产业的节目赛事、商业资本、粉丝经济等议题。管理学关注电竞产业的政策监管、人才建设、职业选手训练、中外电竞产业发展对比等议题。传播学关注电竞赛事的传播模式、广告与情感传播以及电竞主播的发展现状及对策。体育学关注电子竞技的训练模式、体育数字化研究等议题。

（三）电竞生产与传播研究

电竞的生产与传播研究同样得到学者的普遍关注。一是符号学研究，关注电竞游戏形象的编码问题。二是传播效果研究，关注电子竞技的创新扩散网络等问题。三是情感劳动研究，关注电竞主播、电竞公会等组织传播及情感劳动问题。四是电竞相关的物质性研究，关注电竞手柄等电竞设备发展等问题。还有研究关注电竞与元宇宙、人工智能、算法推送等新技术的互动性与关联性问题。

第二部分
研究视角：游戏、体育、文化及产业

第四章　游戏视角

电子竞技脱胎于视频游戏（video games），又不完全等同于游戏，是一个很受欢迎的新领域，尤其在青少年群体中的接受度更高[1]。但是由于电子竞技的特殊性，学术界暂时未能对电竞的概念达成统一共识。《牛津大词典》将电子竞技描述为，一种（多由专业玩家完成的）为观众展示竞争的多人视频游戏[2]。Ma 等提出，电子竞技选手不同于休闲游戏者（casual gamers），因为休闲游戏者是为了娱乐和消遣，而电子竞技是职业玩家的竞技项目，是一份工作而不是娱乐或放松[3]。Wagner 对电子竞技给出的定义认为，电竞是人们在使用信息通信技术时，发展和训练精神或身体能力的体育活动[4]。Hemphill 进一步补充认为，应将电子竞技视为"一种替代的体育现实"，即在电子化的体育活动中感知现实[5]。因此，有关电子竞技与游戏的关系、电子竞技在游戏视域下的体现、电子竞技如何脱胎于游戏走向规范化等问题，成为国内外学者探讨的重要议题。

---

[1] Bányai F, Griffiths M D, Király O, et al. The psychology of esports: A systematic literature review [J]. *Journal of Gambling Studies*, 2019, 35 (2): 351-365.

[2] Chung T, Sum S, Chan M, et al. Will esports result in a higher prevalence of problematic gaming? A review of the global situation [J]. *Journal of Behavioral Addictions*, 2019, 8 (3): 384-394.

[3] Ma H, Wu Y, Wu X. Research on essential difference of e-sport and online game [C] // Wenjiang D. *Informatics and Management Science V*. Volume 208. London: Springer, 2013: 615-621.

[4] Wagner M G. On the Scientific Relevance of eSports [C] //Arabnia H R. *Proceedings of the 2006 International Conference on Internet Computing & Conference on Computer Games Development*. June 26-29, 2006, Las Vegas, CSREA Press, 2006: 437-442.

[5] Hemphill D. Cybersport [J]. *Journal of the Philosophy of Sport*, 2005, 32 (2): 195-207.

一 国内电子竞技与游戏研究

电子竞技的诞生和发展,意味着电竞在某些方面符合社会大众对文化、娱乐、休闲和消费的需求。但是电子竞技在我国的发展过程存在诸多问题,特别因其游戏属性而受到根深蒂固的价值偏见[1]。为了更好地推动电子竞技的发展,部分国内学者从电子竞技的现状困境、管理规范、观看方式等视角出发,试图为电子竞技找到正规化发展的路径。

林竞、殷星星从我国电子竞技起源对电竞与游戏展开了研究,认为中国电子竞技的诞生与20世纪90年代流行的任天堂游戏机有关,对该游戏机的红白之争是中国电子竞技的萌芽。该研究分别分析了主机类、电脑类和移动端类竞技游戏的起源和发展,认为电竞产业正不断创造商业奇迹,吸引资本大量转向投资质量高、门槛低、竞技属性强的游戏产品。文章认为,电竞有着传统体育无法比拟的优势,如果有更多体验感强的优质游戏产品产出,能迸发出更强的生机活力[2]。

王宇翔、方永恒则以泛娱乐为背景对电竞与游戏展开了研究,认为我国电子竞技赛事体系化、联盟化,并逐渐成熟规范化,兼具多元化、商业化和泛娱乐化的特征。所以,在泛娱乐浪潮的推动下,我国电子竞技赛事在赛事规模、关注度、赛事收入方面都实现迅速增长。但与此同时,在注重自主创新的时代背景下,我国电子竞技也显露出赛事产品创新能力不足、受众范围有限、赛事IP开发不足、盈利模式单一、赛事直播平台泛娱乐化严重、缺乏主流媒体认可、赛事人才培养机制不完善且人才缺口大等问题[3]。

---

[1] 路云亭. 从颠覆到再造:电子竞技在中国的存在维度 [J]. 体育学研究,2018,1 (4):51-57.
[2] 林竞,殷星星. 我国电子竞技发展研究 [J]. 文体用品与科技,2021 (17):7-8.
[3] 王宇翔,方永恒. 泛娱乐背景下我国电子竞技赛事发展的困境及路径选择 [J]. 辽宁体育科技,2021,43 (4):65-70.

康益豪等从新媒体传播现状对电竞与游戏展开了研究，认为在赛事传播中，赛事主办方、媒体和受众是决定传播效果的主要因素。由于政策的限制以及社会对电子竞技的刻板印象，主流媒体很少刊登有关电子竞技的新闻。计算机技术和移动通信技术的蓬勃发展，让新媒体成为电子竞技新的传播土壤。然而，现阶段也存在新媒体电竞传播资源体系不够成熟的问题，主要体现在五个方面。一是由于赛事项目迭代速度过快，高水平高质量的电子竞技赛事数量不足，不利于打造品牌效应。二是电子竞技特有的符号体系塑造了一定的观看门槛，公众未必能准确解码，致使传播范围受限。三是数字传播技术和视频制作水平还须提升。四是观众还未能适应付费观看模式。五是网络版权的监管亟待加强[①]。

蒋毅等从文化差异的视角对电子竞技展开研究，认为电子竞技起源于西方。西方文化与中国本土文化的碰撞，将成为深层次影响中国电子竞技发展的主要因素，但这也是中国电竞破除发展壁垒、寻求长远发展的着力点。首先，电子竞技蕴涵的部分文化特征与中国传统价值取向相违。受儒家崇尚教化性力量的影响，在我国的社会语境中，游戏的原罪性是难以化解的。其次，我国体育锻炼的文化氛围，无法满足电子竞技所需要的成熟社会体育文化基础。因为只有形成了一个民众锻炼意识强、锻炼选择丰富的体育环境，人们才会将电子竞技当作一种锻炼休闲活动，作为生活的调剂，而不是沉迷其中。最后，电子竞技外显的造星模式与传统所倡导的成才路径相悖。长期以来，电子竞技在中国社会语境中被等同于电子游戏，而游戏向来是被国人排斥的对象，如韩愈的"业精于勤荒于嬉"、欧阳修的"忧劳可以兴国，逸豫可以亡身"，这些人生感悟暗含了先人对于游戏化思维的否定，因此，电子竞技在中国始终难以撕掉游戏的"原罪标签"[②]。

---

① 康益豪，王相飞，王真真. 我国电子竞技赛事新媒体传播的现状、问题及优化策略 [J]. 哈尔滨体育学院学报，2021，39（6）：52-57.
② 蒋毅，孙科，熊双. 中国电子竞技发展困境的文化阐释 [J]. 成都体育学院学报，2022，48（1）：49-54.

（一）从观看视角研究电子竞技与游戏

刘毅刚从电子竞技游戏观看的起源展开研究，为电子竞技直播的发展提供了理论依据，并且发现人们之所以观看电子竞技，是因为数字游戏发展与军事需要、战争模拟与数字再现有着不可分割的关系[①]。文章从数字游戏设计与开发的角度，论证了电子竞技游戏是基于军事需要和技术发展而来，因此，战争题材影视与电子竞技游戏在视觉表现、题材选择、竞争本质上都存在相似性。同时，自海湾战争以来，现代战争如虚拟网络战也影响了电子竞技视看的形式，促进了电子竞技视看的发展。无人机视角、导弹的超视距打击、虚拟网络战争的人工智能对抗都推动了下一代电子竞技视看的迭代。

吴昱萌从电子游戏领域中的新生潮流、"准电竞"项目——游戏速通展开研究。游戏速通是一种以速度为成绩评价标准的游戏竞赛活动，产生于网络直播的兴盛和游戏社区的形成，在提升玩家竞技精神方面起到了积极作用。但是这种项目也带来了新的问题。由于游戏速通以竞赛成绩为唯一目的，导致了电子游戏的审美意义消退和电子竞技的规则异化，即它使玩家成为劳动力再生产中的一环，将休闲放松的游戏转变为榨取经济价值的工具。游戏速通过于重视游戏技术和操作，导致游戏竞赛精神的衰败和基本价值的消退，是一种竞争极端化的表现[②]。

余蓉晖等对电子竞技用户特征展开研究，认为我国电子竞技游戏用户有四大特点。一是性别方面，早年男性占绝对优势，随着移动电竞的发展，性别比例有所变动，女性用户占比有所提升。二是年龄方面，最初年轻化趋势明显，但近年来，30岁以上电竞用户占比呈上升趋势。三是学历方面，此前电竞用户以本科学历为主，随着电竞的发展与普及，它的影响

[①] 刘毅刚. 电子竞技游戏视看缘起：战争的模拟与再现[J]. 当代动画, 2022 (1)：105-109.

[②] 吴昱萌. 竞争狂热：对"游戏速通"流行的反思与批判[J]. 北京文化创意, 2021 (6)：42-49.

力随之扩大，用户的平均学历越来越低，当前电竞用户学历已扩散至本科、专科、高中、职校、初中。四是整体来看，我国电竞用户规模不断扩大，部分端游电竞游戏用户转向移动电竞游戏，且大量电竞用户转变为电竞观众，他们对已有的游戏已经产生一些疲倦，随着新鲜感慢慢褪去，他们更愿意去观看自己喜欢的电竞项目[①]。

黄璐从黑客哲学的角度探讨电子竞技与游戏的具身化功能的表现形式和现实意义。文章认为，人工智能塑造的客体世界通过计算机技术借由电子竞技的形式创造了一个虚拟世界，将人们的心灵寄托在游戏实践中，以具身认知刺激人类身体，强化心灵对于身体的意义。玩家都要依照游戏规则行事，这种规则是基于身体图式和格斗程式设计的——虽然格斗技能是无法更改的构成性规则，黑客却可以凌驾于调节性规则之上并改写游戏结果。电子竞技的具身化功能为人类适应虚拟化生存提供切身体验，让人类以对话者的身份融入客体世界，并与之交互结合创造出具有衍生价值的新世界，重新定义人类主体性的存在价值[②]。

（二）从优化视角研究电子竞技与游戏

林竞、殷星星从规范管理角度对电子竞技与游戏未来可持续发展展开研究，认为电子竞技应该拥有持续的造血能力、完善的产业链以及体育赛事。然而，电子竞技入门易、精通难，需要各大俱乐部持续提升青年团队成员的能力，打造高素质电子竞技人才队伍。并且，目前我国电子竞技产业链结构不完善，产品、周边、用户需求等各方面配置还须加强，未来要构建持续发展的完备产业链，还要用精细化运营加强赛事制度化、规范化，保障运动员的合法权益。[③]

---

① 余蓉晖，谭维扬，李慈心等.我国电子竞技用户特征的审视及优化路径研究［J］.体育科技文献通报，2022，30（1）：209-213.
② 黄璐.虚拟世界背景下电子竞技的具身化功能研究——基于黑客哲学的思考［J］.河北体育学院学报，2021，35（6）：23-29.
③ 林竞，殷星星.我国电子竞技发展研究［J］.文体用品与科技，2021（17）：7-8.

王宇翔、方永恒从泛娱乐角度对电竞与游戏的路径选择展开研究。他们认为，首先我国的电子竞技应加强产品研发，着力塑造优质IP；政府可以财政补贴、以奖代补、减税降费等形式加强顶层设计，助力游戏开发商持续高强度研发；企业层面要转变思维，重视自主产品的研发，提高核心竞争力，打造世界顶尖电竞产品；产品层面要不断丰富自身内涵，持续增加产品内涵，将优秀传统文化和新兴电子竞技相结合。其次，游戏为电子竞技提供IP符号，赛事直播为电子竞技提供流量，凝聚强大粉丝效应。应打造泛娱乐电竞生态系统，拓宽盈利模式。再次，完善电子竞技赛事场馆建设，将区域文化与赛事布局深度融合。让电竞成为城市形象的重要组成部分，因地制宜推广传播电竞知识，培养粉丝自豪感和荣誉感，用操作性、可行性强的方式增强粉丝黏性。此外，还需要建立人才提升和考核机制，解决电子竞技赛事行业用才难、引才难、留才难等问题，进而提高电子竞技赛事运营管理能力。最后，加强行业规范管理，以媒体宣传、引领示范、树立先进的方式进行主流媒体宣传引导，提升电子竞技赛事的知名度、影响力，塑造正面社会形象[1]。

康益豪等从新媒体传播策略优化的角度对电竞与游戏展开了研究，认为新媒体能有效促进电子竞技赛事的传播，并就如何优化电子竞技新媒体渠道的传播提出五个建议。第一，积极打造本土化电子竞技赛事，加强与国外一流电竞企业的交流与合作，将中华传统文化符号元素融入电子竞技中。第二，将电子竞技相关的活动延伸至线下，加强产业融合，以跨界合作、名人背书的方式丰富电子竞技内容，扩大电子竞技受众的覆盖面。第三，提高赛事视频制作水平，充分利用大数据、虚拟现实等数字技术提升受众的观赛体验。第四，创新付费模式，用"付费场次+免费场次+增值服务"模式，结合电子竞技战队的明星效应，逐步推广多元付费形式。第五，完善电子竞技制度建设，加强法律规范，在企业内部成立法务部门，

---

[1] 王宇翔，方永恒.泛娱乐背景下我国电子竞技赛事发展的困境及路径选择[J].辽宁体育科技，2021，43（4）：65-70.

保障电竞选手的劳动权益，推动全行业版权意识的建立[1]。

蒋毅等提出，从电子竞技的文化内涵、生存环境及价值认知三维度，破解电子竞技文化困境。他认为首先应该加强行业监管，提升产品内涵，鼓励开发出更多顺应中国社会文化心理的电竞产品。政府相关部门、行业协会组织一方面要对电竞产品的内容设计与营销、电竞行业的运营与直播等环节进行监督与管理，引导社会资本参与电竞产品的设计与开发，强调提升电竞产品研发的创新性和原创性，提倡注入中国优秀传统文化内涵，鼓励开发出更多具有本土文化特色、顺应国人文化心理与审美情趣的电竞产品；另一方面，也要加强对游戏账号实名认证、时长付费、适龄提示等方面的规范，谋划建立中国版游戏分级制度，以求达到监管者有法可依，游戏厂商有章可循的目标。其次，以体育锻炼为抓手，丰富休闲生活方式，为电竞发展营造一个宽松的外环境，重视民众锻炼意识的培养，从"条件"和"意识"维度出发，使人们可以把电子竞技当作一项调剂休闲生活和提升生活幸福感的方式。最后，提高行业社会认知，培育多元成才观，夯实中国电竞行业发展的人才基础。目前，电子竞技人才培养的首要任务是加深社会认知、赢得社会认同。同时，加大电竞教育行业的资金投入、政策扶持及监督管理，关注电竞选手退役后的教育机会以及再就业问题，着力建构一个科学、丰富的人才培养结构，为中国电子竞技行业的发展打下坚实的人才基础[2]。

徐伟轩通过对游戏《英雄联盟》的案例分析，探索电子竞技赛事的组织与管理，总结其中的优秀经验，对我国电子竞技赛事的组织与管理提出相关的建议。首先，观赛层面提升灵活性。电子竞技赛事的管理优势之一便是灵活性，即线上观赛的模式会为组织与管理带来更多便利。其次，赛

---

[1] 康益豪，王相飞，王真真. 我国电子竞技赛事新媒体传播的现状、问题及优化策略[J]. 哈尔滨体育学院学报，2021，39（6）：52-57.

[2] 蒋毅，孙科，熊双. 中国电子竞技发展困境的文化阐释[J]. 成都体育学院学报，2022，48（1）：49-54.

制层面提升受众观感。《英雄联盟》的入围赛和淘汰赛都采用五局三胜制，以确保了比赛的公平性，同时，小组赛采用抽签分组的方式，增加了不确定性，加深了观赛的体验感，令整个赛季都更加紧张刺激。再次，媒体层面提升传播效能。随着科技的发展、传播技术的迭代，电子竞技赛事被持续推动，而游戏直播进一步推动了电子竞技赛事的成长。接下来，须要进一步发挥媒体作用提升电子竞技的传播覆盖广度、信息传递深度和传达效度。最后，文化层面提升电子竞技的竞争力。文化内涵始终是必不可少的，既能够使电子竞技整体得到升华，也能将电子竞技产品提升到新的高度[①]。

二　国外电子竞技与游戏研究

国外研究更关注电子竞技和游戏的差异，专业选手和普通玩家的差异，以及电子竞技对玩家产生的影响，尤其是电竞选手面临的身体健康、心理困扰、性别差异和劳动控制等问题。整体来看，在游戏视域下，部分学者转向对玩家心理、动机研究，并更为关注电子竞技所带来的作用和影响。

（一）从动机与心理视角研究电子竞技与游戏

探究电子游戏使用的动机模式成为电竞研究的一项重要课题。当部分玩家将电子游戏作为谋生的职业和事业，而不是作为一种爱好去从事游戏活动时，后者便潜在地改变了游戏参与者的动机[②]。许多学者对玩家的动机进行了研究，以不同理论对各类视频游戏进行考察时发现，竞争是玩家参与视频游戏最基本的动机之一。并且，认为自己是职业电子竞技选手的

[①] 徐伟轩. 电子竞技赛事的组织与管理探索——以2021《英雄联盟》全球总决赛为例［J］. 产业创新研究，2021（22）：63-65.

[②] Kuss D J, Griffiths M D, Pontes H M. DSM-5 diagnosis of internet gaming disorder: Some ways forward in overcoming issues and concerns in the gaming studies field: Response to the commentaries［J］. *Journal of Behavioral Addictions*, 2017, 6（2）：133-141.

玩家具有更高的竞争动机,这为研究电竞的职业发展奠定了学术的合法性。

Vorderer 等发现,游戏动机中最本质的要素是交互性和竞争性。交互性指的是在网络环境中与其他玩家进行交流与合作的机会,而竞争性则是玩家相互比较的机制。在一个基本的层面上,竞争和交互性都可以被这类游戏所纳入,这就允许用户在游戏过程中主动参与,并得到对其行动的即时反馈。在更广泛的层面上,用户对抗对手的感觉很可能唤起社会竞争意识,让用户感觉自己有能力参与并产生融入意愿。在解释电子游戏的享受性和对此类游戏的偏好时,竞争似乎是主要因素[①]。

Sherry 等针对研究生和高中生玩视频游戏的相似动机模式进行研究时发现,玩家会因年龄不同而产生激发(arousal)、挑战(challenge)、竞争(competition)、消遣(distraction)、幻想(fantasy)和社会交往(social interactions)等方面的不同动机。年龄较小的游戏者最重要的动机是竞争和挑战,而年龄较大的玩家更多的动机是挑战、社会交往、激发和消遣。而游戏体验侧重于提供个人和社会层面的满足。许多玩家在享受打败游戏挑战的同时,也在战胜队友,例如获得 MVP(最有价值选手)称号。但与现实体育竞赛不同的是,电子游戏世界中身高和力量并不是决定性因素,电竞玩家比拼更多的是使用技能的策略和敏捷性,这在一定程度上比现实世界更加公平[②]。

Yee 将玩家的游戏动机主要分为三个方面:成就动机包括进步(advancement)、技巧(mechanics)、竞争(competition),社交动机包括社交(socializing)、关系(relationship)、团队合作(teamwork),沉浸因素动

[①] Vorderer P, Hartmann T, Klimmt C. Explaining the enjoyment of playing video games: The role of competition [C] //Proceedings of the Second International Conference on Entertainment Computing. 2003: 1-9.
[②] Sherry J L, Lucas K, Greenberg B S, et al. Video game uses and gratifications as predictors of use and game preference [J]. Playing Video Games: Motives, Responses, and Consequences, 2006, 24 (1): 213-224.

机包括发现（discovery）、角色扮演（role playing）、定制（customization）、逃避（escapism）等，玩家从这些虚拟环境中衍生出有意义的人际关系、显著的情感体验以及可适用于现实生活中的领导技能。女性玩家参与这些虚拟环境的原因与男性玩家有较大差异。女性玩家通常比男性玩家年龄大，并且多由伴侣引入游戏环境，与年龄比自己小的男性玩家互动。相比男性，女性玩家更容易构建支持性的社交网络，逃避现实生活的压力，沉浸在幻想世界中，相互之间形成了更强的友谊[1]。

Demetrovics等通过问卷调查的方式对网络游戏的动机进行了考察。相较于此前的个案访谈，这种研究结果更具普遍性，并且其结论可以尝试用于未来研究中。该研究认为玩家所产生的逃避（escapism）、应对（coping）、幻想（fantasy）、技能发展（skill development）、娱乐（recreation）、竞争（competition）、社交（social）等动机中，娱乐（recreation）是最重要的因素。值得注意的是，尽管逃避的动机强调离开现实，但却认为游戏有助于应对现实问题（压力、侵略、焦虑）、管理不愉快的情绪和不想要的冲动。然而，尽管逃避的动机作为多元研究的中心要素存在，但其在玩游戏的人群中体现得并不突出[2]。

Kim和Thomas关注职业电竞选手在成为专业人士过程中的内在和外在动机、目标和学习风格的变化。研究通过对专业电竞选手、队伍教练、团队队长和心理咨询师的访谈，确定了成为职业电竞选手的五个不同阶段。研究发现，玩家的动机模式在每个阶段都有变化。对于初学者，游戏本身就具有足够的吸引力。然而，随着选手们获得了更多与高等级选手竞技的经验、完成更多游戏通关之后，游戏本身的吸引力就明显减弱。这一时

---

[1] Yee N. The demographics, motivations, and derived experiences of users of massively multi-user online graphical environments [J]. Presence: Teleoperators and Virtual Environments, 2006, 15 (3): 309-329.

[2] Demetrovics Z, Urbán R, Nagygyörgy K, et al. Why do you play? The development of the motives for online gaming questionnaire (MOGQ) [J]. Behavior Research Methods, 2011, 43 (3): 814-825.

期，掌握更多技能或者更熟练地运用技能，是一些有经验的电竞选手的动力和乐趣所在。但是在电子竞技玩家转变为职业选手的过程中，其动机模式又会发生变化，并逐渐和普通玩家有所不同。职业的电子竞技玩家，其工作是在最大程度上与对手竞争和展现游戏水平，不仅受到内在动机的驱动，如提高游戏中的技能、使电子竞技成为其身份认同的一部分等，还受到外在动机驱动，且外在动机才是区分休闲玩家和职业电竞玩家的决定性因素，比如锦标赛的奖励、名声等[1]。

Seo 和 Martončik 探索职业电子竞技选手更为复杂的心理机制，强调作为职业玩家所拥有的积极心理因素。Seo 将电子竞技描述为"严肃的休闲（serious leisure）"，认为这是具有益处的、介于工作与休闲之间的活动。研究在对 10 名职业电竞选手的观察和访谈中发现，有志向有抱负的玩家将玩电子游戏视为一种休闲活动，通过电子游戏找到乐趣；在电子竞技社群中获得人际关系；随着技能和知识的提高，将电子竞技逐渐当作生活和身份认同的重要方面；那些选择电子竞技作为职业的玩家具有追求技能掌握和自我完善，重视公正、平等，尊重社区，体验高自尊和成就感等特征[2]。Martončik 强调，职业电子竞技玩家是为了满足自己的生活目标，包括亲密关系（intimacy）、归属关系（affiliation）、利他主义（altruism）、权力（power）、成就（achievement）和消遣（diversion）等而参与视频游戏竞争。相比休闲玩家，专业玩家倾向于与团队成员以及电子竞技场景中的其他成员建立有意义的关系，一些专业玩家还通过担任领队的职位来满足他们对权力的需要[3]。

---

[1] Kim S H, Thomas M K. A stage theory model of professional video game players in South Korea: The socio-cultural dimensions of the development of expertise [J]. *Asian Journal of Information Technology*, 2015, 14 (5): 176-186.

[2] Seo Y. Professionalized consumption and identity transformations in the field of eSports [J]. *Journal of Business Research*, 2016, 69 (1): 264-272.

[3] Martončik M. E-Sports: Playing just for fun or playing to satisfy life goals? [J]. *Computers in Human Behavior*, 2015, 48: 208-211.

（二） 从身体与健康视角研究电子竞技与游戏

还有部分学者关注电竞可能带来的问题，比如游戏障碍/游戏失调（Gaming Disorder）、危险游戏行为（Hazardous Gaming）等。电子竞技和游戏给很多国家和地区带来了较为严重的公共问题[1]，特别是让一些亚洲国家的游戏成瘾/疾病治疗服务需求呈现明显的增长趋势。2018年10月初，国际奥林匹克委员会对电子竞技整体是否具有体育精神提出质疑。国际奥委会主席提到，一些电子竞技比赛中的暴力、爆炸、杀人和歧视行为违背了奥林匹克的价值观。电子竞技所带来的身体和心理方面的影响和作用，逐渐引起学术界和业界的关注。

许多研究表明，过度参与电子游戏会导致身体和社会心理方面各种各样的负面后果。第一，Yılmaz 等研究者认为，玩家会出现兴趣爱好停止或外部活动减少/社会隔离的问题：玩游戏的孩子在学校环境中表现出沟通和行为方面的问题，相比参加学校活动，他们更喜欢待在家里打视频游戏，更喜欢与其他玩家或男性同龄人共度时光，相互讨论电子游戏、游戏才能、足球、户外运动等话题，但和女生没有共同语言[2]。

第二，King 等研究者认为玩游戏会导致玩家出现睡眠不佳、身体肥胖、静脉血栓等身体健康问题：从临床上看，打完游戏后即使在正常休息时间睡觉也可能对青少年的睡眠造成严重干扰[3]；以电子游戏为主的媒体使用可能会导致久坐行为，增加青少年对营养价值低的高热量食品和饮料的摄入[4]，

---

[1] Hsu T. Video game addiction tries to move from basement to doctor's office [J]. *The New York Times*, 2018, 17.
[2] Yılmaz E, Yel S, Griffiths M D. The impact of heavy (excessive) video gaming students on peers and teachers in the school environment: A qualitative study [J]. *Addicta: The Turkish Journal on Addictions*, 2018, 5 (2): 147-161.
[3] King D L, Gradisar M, Drummond A, et al. The impact of prolonged violent video-Gaming on adolescent sleep: An experimental study [J]. *Journal of Sleep Research*, 2013, 22 (2): 137-143.
[4] Calvert S L, Staiano A E, Bond B J. Electronic gaming and the obesity crisis [J]. *New Directions for Child and Adolescent Development*, 2013, 2013 (139): 51-57.

甚至是导致静脉血栓栓塞症的重要危险因素之一[1]。

第三，Wong等认为电子游戏带来易怒、攻击性强、家庭冲突等问题。网吧可及性、网吧的促销活动、同伴压力、早期游戏经历、父母的默许和监管不当、家庭关系不良等社会环境要素是导致游戏成瘾的危险诱因，而与游戏成瘾相关的心理因素则包括低自尊、强烈的攻击性、体验兴奋的愿望、消磨时间和获得满足感、应对消极情绪、痴迷于在游戏中获得更高的排名。虽然游戏能够带来一定的乐趣和满足感、培养社会支持和团队合作、结识新朋友、提高认知技巧和智力敏捷性、提高反应能力和思考速度等，但是游戏成瘾也会带来危害，例如参与其他重要活动的时间减少和兴趣减弱、学习成绩差、身体伤害和情绪困扰、打乱了与非游戏同伴的友谊、造成家庭关系风险和经济问题等。[2]

第四，Ryu等认为参与游戏与抑郁和冲动性正相关，与人际关系质量负相关。那些玩更多视频游戏的人随着时间的推移，与父母的关系恶化，且有攻击性增加的倾向。其中，冲动性被认为是患者产生人际关系问题的重要原因之一，其影响以人际关系困难和抑郁为中介，引发网络游戏综合征（IGD：Internet Gaming Disorder）。这一结果提示网络游戏综合征可以通过处理人际关系和抑郁的问题来缓解，比如认知行为疗法（CBT：Cognitive-Behavioral Therapy）、抑郁的人际心理治疗、接受和承诺疗法（ACT：Acceptance and commitment）、团体疗法可作为缓解人际关系和抑郁问题的治疗方案之一。此外，网络游戏综合征患者中男性的比例更高，与健康对照组相比，他们报告的症状发生率显著升高，他们的症状包括平日和周末网络游戏使用时间较长、人际关系差、冲动性高和抑郁等。同时，早期干预对患有网络游戏综合征的人，尤其是高冲动性青年患者十分必

---

[1] Chang H C L, Burbridge H, Wong C. Extensive deep vein thrombosis following prolonged gaming ("gamer's thrombosis"): A case report [J]. *Journal of Medical Case Reports*, 2013, 7 (1): 1-2.

[2] Wong I L K, Lam M P S. Gaming behavior and addiction among Hong Kong adolescents [J]. *Asian Journal of Gambling Issues and Public Health*, 2016, 6 (1): 1-16.

要，而在干预成年患者时，不仅要考虑个体因素（例如抑郁症），还要考虑社会环境因素（例如人际关系)[1]。

第五，Park 等认为参与游戏与其他几种心理健康问题相关，如焦虑障碍、强迫症、自杀倾向等。虽然大多游戏玩家在使用互联网时是检索获取有用信息，但是游戏成瘾用户只注重使用社交媒体和网络游戏，他们将互联网视为心理避难场所，这很可能进一步阻碍其社会功能的发挥。[2]

（三）从劳动与性别视角研究电子竞技与游戏

还有文化研究的相关学者从劳动、性别等角度对职业电竞选手进行相关研究，将电竞看作是用手来创造的技能劳动（craft labour），通过手与控件联系、理解规则、与他人交流并引发反思的方式来理解数字劳动和电子竞技的职业特征。首先，职业环境中，电子竞技工作者不再仅仅为了自己的利益去做好工作，而要兼顾其他利润问题[3]。其次，在技能被重视和奖励的市场环境下，电竞选手的劳动质量变得难以讨论。质量驱动的劳动模式，逐渐被专业化的"专门知识（expertise）"所取代。再次，职业选手或作为玩家在工作上的不稳定性限制了他们为改善工作条件组织谈判的能力。大多数玩家年轻但职业生涯短暂，这其中打算成为职业选手的游戏玩家众多，盼望职业选手腾出位置[4]。这也从侧面反映出，电子竞技行业复杂化背后缺乏监管、治理模式不完善等问题。

Chung 等关注职业电子竞技选手的生存状况。职业电子竞技玩家要在国际赛事中取得良好的成绩，需要长时间的训练，这占据了他们日常生活

---

[1] Ryu H, Lee J Y, Choi A, et al. The relationship between impulsivity and internet gaming disorder in young adults: Mediating effects of interpersonal relationships and depression [J]. *International Journal of Environmental Research and Public Health*, 2018, 15 (3): 458.

[2] Park S, Jeon H J, Bae J N, et al. Prevalence and psychiatric comorbidities of Internet addiction in a nationwide sample of Korean adults [J]. *Psychiatry Investigation*, 2017, 14 (6): 879.

[3] Brock T, Fraser E. Is computer gaming a craft? Prehension, practice, and puzzle-solving in gaming labour [J]. *Information, Communication & Society*, 2018, 21 (9): 1219-1233.

[4] Funk D C, Pizzo A D, Baker B J. Esport management: Embracing eSport education and research opportunities [J]. *Sport Management Review*, 2018, 21 (1): 7-13.

的大部分时间。由于长时间坐着，且需要在 12~15 小时内保持没有较大幅度运动的状态，他们面临着十分普遍的职业压力。电子竞技的训练主要集中在重复的精细运动活动上，玩家们有着久坐的生活方式和固定的日程安排，因此患身体疾病如深静脉血栓、腕管隧道或背部劳损的风险较高。此外，电子竞技爱好者不仅是游戏玩家，更是敬业的观众。即便不计算其他屏幕使用时间，他们每月也要多次、长时间地观看电子竞技比赛，较长的屏幕使用时间及久坐的生活方式增加了他们肥胖的风险。而在长期训练的过程中，电子竞技受训者要想成为职业运动员，必须在 15~17 岁左右系统地、密集地从事电子竞技。为此，部分青少年可能选择辍学。但值得注意的是，电子竞技运动员可能不同于其他游戏玩家，他们更有纪律性，并会采取措施使自己不至于出现与问题游戏（problematic gaming）相关的健康问题。玩电子游戏的适当时长取决于玩家的年龄、他/她的个体特征、他/她所生活的文化以及他/她更广泛的生活内容。尽管如此，也很少有玩家达到专业游戏水平。大致在 15 亿当代玩家中，只有几千人能够成为有竞争力的职业电子竞技选手。如果这些训练者们未能成为职业电子竞技选手，那么其不确定的职业道路和较低的教育水平可能成为他们成长和进步的障碍[1]。

Amanda 从"crunch（紧缩）"入手，分析电子游戏行业中存在的普遍问题。"crunch"意指加速滞后项目的无偿加班期，也是电子游戏行业普遍的劳动惯例。尽管电子竞技工作者们付出了很多成本，但他们仍然坚持这一惯例，很多游戏工作者将紧缩视为"不可避免"的，这主要归因于三个特定的因素：游戏是不可管理的创意产业、反企业精神和基于激情和完美主义的刻板开发者身份。这些因素结合行业以项目为基础的本质，以及激情与保密的文化，把"crunch"构建成游戏劳动的惯习，有助于再现剥

---

[1] Chung T, Sum S, Chan M, et al. Will esports result in a higher prevalence of problematic gaming? A review of the global situation [J]. *Journal of Behavioral Addictions*, 2019, 8 (3): 384-394.

削性的劳动实践。每个员工不管级别如何，都深深地嵌入在这个社会环境中，由于共享的话语、基于项目的工作和开发人员身份，形成围绕"紧缩"的逻辑策略。然后，当面临管理、结构和劳动方面的新项目和新决策时，游戏工作者们不断地借鉴过去的结构和经验。然而，随着时间的推移，惯习可以而且确实为感兴趣的员工、公司和劳动组织者提供了干预现有工作实践的手段。此外，应尝试探索新的解决方式，将游戏视为不可管理的感知意味着团队往往没有计划好自己的项目，特别是缩短了他们的前期生产时间，因此，不管游戏的发展到底是不是真的不可管理，那些在工作室和出版公司制定生产时间表的人，必须重新考虑通常认为的游戏不可管理的观念，并努力建立更清晰的开发流程。

此外，许多学者关注到电子竞技和视频游戏在职业化、制度化过程中突出表现出的性别问题。在全球信息和通信技术主要影响的电子商务、电脑游戏等领域中，数字性别鸿沟问题特别明显，即与男性相比，女性的信息和通信技术参与程度更低[1]。教育和文化实践等在性别方面特定的社会和结构障碍，都影响了女性的准入可能[2]。Veltri等聚焦女性参与电竞的偏好和过程发现，男女偏好的游戏技能和参与的游戏类型不同，男性更多参与动作和模拟类游戏，女性更喜欢逻辑和养成类游戏，所以，男性的网络活动更多是目标导向，而女性的活动则是有关系和社会化聚焦的。特别是当前的电竞训练并不完全是性别中立的，进一步提升了女性参与的难度。应该提供更多运动和空间技能训练的方式，减少偏见和性别歧视造成的女性疏离问题[3]。

---

[1] Wagg S, Cooke L, Simeonova B. *Digital Inclusion and Women's Health and Well-being in Rural Communities* [M]. In: Yntes S, Riu R E, (eds) *The Oxford Handbook of Digital Technology and Society*, 2019: 111-135.

[2] Hayday E J, Collison H. Exploring the contested notion of social inclusion and gender inclusivity within esport spaces [J]. *Social Inclusion*, 2020, 8 (3): 197-208.

[3] Veltri N F, Krasnova H, Baumann A, et al. Gender differences in online Gaming: A literature review [C/OL] //*Twentieth Americas Conference on Information Systems*. https://aisel.aisnet.org/amcis2014/SocioTechnicalIssues/GeneralPresentations/5/.

Coavoux 认为，视频游戏的霸权本质强化了男性统治，这会影响青少年性别文化[1]。整体来看，虽然电子游戏标榜多元化，但它更多地仍被视为是一种年轻的、男性群体的休闲活动，其中的性别不平等问题依然明显。从游戏实践来看，在与游戏相关的参与频率、使用终端、首选内容和社交形式等要素方面，男女玩家体验很不同。其次，这些不平等强化了男性统治、贬低了女性实践，这对游戏玩家中的青少年群体会产生较大影响，这种影响可能会延续到他们成年之后。并且，在游戏中，女性玩家必须应对污名、歧视和骚扰。此外，电子游戏还揭示了休闲活动中的性别不平等问题。例如，从内容题材看，电子游戏产业分类中，面向男性的类目更为细致，而面向女性的电子游戏类型相对单一，大大低估了女性玩家的多样性。

Consalvo 则关注女性主义游戏研究学者应该如何研究、如何应对数字环境中恶劣的负面问题。电子竞技在发展过程中持续受到种族主义、厌女症和同性恋恐惧症的困扰，特别是过去的几年里，这种困扰变得更加激烈和集中。游戏内容和营销经常展示衣衫单薄的女性，以此让玩家感到激动，或鼓励他们发表与性相关的言论。在研究过程中，可以通过记录一系列的性别歧视、种族主义和同性恋评论，以此分析和回应网络游戏中的歧视问题。更重要的是，要调研从事这种实践的人，了解他们如何以及为何这样做，更好地理解他们的行为动机，在此基础上对他们的行为进行充分的理论化探讨。其次，可以更深入地研究玩家如何理解更广泛的游戏产业领域、如何将自己的选择概念化，探讨谁在控制这些选择，以及他们为什么相信零和游戏的结果。最后，可以从粉丝角度切入，在促成、引导、放大（而不是消解）游戏文化方面发挥作用。探讨各方如何利用互联网和社交媒体来为自己的观点争论，动摇别人的意见，以及如何让性别歧视或反性别歧视的态度相互转化等[2]。

---

[1] Coavoux S. Gendered differences in video gaming [C/OL] //*Annales des Mines*. 2019. https://www.annales.org/edit/enjeux-numeriques/DG/2019/DG-2019-06/EnjNum19b_7Coavoux.pdf.
[2] Consalvo M. Confronting toxic gamer culture: A challenge for feminist game studies scholars [J]. *Ada A Journal of Gender New Media & Technology*, 2012 (1).

第五章 体育视角

自 2015 年开始,国内外电子竞技研究逐渐摆脱了此前网络游戏、视频游戏的概念局限,开始形成独特的研究模式。随着电子竞技概念的提出,出现了一些探讨电竞体育性、竞技性的研究成果,为电子竞技研究的未来发展提供了依据。[①]

学界和业界对电子竞技概念的界定一直存在着模糊不清的问题,Marcel 认为这是由于电竞自身存在内涵的多元化所导致的,因为电竞是将商业、媒体、游戏和体育融为一体的行业[②]。学者们试图厘清电子竞技(esports)的概念。Wagner 认为不应将电子竞技窄化定义为"在专业环境中以竞争方式玩电脑游戏",而应该定义为"人们使用信息和通信技术来发展和训练心理或身体能力而参与的体育活动"[③]。Rosell 认为需要将电子竞技和游戏(gaming)进行区分。其中,游戏包含两层含义,从广义来看,游戏是指玩视频游戏的活动;更聚焦来看,游戏是竞争的实践,须要根据游戏规则达成击败对手的目的。狭义的游戏才可以被看作电子竞技,可以从游戏类型和所需身体技能的差异来识别电子竞技。[④] Jenny 等认为,虽然

[①] 杨赫. 网络媒体电子竞技传播效果的影响因素与评价体系研究 [D]. 上海:上海体育学院,2021.

[②] Martončik M. E-Sports: Playing just for fun or playing to satisfy life goals? [J]. *Computers in Human Behavior*, 2015, 48: 208-211.

[③] Wagner M G. On the scientific relevance of eSports [C] //*International Conference on Internet Computing*. 2006: 437-442.

[④] Rosell Llorens M. Esport gaming: The rise of a new sports practice [J]. *Sport, Ethics and Philosophy*, 2017, 11 (4): 464-476.

所有的电子竞技都是视频游戏，但并非所有的视频游戏都可归入体育范畴。视频游戏必须有结构（如标准规则）、组织（如规则遵守）和比赛（如明确的赢家和输家），才可以被认为是体育运动。此外，游戏还必须符合制度化的标准，才能被提升为体育运动[1]。此外，电子竞技也会因应差异化特征分为战略游戏（strategy games：RTS or MOBA）、射击类游戏（Ego-Shooters：FPS）、模拟类游戏（sport and race simulations）等。这些游戏的标准和规则都有很大差异[2]，这也使电子竞技的定义变得更为复杂。

然而，概念界定不清晰这一问题并不影响电子竞技的体育特征。在体育管理评论（SMR）编辑会议上，与会者重点讨论了电子竞技的作用、电竞是否应该被视为体育运动、电竞对体育管理的影响等问题[3]。在西方高校看来，电子竞技具有社会价值和经济价值，例如实现校际体育运动员创收、增加体育活动频次和参与者多样性都是电子竞技的潜在价值，能够促使电子竞技被纳入体育范畴。

一 国内电子竞技与体育研究

电竞与体育的关系是各个领域关注的热点议题。国内学界从电子竞技（esports）与体育（sport）的关系研究切入，关注二者的历史渊源、二者与游戏的关系以及二者的异同，探讨电竞是不是一项运动、电竞是否从属于体育范畴，即"电竞的体育化"议题。

（一）从是否属于体育范畴研究电子竞技与体育

一部分学者认为，电竞不属于体育范畴。这类观点的依据是，电竞并

---

[1] Jenny S E, Manning R D, Keiper M C, et al. Virtual (ly) athletes: Where eSports fit within the definition of "Sport" [J]. *Quest*, 2017, 69 (1): 1-18.

[2] Thiel A, John J M. Is eSport a 'real' sport? Reflections on the spread of virtual competitions [J]. *European Journal for Sport and Society*, 2018, 15 (4): 311-315.

[3] Cunningham G B, Fairley S, Ferkins L, et al. Esport: Construct specifications and implications for sport management [J]. *Sport Management Review*, 2018, 21 (1): 1-6.

不要求必须加入肢体活动。路云亭认为，现代体育需要满足三个必要条件。首先是需要身体做出动作。人类自学会直立行走以来，不断进化学习形成坐、卧、行、跑、跳的动作范式。此外，各式各样的动作构成身体变形的外在因素，成就了体育竞技的内涵，构成了现代体育的动作基础，展示出人体在坐、卧、行、跑、跳固化姿态以外的更多可能。其次是探索身体的极限，现代体育项目的最大特点就是极限性，包括体能、体力、心智付出等方面的极限。比如，摔跤、拳击、举重等项目对人体的体能要求较高，乒乓球则对人的心智付出要求较高，因此它们都属于体育项目。再次是法哲学背景。法制严明、制度完备是体育项目的重要保障，现代体育项目需要符合法哲学精神。然而，电竞仅仅满足最后一项要求，故不能算作体育项目。[1]

易剑东强调体育必然以人体活动为基础，需要有肢体操作。从这一意义上讲，电竞不属于体育。第一，电竞的操作依靠电子设备和各类仪器，只需要在固定坐姿下动用手脑，不消耗体能。第二，电子竞技主要依靠电子设备呈现虚拟场景，而不是依靠体育场等实体场地；电竞的场景和环境是虚拟的，而体育是在现实场景中展现的，前者对身体素质没有特别要求。第三，只有竞技性这一特征不足以构成体育项目，还需有其他要素加持，尤其是应该对身体素质有要求，但是，电子竞技没有消耗人的身体能量，没有体现人的身体技巧。第四，电子竞技规则的竞争性虽然和体育类似，但电子竞技更多体现了对智力的支配，而体育体现了对体力的支配，二者差别迥异。[2]

王晓东也认为体育与电子竞技在本质上有很大不同。首先，体育产生的必要条件是肢体运动，而电子竞技本质上属于虚拟游戏，它的虚拟性很难与体育的现实性等同；其次，体育与电子竞技竞争的内容本质不同，电

---

[1] 路云亭. 从颠覆到再造：电子竞技在中国的存在维度[J]. 体育学研究，2018，1(4)：51-57.

[2] 易剑东. 中国电子竞技十大问题辨识[J]. 体育学研究，2018，1(4)：31-50.

子竞技比拼的是智力，体育则比拼的是体力。电子竞技与体育的项目设置规律不同。电子竞技的推广受到既定条件的限制，且电子竞技运动员本身的职业生涯也受到自身特质的限制。另外，电子竞技很难进行全民推广，但体育却有着"全民体育，终身体育"的倡议。所以，二者是沿着不同方向和轨迹发展的。更重要的是，虽然将电子竞技纳入体育有利于其快速发展，但由于差异较大，二者的规则制定、项目周期都难以规划一致，因此长远看来，电子竞技应和体育分离，而不应被禁锢在体育的框架之内，更不应为了将电子竞技纳入体育范畴，而改变体育原本的理念[①]。

刘福元认为，严格来说电子竞技是"竞技"，而非体育范畴。电子竞技理应回归"竞技"这一本源概念，而并非成为体育的一部分。虽然，电子竞技和体育有着明显的身体活动差异，但是二者都具备竞技性这一共同特征。所以，一部分学者认为，身体活动是电子竞技和体育在表层意义上的差别，属于形式上的差异，但二者之间以竞技为内核的特征是一致的；换言之，应该将体育和竞技看作是种属关系，将电子竞技的项目都放置于体育之下。还有学者认为，二者的争议原本就属于逻辑上的谬误。也就是说，电子竞技和体育二者并不相交，而是像平行线一样独立发展，不可说其中一方属于另一方[②]。

另一部分学者认为电竞应该属于体育项目范畴。这类观点主要从对"运动"的定义切入进行判断。吕树庭指出电子竞技（esport）具备了我国学者公认的运动（sport）的三个属性。第一，身体活动。身体活动分为三种，第一种是大肌肉群发挥作用，肢体间相互协调实现运动；第二种是小肌肉群发挥作用，局部肢体相互配合实现运动；第三种是人在静止时，心跳、呼吸、血液流动的过程。电竞可以被看作是第二种主导的身体活动，就像传统体育也可以被看作是智力主导的身体活动。第二，文化活动。从

[①] 王晓冬. 体育与电子竞技发展"殊途"，岂能"同归"？[J]. 青少年体育，2014（9）：28-30.

[②] 刘福元. "竞技"抑或"体育"？——"放管服"视域下电子竞技的概念解纷[J]. 体育研究与教育，2021，36（5）：16-26.

文化三重结构来看电竞，其在物质结构上，有外在的电子设备、内在的游戏内容，以及与比赛相关的服装、纪念品等周边产品；在组织制度结构上，电子竞技组织各类竞赛，赛制规则、系统训练等制度体系都包括在内；精神结构上，电竞包含价值观、思维逻辑、公平公正的追求等。第三，自由活动。电竞是从事者有所追求的自由的价值活动。由此，电竞可以种属于体育。[①]

田麦久在《运动训练学》一书中将当代竞技体育的基本特点划分为六个，分别是：激烈的竞争性、广泛的社会性、高度的公平性、巨大的功利性、无止境的追求、独特的观赏性。[②] 龚骁从上述六个角度来论证电竞的现代体育性，研究提出：在竞争性方面，游戏对参与者的大脑意识、身体操作和身心协调的能力都有相当高的要求；在社会性方面，互联网技术进步和计算机硬件普及为电子竞技走向世界铺平了道路，人类对生活多元化的追求和更快更强的竞技本能也为电子竞技在全世界范围的传播起到了重要的精神引导作用；在公平性方面，电竞的游戏机制会直接限定游戏内的空间、时间、单位、行为（规则）以及游戏目的（结果）；在功利性方面，观看电子竞技比赛的人数众多，在赛事举办期间，全球各大媒体都会争相报道；在无止境的追求方面，竞技游戏产生的内外能动性要求人的大脑不仅仅要具有接收功能和反应能力，更要具备生产能力、创造能力、预见能力和反思能力；在观赏性方面，电竞赛事独特的观赏性主要来自破局挑战。总之，电子游戏的体育属性是人类在游戏行为上的探索、融合和创新，也是人类追求卓越的本能、欲望所带来的进步，它还带来了人类群体性竞技形态的虚拟迁徙，让人类社会的体育竞技文化从现实世界延伸至虚拟世界。[③]

此外，电竞是否属于体育范畴，也关乎电竞项目能否加入奥运会。目

---

① 吕树庭. 中国电子竞技的发展需要高等教育科学研究与人才培养双向介入——暨广州体育学院电竞专业（方向）建设的初步探索［J］. 广州体育学院学报，2019，39（3）：1-6.
② 田麦久，武福全. 运动训练科学化探索［M］. 北京：人民体育出版社，1988.
③ 龚骁. 电子竞技：虚拟现实中的游戏行为与电子游戏的体育属性［J］. 中国多媒体与网络教学学报（上旬刊），2022（1）：237-240.

前电竞不能入奥的重要原因,是以游戏为内核的电竞会引发暴力问题。比如,一些游戏包含杀戮的元素,这和奥林匹克精神倡导的价值观不符。针对这一问题,郭琴认为体育能够成为人类文明的产物,原因之一是因为它使得竞技性、对抗性、有暴力倾向的体育项目有了规范的制度和规则,限制了冰球碰撞、拳击进攻、摔跤角力等暴力行为对人身体的伤害。这些暴力元素表现在实现项目的手段和过程当中,而并非体育的本来目的。电子竞技也类似,它所承载的暴力是形式的、虚拟的、手段的暴力,并非电子竞技的原本目的,因而不应阻止其加入奥运会[①]。

(二) 从体育化角度研究电子竞技与体育

另一部分学者关注"电竞的体育化"这一研究议题。戴金明从大众化程度、产业化水平、法制(治)化保障三个方面对电子竞技体育化的重点开展讨论。他认为:"电竞体育化是指电竞作为一种具有一定体育元素的特殊形式的电子游戏,通过学习体育、模仿体育、最终变成体育的过程",建议促进电子竞技体育化的进程。研究认为,第一,观念、实践两个层次的制约,影响了电子竞技体育化在大众层面的普及。在观念层次,一方面,他认为电子竞技和体育的理论导向不是同源的,若按照体育的理论来引导理解电子竞技,不利于大众对于电子竞技的理解,也不利于电子竞技的大众化发展。另一方面,电子竞技并非源于中华传统文化,相反,传统文化中对读书的功利追求还从侧面展现了对游戏的排斥。第二,人们对产业发展不确定性的担忧、新兴职业俱乐部分布区域的不均衡影响了产业化发展,比如目前电子竞技产业高度集中分布于发达城市。第三,法治保障面临多重治理难题,电子竞技是否属于体育范畴尚有争议,是否按照体育的相关立法来规范电子竞技也难以确定,是否将电子竞技归于《体育法》

---

① 郭琴.电子竞技几个基本问题的理论综述——概念、分类及其与游戏和体育的关系[J]. 广州体育学院学报,2021,41(6):32-36.

监管也难以达成一致，电子竞技面临立法保障规范下的多重法治难题①。

赵功炎通过"利用体育""模仿体育""成为体育"三种嬗变现象，分析电子竞技体育化现状，探索电子竞技体育化的未来趋势。他认为，在体育化过程中，"electronic-sports"一词逐渐转化成为"esports"，即电子竞技。通过与体育关联，电子竞技获得了更高的认可度与市场潜力。虽然"电子竞技是体育"一说尚存在争议，但体育化已成为电子竞技的发展趋势。在电子竞技体育化过程中，"利用体育""模仿体育""成为体育"三种嬗变现象代表着不同群体对电子竞技体育化的理解与态度。"利用体育"是指电子竞技体育化受到广泛认可的同时，部分电子游戏开发商并没有以体育的标准与规范约束自身，而是以体育为噱头举办缺乏规范的电子游戏竞赛；"模仿体育"是指开发商通过借鉴体育项目的办赛经验和管理办法来保证比赛的专业性和观赏性，实现电子竞技体育化；"成为体育"建立在电子竞技体育化带来影响力和市场潜力的基础上。从电子竞技体育化三个嬗变现象可以看出，虽然通过体育化获得了广泛认可和市场潜力，但究其本质，电子竞技仍是商业活动。不论是为了让电子竞技"成为体育"，还是为了通过"模仿体育"让电子竞技更加规范，抑或是为了商业利益，电子竞技的发展仍须依赖体育化。②

杨昊通过文献资料法，总结电子竞技体育化发展全过程，分析电子竞技所具备的体育化特征。他认为，规则性、对抗性、偶然性、技艺性是二者共有的属性，也是电子竞技体育化进程中的必要条件。但是，这些特征也反映了电子竞技和传统体育之间的差异，即二者虽然都是对抗性的，但体育是肢体上的直接对抗，而电子竞技是智力、思维上的对抗。所以，目前电子竞技体育化还面临着一定的难题。首先，相关法律法规不够规范，

---

① 戴金明. 我国电子竞技体育化嬗变中的难点探析 [J]. 广州体育学院学报，2021，41(6): 27-31.
② 赵功炎. 电子竞技体育化的嬗变现象研究 [C].//第十一届全国体育科学大会论文摘要汇编，2019: 2857-2858.

法治化水平亟待提升，同时缺少日常化监管。其次，大众对电子竞技的认可度不高，存在较强的负面刻板印象。再次，行业发展方向不明，相关市场体系不完善。应厘清当前电子竞技体育化过程中遇到的瓶颈，推动政府引领媒体、教育、企业等各方共同努力，为电子竞技正名，确保电子竞技体育化依法合规发展，完善电子竞技体育化发展路径。例如，完善相关法律法规，为电子竞技体育化提供基础性的法律保障；加强媒体宣传引导，改善大众对电子竞技的负面刻板印象；依法依规吸引社会参与，督促企业优化产品，做大做强特色品牌，积极引领产业发展等。[1]

二 国外电子竞技与体育研究

国内学者对电子竞技与体育的研究，更多是以体育运动的本质作为衡量依据。由于体育运动的构成要素较多，不同学者所选择的视角和关注的要素并不相同，因此电子竞技与体育的关系问题目前在学界和业界依旧存在争议。而部分国外研究则将这一问题放置于更宏观的全球视野或者拆解为更微观的电竞内涵问题，以电竞的标准与体育运动的标准对照，通过身体性、竞争性、技能性、组织性、制度性等因素判断电竞与体育二者之间的关系。

（一）从两者关系研究电子竞技与体育

第一，部分学者从具身性角度出发，对电子竞技是否属于一种运动展开探讨。可以参考一些印象中不被认为需要运动的活动类型，如赛车驾驶或步枪射击。[2]实验数据显示，赛车驾驶员拥有与篮球、足球或棒球运动员

---

[1] 杨昊. 从游戏到体育：电子竞技发展管理研究[J]. 体育科技文献通报，2021, 29 (6): 186-188.

[2] Cunningham G B, Fairley S, Ferkins L, et al. Esport: Construct specifications and implications for sport management [J]. *Sport Management Review*, 2018, 21 (1): 1-6.

相似的心肺功能[①]，并且赛车手有与篮球或足球运动员相当的身体活动比率[②]，因此，赛车、射击等也被认定为体育运动。这种研究思路为电子竞技是否属于运动奠定了基础，也提供了参考。

聚焦到电子竞技，Andreas 认为身体是在电竞游戏与玩家之间存在的物理媒介。真实体育与数字适应的关系受到技术进步的显著影响，是一种多样的、平行的、某种程度上相互对立的形成过程，而不是以线性方式发展起来的过程。因其具备以身体活动为前提的高度组织性，玩家需要通过身体控制克服障碍，在这一过程中身体作为一种物理媒介存在于电竞游戏与玩家之间。数字体育比赛经历功能适应到现实模拟的过程，变得越来越逼真，技术进步让更多的照片展现出真实感、可视化和运动模拟，并且目前的技术设备开发提供了比键盘、游戏板或操纵杆等传统方式更真实的参与体验。例如，虚拟的网球比赛中，游戏者持有一个控制器代替真实的网球拍，但控制器的处理方式与真正的运动设备相同。[③]

Hilvoorde 从具身角度思考电子竞技的身体性。他认为，询问一个动作是身体的还是非身体的没有意义，因为人类的一切行为都是具身的（embodied），不需要一个独立的"我"来移动和控制身体。人类是在行动中理解世界的。从关系身体（relational body）的角度看，身体与周围世界存在着内在的联系。这意味着，电子竞技不可能缺少身体部分的参与。我们对关系身体的理解意味着我们拒绝认为身体的极限就是我们感官的极限，而是认为新技术能够扩展身体的边界。数字技术可能成为器械，甚至是可穿戴的器官。基于此，游戏的操纵需要不同类型的身体动作。在电子竞技中，这些身体动作包括与角色相关的身体动作（Role-Related Body Movements）、情

[①] Jacobs P L, Olvey S E, Johnson B M, et al. Physiological responses to high-speed, open-wheel racecar driving [J]. *Medicine and Science in Sports and Exercise*, 2002, 34 (12): 2085-2090.

[②] Beaune B, Durand S, Mariot J P. Open-wheel race car driving: Energy cost for pilots [J]. *The Journal of Strength & Conditioning Research*, 2010, 24 (11): 2927-2932.

[③] Hebbel-Seeger A. The relationship between real sports and digital adaptation in e-sport gaming [J]. *International Journal of Sports Marketing and Sponsorship*, 2012, 13 (2): 43-54.

感表达（Affective Expression）和社会行为表达（Expressions of Social Behavior）。这些动作并不被认为是熟练玩家的必备技能，只是从剧场或戏剧（Mimicry）的角度来定义和判断游戏时，这些身体动作被认为是至关重要的技能。玩电子竞技可以被视为一种戏剧和审美体验，玩家在游戏中学习并进行角色扮演和表达。在虚拟环境中的具身可以从非运动员的角度被认为是"关系的"或可玩的[①]。

Watanabe 从电子竞技玩家的生理状态调节入手，通过两个假设检验，阐明竞争游戏和互动游戏对电子竞技选手生理状态的影响。一是发现电子竞技运动员的交感神经系统受到竞争游戏的激活和游戏情境的调制，二是发现电子竞技运动员的自主神经系统活动与人际互动存在正/负同步。通过计算平均心率、心率的时间模式及其相关性，发现与计算机对手相比，人类对手的存在使运动员平均心率升高，比如在特定的游戏情境（比赛开始、持续或结束）中能观察到平均心率升高。这些结果提示电子竞技玩家的交感神经系统受到竞争游戏的激活，并受到游戏情境的调节。另外，对手间的时间心率模式是同步的，这说明在竞技比赛中，玩家通过竞争的人际互动，形成同步的自主神经系统活动。也就是说，竞技游戏能够激活电竞选手的交感神经系统，游戏情境也能对其进行调节。且玩家的自主神经系统活动在人际互动时是同步的，证明了电子竞技专业人士在电子竞技比赛中的心理状态与生理状态之间呈现相关关系。[②]

Rosell 也强调电子竞技的身体活动要素。电子竞技游戏须要强调身体参与的重要性，玩家须要发展自己的运动和身体控制能力、眼手协调能力和位置耐受能力，才能在击中时做到精准。从反面来看，如果电子竞技与身体维度不相关，那么就不会产生身体伤害，或者更准确地说，身体伤害不会妨碍玩家的表现。而事实上，游戏玩家可能会因玩电子竞技而遭受严

[①] Hilvoorde I, Pot N. Embodiment and fundamental motor skills in eSports [J]. *Sport, Ethics and Philosophy*, 2016, 10 (1): 14-27.

[②] Watanabe K, Saijo N, Minami S, et al. The effects of competitive and interactive play on physiological state in professional esports players [J]. *Heliyon*, 2021, 7 (4): 1-7.

重伤害（主要是手腕和肘部），在某些情况下，这些伤害甚至会导致他们提前退役①。

然而，也有研究指出，精细运动并不完全等同于体力活动。事实上，电子竞技的参赛者在练习和比赛中都坐着，每天坐着长达15小时②，长时间的训练占据了他们日常生活的大部分时间。由于长时间坐着，且需要在12小时到15小时内保持没有较大幅度的运动动作，他们面临着十分普遍的职业压力③。鉴于久坐行为与糟糕的身体、心理健康之间的联系④，电子竞技所带来的身体和心理方面的影响，逐渐引起学术界和业界的关注，这也使电子竞技能否被纳入体育运动范畴的问题变得更有争议。

第二，从体育运动的基本特性出发，游戏支持者认为电子竞技具备体育的核心特征，例如人际竞争、技能培训和发展、规则遵守、目标实现、协调性和敏捷性的培养等。电竞比赛过程中存在着对于技术的追求、能量的消耗等，这也可以证明电竞是一项体育运动⑤。然而，从电子竞技的商业化来看，电竞行业同体育行业不仅在发展模式上存在一定的相似性，其产业化的发展方式更是推动了电子竞技行业的规范化发展，推进了电竞的制度化、专业化进程，并且有利于其平整性和公平性。⑥ 但也有研究认为电子竞技在职业化发展、竞赛管理规范性、技能的适应性和运动的归属性

---

① Rosell Llorens M. Esport gaming: The rise of a new sports practice [J]. *Sport, Ethics and Philosophy*, 2017, 11 (4): 464-476.

② Hattenstone S. The rise of eSports: Are addiction and corruption the price of its success [J]. *The Guardian*, 2017, 16: 2017.

③ Chung T, Sum S, Chan M, et al. Will esports result in a higher prevalence of problematic gaming? A review of the global situation [J]. *Journal of Behavioral Addictions*, 2019, 8 (3): 384-394.

④ Rezende L F M, Rodrigues Lopes M, Rey-López J P, et al. Sedentary behavior and health outcomes: An overview of systematic reviews [J]. *PloS One*, 2014, 9 (8): e105620.

⑤ Jenny S E, Manning R D, Keiper M C, et al. Virtual (ly) athletes: Where eSports fit within the definition of "Sport" [J]. *Quest*, 2017, 69 (1): 1-18.

⑥ Mariona R L. eSport Gaming: The Rise of a New Sports Practice [J]. *Sport, Ethics and Philosophy*, 2017, 11 (4): 464-476.

等方面依然不够健全①，其主要基本特性如下。

1. 娱乐性。玩（play）是所有体育运动的基础，这包括出于乐趣或享受而进行的自愿的、有内在动机的活动②。电子竞技的参与者为了享受而自愿玩电子游戏，满足了体育运动的这一特点，通常与之相关的学术研究关键词是游戏（game）③。然而，Martončik提到，对于职业玩家来说，参与电子竞技不仅仅是为了乐趣和玩游戏，还是满足其他需求的一种手段，例如与团队合作伙伴建立关系和实现人生目标。在电子竞技玩家群体中，以群体领袖为代表的群体成员在生活目标权力方面与非群体成员有显著差异，电子竞技比赛选手和休闲选手在生活目标归属和转移方面也存在显著差异。与其他玩家相比，团队领导者更为积极地将权力作为人生目标；与休闲玩家相比，职业玩家在娱乐和归属方面的动机更为强烈。可见，电子竞技似乎不仅仅是玩电脑游戏，还可以作为满足归属需要的手段。玩家通过加入游戏团队和参加某一区域的聚会来建立友好关系，或者通过巩固电子竞技团队领导者的位置和确定其行动路线来满足权力的需要④。

此外，Seo提到，电子竞技玩家既不将他们的竞技时间视为休闲时间，也不将其视为工作，而是将其视为介于两者之间的东西，把电竞当作开展身份认同的平台，以专业化、理论化的追求来获得满足，如自我实现感和身份发展感。在有组织、有竞争的电竞情境中进行调查，以"电子运动"或"电子竞技"为标签，探讨这种消费行为背后的社会态度和自我概念，结果表明，专业化的追求可以被视为文化生产的独特领域，其特点是将这种消费形式的休闲和工作属性结合起来的独特精神，且这些领域内的消费

---

① Carrillo Vera J A, Aguado Terrón J M. The eSports ecosystem: Stakeholders and trends in a new show business [J]. *Catalan Journal of Communication & Cultural Studies*, 2019, 11 (1): 3-22.

② Guttmann A. *From Ritual to Record: The Nature of Modern Sports* [M]. New York: Columbia University Press, 2004.

③ Coakley J J, Pike E. *Sports in Society: Issues and Controversies* [M]. New York: McGraw-Hill. 2009.

④ Martončik M. E-Sports: Playing just for fun or playing to satisfy life goals? [J]. *Computers in Human Behavior*, 2015, 48: 208-211.

转型也是通过踏上严肃的休闲生涯来实现的,通过这个过程,玩家们作为消费者逐渐从主流文化中走出来,成为专业化消费领域的熟练附庸,并将这些追求与生活的其他重要方面相融合[①]。

2. 竞争性。所有的体育运动都涉及竞争,其结果必然会区分赢家和输家[②]。电子竞技符合这项特征,而且竞争往往非常激烈。电子竞技能够让人与世界范围内的对手进行竞争。虽然有时技术问题可能会阻碍一些地区的参与者,使世界上计算机基础设施欠发达地区的人难以成功参与,但这些问题可能会随着时间的推移而得到解决[③]。

但也有学者认为,虽然体育运动和电子竞技游戏都有竞争,但体育运动之所以可以从单纯的游戏中升华,是因为体育的竞争存在于物理现实世界中[④]。关于这个问题,Thiel认为自电话媒介出现以来,通信服务技术作为中介破坏了交流、理解、沟通所需的时间同步。当人们有足够时间和更多渴望时,可以随时阅读和回复信息,这使得交流成为一种非常个人主义的行为。从空间的角度来看,交流从真实世界转移到了虚拟世界。地理空间距离在互联网出现后变为可以随时克服的问题。因此,在许多情况下,交流不再必然发生在现实中的个人之间,通信不再依赖于物理存在。在这种背景下,体育活动也向数字世界转变。而关于一般意义上,一个人能够在多大程度上区分虚拟和真实,虚拟世界的竞争是否也对玩家来说是真实的这一问题,学者认为,虚拟环境实际上可以被体验为真实的,毕竟在这些环境中行动的人非常了解他们自己的虚拟本质[⑤]。

3. 技能性。体育运动必须涉及技巧性的比赛,也就是说,机会或运气

[①] Seo Y. Professionalized consumption and identity transformations in the field of eSports [J]. *Journal of Business Research*, 2016, 69 (1): 264-272.

[②] Guttmann A. *From Ritual to Record: The nature of modern sports* [M]. New York: Columbia University Press, 2004.

[③] Jenny S E, Manning R D, Keiper M C, et al. Virtual (ly) athletes: Where eSports fit within the definition of "Sport" [J]. *Quest*, 2017, 69 (1): 1-18.

[④] Jeu B. What is sport? [J]. *Diogenes*, 1972, 20 (80): 150-163.

[⑤] Thiel A, John J M. Is eSport a "real" sport? Reflections on the spread of virtual competitions [J]. *European Journal for Sport and Society*, 2018, 15 (4): 311-315.

不是获胜的唯一原因[1]。电子竞技在表面意义上具备熟练、协调的特征，即玩家操纵控制器上的按钮以有效地管理他们的屏幕头像（即视频游戏中代表玩家的图标或图形）。这也完成其从休闲活动到（半）职业比赛的过渡，即通过奖励快速反应、良好的手部灵活性和出色的手眼协调能力来参与竞争性游戏[2]。此外，电子竞技中的技巧不应仅限于控制器使用的技术灵巧性，还应包括视频游戏中的运动智能[3]。Kates提到电子竞技包含体育概念的核心，即智取竞争，也就是说，电子竞技中对身体的强调并不缺乏智力成分。他更强调电子竞技的沉浸感和交互性。在电子游戏和模拟体育运动中，沉浸感和交互性可以通过多种方式得到提升。例如，在一个标准的自动赛车电脑游戏中，赛车动作会在电脑屏幕上立体地展现，并且往往带有音响效果。随着比赛动作在屏幕上展开，参与者需要通过操纵一个操纵杆或游戏垫——移动操纵杆，按压某些按键、按钮以控制方向和速度等，使克服障碍或有效应对对手的动作成为可能。在一些计算机游戏系统中，控制也可以通过方向盘和脚踏板来实现，其中，娴熟有效的互动至关重要。电子竞技就像其他任何运动一样，其中的一些身体动作，包括各种运动技能，必须在某种意义上成为"自动"的，以便玩家执行战术和策略[4]。

Rosell认为成功的电子竞技选手必须具备全面的知识和技能，具有游戏意识，利用战术/战略判断来采取有效行动，解决游戏中的问题。玩家须要进行练习，通过大量技能和能力练习来掌握攻击或使用武器，他们还须要练习精准和专注、身体控制、耐力、快速动作和团队策略，这也引入其与体育运动的另一特征连接，即组织性。体育规则（包括决定运动员参

---

[1] Suits B. The elements of sport [J]. *Ethics in Sport*, 2007, 2: 9-19.
[2] Rambusch J, Jakobsson P, Pargman D. Exploring E-sports: A case study of game play in Counter-strike [C] //3rd Digital Games Research Association International Conference: "*Situated Play*". Digital Games Research Association (DiGRA), 2007, 4: 157-164.
[3] Hemphill D. Cybersport [J]. *Journal of the Philosophy of Sport*, 2005, 32 (2): 195-207.
[4] Kates A, Clapperton G. The debate [J]. *Engineering & Technology*, 2015, 10 (1): 28.

赛的媒介及其规则）是体育作为一种特定的竞技活动形式的构成之一。电子竞技要被理解为是一项体育运动，就须要符合这些构成规则[①]。

4. 组织性与制度性。体育是遵守规则的目标导向活动，是有组织并受规则支配的[②]。电子竞技也有组织性和规则性特征。在一些比赛中，玩家组成的团队需要在一定时间内进行多轮比赛，遵守一定规则和规定，玩特定的电子游戏[③]。并且，电竞团队在常规训练、团队合作、战术制定与运用等方面与体育运动存在高度的相似性。[④]

然而，电子竞技虽具备组织特征，却在制度性方面颇有争议。电子竞技比赛具备传统体育比赛的组织特征，例如，他们在赞助商方面的组织方式相似，并且都包含国家排名、奖牌和价值观等要素，然而缺乏组织结构仍是让国际奥委会接受电子竞技作为一项运动的一大障碍。Breuer也指出，电子竞技作为一项职业运动，并不真正适合美国和欧洲体育联盟两大著名的体育体系。虽然电子竞技中的团队可以像美国运动队一样被视为利润最大化者；电子竞技与欧洲运动体系之间也可以观察到相似之处——例如球员交易、开放联盟体系或参加多项比赛的可能性，但其联合会的重要性有限，加上电子竞技对在线广播赞助收入的依赖，因而无法与两个既定的体育体系相适应。[⑤]

电子竞技无法被整合到现有体育组织中，根本原因在于电子竞技是由制作游戏的公司设计的，这让体育联合会在制定比赛规则时没有选择的自由。游戏所有权是电子竞技游戏一大特殊特征。尽管发行商可能无法控制比赛，但它们会始终保留对游戏代码的开发控制权，因此始终会对实践产

[①] Rosell Llorens M. ESport gaming: The rise of a new sports practice [J]. *Sport, Ethics and Philosophy*, 2017, 11 (4): 464-476.

[②] Suits B. The elements of sport [J]. *Ethics in Sport*, 2007, 2: 9-19.

[③] Jenny S E, Manning R D, Keiper M C, et al. Virtual (ly) athletes: Where eSports fit within the definition of "Sport" [J]. *Quest*, 2017, 69 (1): 1-18.

[④] Hutchins B. Signs of meta-change in second modernity: The growth of e-sport and the World Cyber Games [J]. *New Media & Society*, 2008, 10 (6): 851-869.

[⑤] Breuer M. Der E-Sport-ein drittes Modell des professionellen Sports [J]. *E-Sport-Perspektiven aus Wissenschaft und Wirtschaft*, 2012: 91-116.

生影响①。由此延伸出各类制度问题，例如，没有能够代表整个电子竞技领域的独立、自主的电子竞技协会；游戏发行商从比赛中赚钱这一事实与国际奥委会的非营利性质不相符②；电子竞技游戏中对作弊和故意失误的理解以及构建公平竞争的理念是由游戏发行商声明和定义的，与体育中的对应定义不同；电子竞技中任何人都可以随时随地参加比赛，也可以随时随地退出游戏，还会出现在聊天和现场比赛中对团队成员或对手进行口头骚扰、对较弱的对手进行不必要的羞辱性攻击等问题。虽然有特定的处理和惩罚机制，但这些与体育运动中的公平竞争原则有相违背之处。

第三，从国际视角来看，电子竞技与体育运动的关系变得更加复杂。一国的制度结构和体育资助也决定了电子竞技能否成为体育项目。在加拿大，政府对加拿大体育（Sport Canada）进行资助时对什么是运动、什么不是运动进行了切实分类，然而电子竞技不能申请相关资助，这意味着电竞在加拿大不被视为一项体育运动。然而在新西兰，如果某项体育运动符合某些标准（例如有可能、有潜力在国际比赛中赢得奖牌）就可以申请政府资助，所以电子竞技在新西兰就被视为一项体育运动③。整体来看，虽然电子竞技和体育运动的关系尚有争议，但相关从业者和体育学者已经在一定程度上关注到电子竞技，包括对校际电子竞技活动、电子竞技作为体育运动的法律问题和劳工问题、多样性和游戏文化等问题展开讨论。电子竞技正在逐步接近体育运动，甚至可能正式成为一项运动被纳入奥林匹克计划的组织结构。还有研究聚焦于体育类电竞游戏，并认为这类游戏与传统体育运动之间存在较强的互补关系，同时这种互补性也能够促进青年人对

---

① Rosell Llorens M. Esport gaming: The rise of a new sports practice [J]. *Sport, Ethics and Philosophy*, 2017, 11 (4): 464-476.
② Thiel A, John J M. Is eSport a "real" sport? Reflections on the spread of virtual competitions [J]. *European Journal for Sport and Society*, 2018, 15 (4): 311-315.
③ Cunningham G B, Fairley S, Ferkins L, et al. Esport: Construct specifications and implications for sport management [J]. *Sport Management Review*, 2018, 21 (1): 1-6.

体育运动的关注[①]。然而，有学者认为电竞较高的商业化程度会在电竞游戏版权、真实性等方面，带来不利于体育发展的负面影响[②]。

（二）从体育管理研究电子竞技与体育

至今，电子竞技是否是一项体育运动仍然存在争议，部分学者甚至拒绝讨论这一问题。Heere 认为"体育管理学者并不能控制什么应该或不应该被定义为体育"，认为决定"什么属于体育运动"不属于体育管理学者职责范围内的任务[③]。但不可否认的是，电子竞技和体育管理密切相关。Stewart 也强调需要批判性地审查体育管理、营销、游戏和娱乐之间的联系，以揭示某一活动（如电子竞技）在体育产业中的地位[④]。电子竞技正被作为一项新的活动来探索，以实现体育促进发展运动的目标[⑤]。所以，虽然电子竞技没有在学术和政策层面被全球体育促进发展运动的话语所广泛接受，但相关从业人员已经开始谨慎地认为电子竞技是一种可行的体育干预方式，学者们也从体育管理的视角切入，认为电子竞技应该得到重视以推动社会发展[⑥]。

Cunningham 等认为电子竞技在体育管理学术话语中占有一席之地。电子竞技正越来越多地交织在体育组织（例如赞助）的结构中，试图拓宽后者的市场吸引力。重要的是，电子竞技逐渐成为体育领域的特色，只要游戏技术有了发展，电子竞技及其衍生产品的市场将继续增长。与健身产

[①] García J, Murillo C. Sports video games participation: What can we learn for esports? [J]. *Sport, Business and Management: An International Journal*, 2020, 10 (2): 169-185.

[②] Hallmann K, Giel T. ESports-Competitive sports or recreational activity? [J]. *Sport Management Review*, 2018, 21 (1): 14-20.

[③] Heere B. Embracing the sportification of society: Defining e-sports through a polymorphic view on sport [J]. *Sport Management Review*, 2018, 21 (1): 21-24.

[④] Stewart B. "Sport without management": A response [J]. *Journal of Sport Management*, 2014, 28 (6): 616-620.

[⑤] Kidd B. A new social movement: Sport for development and peace [J]. *Sport in Society*, 2008, 11 (4): 370-380.

[⑥] Hayday E J, Collison H. Exploring the contested notion of social inclusion and gender inclusivity within esport spaces [J]. *Social Inclusion*, 2020, 8 (3): 197-208.

业、体育促进发展与和平、体育赛事等研究一样，电子竞技给体育管理学提出了一系列的问题，这些问题虽然不一定是体育性质的，但对未来的体育管理有着直接的影响。他也提到电子竞技的兴起与各种结果之间的联系。一个热点是它与体育消费的潜在关联，另一个热点涉及电子竞技与健康之间的联系[1]。

Funk 等提出电子竞技当前是有巨大发展潜力的体育娱乐产品，它的发展需要和比赛项目、产品、粉丝运营、企业支持、营销手段、数字技术、主流媒体、法律保障、名人代言等方面结合。发展电子竞技须要明确要执行的工作任务，从消费者需求出发提高产品质量，增强服务水平。从这一维度来看，电子竞技和传统体育都是为消费者提供娱乐服务的工作。两者都以争夺消费者有限闲暇时间和财力为娱乐来源。电子竞技观众的追求与传统体育观众的追求有着相似动机，这些动机包括社会化机会、运动员表现和替代性成就动机。电子竞技被消费的目的与传统体育也相似，它们满足了消费者们相似的消费需求[2]。

Heere 还将电子竞技作为体育化（sportification）的一种表现形式。体育化表现为：以类似于运动的方式看待、组织、规范非体育活动，为个人竞争、合作提供公平、愉快和安全的环境，并比较他们在各个时期的表现；为现有活动添加体育元素，使其对观众更具吸引力。随着体育产业的迅速崛起，一项活动是否属于体育的问题不仅仅是一个学术问题，更重要的是体育作为商业活动的立法问题[3]，所以，电子竞技因符合以市场为中心的体育观而被重视。

在健康管理领域对电子竞技与身体健康的讨论中，电子游戏暴力作为

---

[1] Cunningham G B, Fairley S, Ferkins L, et al. Esport: Construct specifications and implications for sport management [J]. *Sport Management Review*, 2018, 21 (1): 1-6.
[2] Funk D C, Pizzo A D, Baker B J. Esport management: Embracing eSport education and research opportunities [J]. *Sport Management Review*, 2018, 21 (1): 7-13.
[3] Heere B. Embracing the sportification of society: Defining e-sports through a polymorphic view on sport [J]. *Sport Management Review*, 2018, 21 (1): 21-24.

媒介暴力中的新兴事物，出现在20世纪80年代末和90年代初。前期的学者们普遍认为接触电子游戏有显著有害影响。后亦有学者发现屏幕使用时间与肥胖增加、体育运动减少具有显著关联[1]，还有学者探讨电子竞技对心理产生潜在负面影响，例如导致攻击性、成瘾行为和抑郁症[2]。然而，一些学者也认为电子竞技可能会给个体带来认知、动机、情感和社会方面的益处[3]。还有研究关注电子竞技选手的健康管理模式。与传统体育项目运动员一样，电子竞技选手也会面对过度使用的伤害，其中最主要的是眼疲劳，其次是颈背部疼痛、腕部疼痛和手部疼痛等问题。但是，电子竞技评估模式与典型的运动员评估模式有很大的不同。评估应着眼于与此活动相关的所有领域，包括传统体育体检之外的附加问题、身体活动和营养方面的重点问题、社会行为、成瘾行为、学术成绩下滑、肌肉骨骼不适、视力下降等，但目前这些选手所需的健康或伤害管理评估模型及规程尚未建立。电子竞技选手属于"新运动员"，他们应该和其他运动员有相同的标准，电子竞技管理团队成员包括职业选手、团队医生、心理学家/精神病学家、运动教练员、运动医学工作人员、物理治疗/职业治疗人员、眼科学家等，各自承担相应职能[4]。

---

[1] Ballard M, Gray M, Reilly J, et al. Correlates of video game screen time among males: Body mass, physical activity, and other media use [J]. *Eating Behaviors*, 2009, 10 (3): 161-167.

[2] Ferguson C J. Violent video games and the Supreme Court: Lessons for the scientific community in the wake of Brown v. Entertainment Merchants Association [J]. *American Psychologist*, 2013, 68 (2): 57.

[3] Granic I, Lobel A, Engels R C M E. The benefits of playing video games [J]. *American Psychologist*, 2014, 69 (1): 66.

[4] DiFrancisco-Donoghue J, Balentine J, Schmidt G, et al. Managing the health of the eSport athlete: An integrated health management model [J]. *BMJ Open Sport & Exercise Medicine*, 2019, 5 (1): e000467.

第六章　文化视角

电子竞技是一种复杂的文化现象，其延伸出的"电子竞技文化"概念更为复杂并且缺少明确界定。目前，学界普遍认为"电子竞技文化"是一种将消费文化、大众文化和娱乐文化包含其中的互联网文化。[①] 国内外学者在讨论电子竞技文化时，主要涉及青年亚文化、社会态度以及性别三种议题，其中青年亚文化是最主要的研究方向。而国外学者更关注电子竞技博彩文化、电子竞技性别文化以及电子竞技粉丝文化三个议题，并且特别关注性别文化这一研究视角，与国内研究有所差异。

一　国内电子竞技文化研究

电子竞技文化是一项跨学科研究议题，在国内学界主要涉及社会态度、亚文化以及性别三个方面。其中，大多研究从亚文化视角出发来分析电子竞技粉丝认同问题、数字劳动问题以及粉丝生产文化产品的问题，研究视角与分析模式与其他网络亚文化的差异不大，暂时没有形成针对电子竞技文化的独特研究范式。

（一）对形成电子竞技文化的社会背景的研究

中国社会主流价值观对电子游戏的态度在这几十年间发生了较大的转

---

① 刘玉堂，李少多. 破茧成蝶：电子竞技文化在中国语境的出场［J］. 华中师范大学学报（人文社会科学版），2020，59（2）：70-77.

变,而中国的电子竞技文化就在这一过程中逐渐形成。有学者在论述中国社会对电子游戏以及电子竞技态度转变的基础上,探讨了当下电子竞技文化形成的社会背景。

首先,施畅对中国社会在过去30年间对于电子游戏和电子竞技的态度转变进行了梳理,再现了围绕电子游戏而展开的动态社会场域,对恐慌态度由兴而衰的变迁过程进行了考察,发现从20世纪90年代起中国社会对电子游戏的评价经历了从"电子海洛因"到新型娱乐方式的转变。电子游戏在20世纪80年代末90年代初进入到中国大陆,但普遍被当时的社会大众视为洪水猛兽,会对纯真童年邪恶荼毒,甚至必须对青少年的越轨与犯罪行为负责。这一时期新闻媒体中接连不断地出现关于电子游戏的负面报道,这与同期政府开始对"网吧"的管制有关。后来,在2001至2008年间,尽管中国网络游戏市场高速发展,社会大众对电子游戏依旧保持着一种恐惧的心态,人们对于电子游戏的态度是拒绝排斥、多为负面评价、污名化甚至病理化。2004年前后,民间兴起了救助"网瘾少年"的浪潮,在2009年卫生部明确否认"网瘾"是一种疾病之前,"网瘾"治疗机构十分兴盛。而2008年后,电子竞技类游戏的兴起改变了原有的产业格局,并以"自主创新"为口号获得了国家政策对本国游戏产业发展的支持,电子竞技这一行业也逐渐被大众熟知,电子游戏的竞技者们在游戏中投入的大量精力也被视为"主动提升技艺"。在此前提下,电子竞技获得了一个客观的评价,这种对电子竞技态度的转变受到了国家政策的影响。①

其次,媒体对于电子竞技游戏的报道框架和情感偏向也随着社会大众的态度转变发生了相应的变化。何威和曹书乐以《人民日报》为例对主流媒体中提及"游戏"的图文内容进行分析,该研究采用批判话语分析的理论视角,对1989至2017年这37年来《人民日报》中1718篇游戏报道的文本、话语实践、社会文化实践等内容进行分析。从报道数量来看,直接

---

① 施畅.恐慌的消逝:从"电子海洛因"到电子竞技[J].文化研究,2018(1):145-165.

相关报道有289篇，这些报道的主题直接聚焦于游戏，反映了社会大众对游戏的态度、观点、建议等，属于话语实践主体有意识的建构行为；另有1429篇与电子游戏非直接相关报道，其主题并不是聚焦于游戏的报道，但报道中同样隐含着对游戏的某种态度与观点。从报道关键词来看，"网络游戏"这一概念逐渐取代了"电子游戏"，并成为使用频次最高的关键词。从报道的态度来看，报道的态度倾向从没有一篇正面报道，转变为近5年来负面报道占比仅有13%；其中，主导框架从"危害青少年"转向"产业经济""文娱新方式"等，游戏玩家形象由"受害者"到"盲目的消费者"或"模糊不清的新人类"，电子游戏也不再被视为"电子海洛因"。[①]

刘双庆和刘瑙二人分析了新闻报道对于电子竞技正当性的建构过程，他们通过考察2001至2019年间国内电子竞技报道的趋势、框架与话语实践来进一步探讨上述问题，发现以下结论。首先，在近年来关于电子竞技的报道中，正面情感逐渐成为主导；其次，国内新闻在报道电子竞技相关新闻时主要采用"未知领域"框架、"产业经济"框架、"赛事活动"框架、"行业风向"框架以及"争议焦点"框架这五大框架，两位学者也指出新闻报道中运用不同框架意味着媒体从不同方面筛选事实、组织材料建构电子竞技的媒介形象，引导读者的解读方式；最后，电子竞技报道的词汇选择隐含了新闻媒体对于电子竞技的看法，如相关报道使用了"引导""规范"等关键词将电子竞技塑造为可引导的娱乐方式，"赛事"话语也是建构民族自豪感的策略，即让电子竞技与电子竞技选手激发读者的民族自豪感等。总的来说新闻报道可以通过积极的情感倾向以及电子竞技产业繁荣发展等方面的事实，并通过使用特定词汇与隐喻等修辞策略来建构电子竞技的正当性，力图从社会观念层面改变长时间以来电子游戏在国内被污名化的现象。[②]

[①] 何威，曹书乐. 从"电子海洛因"到"中国创造"：《人民日报》游戏报道（1981-2017）的话语变迁［J］. 国际新闻界，2018，40（5）：57-81.

[②] 刘双庆，刘瑙. 正当性建构：电子竞技报道的框架与话语分析［J］. 成都体育学院学报，2021，47（5）：106-112.

从时间角度看，我国媒体报道前后对于电子竞技、电子游戏的态度发生了较大的转变，学界普遍认为这一转变与电子竞技行业的快速发展以及政府政策的松动有着直接关联。主流媒体对电子竞技的态度与同期的社会舆论生态大致保持着相同的步调，[①] 这背后暗含着中国社会对于电子竞技的接受程度在逐步升高，这也为电子竞技文化在社会中的扩散奠定了良好的基础。

（二）对电子竞技青年亚文化的研究

国内学者更多是将电子竞技文化视为一种青年亚文化，并关注这一亚文化群体的实践活动和该文化给青年群体带来的影响。威廉斯将文化定义为"一群人所共享的生活方式"，认为文化的形成过程中需要人的参与，[②] 而个体则在不断参与活动的过程中逐渐结成同好群体。

电子竞技迷们参与电子竞技文化这一青年亚文化的动因是学者研究的主要方向之一，获得身份认同、满足娱乐需求是电子竞技迷们参与电子竞技文化的两个主要原因。汪明磊使用"互动仪式链"这一理论框架对《英雄联盟》的粉丝进行分析，发现电竞玩家作为互动仪式的共同在场者和参与式文化的体验者在线下和线上多种情境聚集，这让他们在愉悦感、赛事价值认同、明星效应、社交等方面存在的诉求得以满足。其中电子竞技迷以游戏知识作为电竞圈与其他圈层的界限，并且以职业选手作为该圈层最核心的关注焦点；同时电竞圈内部也以游戏类型为标准划分了各种圈层，并且由于网络游戏本身存在鄙视链，所以各赛事圈的粉丝群体之间也存在着相应的鄙视链，但多数情况下粉丝都尽量在各自的圈层内活动。经过上述一系列互动仪式，电竞迷之间的互动产生了共同的群体符号和道德感等重要的仪式效果，他们彼此间也因此产生了共享的情感体验，身份认同也

---

① 洪建平. 娱乐·教育·产业：电子竞技的主流媒介镜像——以《人民日报》（1978-2018）为中心 [J]. 成都体育学院学报，2018，44（4）：9-15，23.

② 刘子晗. 解读电竞文化：赛博空间的趣缘群体狂欢 [J]. 东南传播，2021（11）：105-109.

得到了进一步强化。①

李金对一种较为独特的戏谑风格的电子竞技趣缘文化进行了考察，发现这类文化的参与者采取一套梗言梗语的话语体系，通过发弹幕与取绰号对电子竞技中的人与事进行调侃，并通过网络整活进行恶搞，他认为电子竞技趣缘文化中的戏谑风格与代际差异带来的迷茫以及阶层差异带来的焦虑息息相关，迷茫与焦虑的负面情绪促使他们通过娱乐来进行情绪调节。通过这种戏谑风格的电子竞技趣缘文化，电子竞技迷们可以用角色代入与共情来进行自我投射，并借助电子竞技战队或电子竞技选手来实现对自我超越需求的替代性满足，通过获得群体认同缓解自我认同的危机，这一群体凭借着独特的亚文化资本争取在主流社会中的话语权，并在群体狂欢中对社会现实进行回避性的抵抗，从而达到群体问题想象性解决的效果。②

电子竞技文化整个文化架构都建立在互联网基础之上。在电子竞技文化传播这一领域，社交媒体几乎已经取代了传统意义上大众传媒的地位。赵卓伦和杜友君对在社交媒体中 iG 电子竞技俱乐部夺冠事件大量刷屏的现象进行了分析，重点讨论议程设置理论在社交媒体传播的适用性及特殊性的问题。他们发现社交媒体可以在热点问题出现时，进行集中、有目的地报道新闻信息，并且社交媒体的传播过程也可以实现传统议程设置的三个阶段，即设置媒体议程、形成公众议程、影响决策议程。两位学者认为电子竞技这一名称的广泛使用在一定程度上深化了人们对电子游戏、网络游戏的既有认识，而经过 iG 夺冠在社交媒体的传播后，电子竞技相关词汇、知识开始在大众中普及。③

同时借由视频媒体和直播产业发展，电子竞技文化从社区文化向流行文化跃迁，不断突破固有边界，正在逐步成为当代青年群体的重要生活方

---

① 汪明磊. 互动仪式链视角下电竞用户文化研究——以英雄联盟粉丝为例 [J]. 当代青年研究，2021（4）：18-24.
② 李金. 电竞趣缘文化的戏谑风格研究 [D]. 江苏：南京师范大学，2021.
③ 赵卓伦，杜友君. 社交媒体对大众议程设置功能的再现与重构——以 iG 电子竞技俱乐部夺冠事件在社交媒体的刷屏现象为例 [J]. 出版广角，2019（7）：61-63.

式之一，逐渐在青年中流转开来，以广泛的参与和观看为基础，实现规模化和社群化。这使得观看电子竞技比赛成为一种巩固身份的仪式。王春媛用媒介仪式的视角审视电子竞技赛事，其整体研究思路分为三部分，包括媒介呈现的仪式化内容、媒介呈现内容的仪式化方式以及媒介作为仪式本身，对电子竞技赛事媒介呈现过程中使用的象征符号、意义和仪式化传播手法及特征进行考察。该研究将电子竞技赛事作为一种媒介仪式，发现这种仪式化的传播方式为电子竞技玩家营造了特殊的场域，让身处其中的玩家获得了共同的体验感，进而形成了一个电子竞技共同体。在这个共同体中，电子竞技玩家开始将"电竞精神"作为共同的信仰，其个人情感也逐渐凝聚为集体记忆，在此过程中国家荣誉感和民族自豪感也发挥着作用。[1]

电子竞技赛事对青少年玩家的影响也是学界的关注点之一。陈颖认为电子竞技赛事直播是一场特殊的在线仪式，为玩家营造了特殊的场域，其中的象征符号为玩家带来各种隐喻与文化表征，让玩家通过对符号的解读收获意义，并形成了身份认知和群体认同感，由此展开消费与再生产等实践。其中，认同是仪式的重要效果，是个人身份向群体身份的整合，一方面主流文化试图通过电子竞技对网络游戏进行收编，另一方面玩家逐步掌握了亚文化资本，让电子竞技成为他们谋求社会认同的工具。与传统青年亚文化不同的是，电子竞技更具有生产性、参与性，一些青少年将电子竞技视为一种职业，他们愿意辍学去从事相关行业。[2]

在新媒介技术影响之下，电子竞技文化被刘玉堂和李少多视为是一个极为复杂的文化现象。技术建起了电子竞技文化与互联网文化的沟通桥梁，也建立起了电子竞技与消费文化、大众文化和娱乐文化的对话机制。互联网对电子竞技文化进行了全方位渗透，让电子竞技迷们可以通过网络社交媒体塑造、再现、建构属于群体的文化系统。同时，在消费社会的影响下，电子竞技文化也成为一种消费主义的符号，不单单是被动的消费文

---

[1] 王春媛. 媒介仪式视角下的电子竞技赛事研究 [D]. 云南：云南大学，2017.
[2] 陈颖. 媒介仪式的效果：认同与实践 [D]. 江苏：南京大学，2015.

化，也能够是电子竞技迷们用以确认自我身份和展示个体权力的具有主动性质的文化消费。电子竞技文化中的个人化、自由化、社交化等特点，能够促进电子竞技迷们强烈自我观念的形成，让他们通过具体行为和心理偏好自动过滤和自觉排斥不相符的价值取向和行为爱好，来不断增强认同力量，在此过程中建构起属于电子竞技族群的身份认同。当然，作为青年亚文化的电子竞技文化天然地带着"反对与抵抗"的斗争精神，让电子竞技青年通过主动参与狂欢式的活动，从而获得稍稍逃离控制文化的机会。[①]

杨赫等从数字劳动的角度出发对电子竞技网络媒体传播效果的形成过程及存在关系进行了分析，考察了电子竞技文化的传播实践活动，发现电子竞技网络媒体传播效果不仅是简单的"劝服-反馈"关系，其发生机制也并非只受限于网络媒体与电子竞技受众之间的相互作用，在框架背后还隐藏着传媒商业化与青年亚文化两个"推手"，两者之间的关系是用具身体验与数字劳动来构筑的。因此，他们认为电子竞技粉丝进行文化实践活动的结果是由具身体验产生情感认同、行为认同和身份认同，以此来实现消解现实孤独、打造娱乐式狂欢、维系社群关系的目的；同时，在数字劳动中形成的符号消费、权力消费和空间消费，又建构了网络文化关系。[②]

因此，随着电子竞技影响力的扩大，电子竞技文化的大部分内容很难被安置于青年亚文化的框架范围之内，已经形成了破圈式的影响。[③] 原本作为青年用来自我宣泄和自我表达的符号成为市场中的时尚元素，而电子竞技文化也形成了新的具有普泛性和去阶级性的消费风格，如电子竞技游戏中的不少元素成为商品，游戏角色被制作成手办、海报、衣服上的装饰等。越来越多的人开始在市场上接受电子竞技或者电子竞技中的元素，而

[①] 刘玉堂，李少多. 破茧成蝶：电子竞技文化在中国语境的出场 [J]. 华中师范大学学报（人文社会科学版），2020，59（2）：70-77.
[②] 杨赫，杜友君，梁天翼. 具身体验与数字劳动：电子竞技网络媒体传播效果的发生机制 [J]. 上海体育学院学报，2021，45（7）：58-66.
[③] 孙润南. 电竞文化影响下的青年社会化引领 [J]. 思想教育研究，2022（2）：97-101.

电子竞技文化也不再仅属于网吧中的那群寻找自我的青年。①

（三）对电子竞技性别文化的研究

随着女性玩家的崛起，电子游戏领域已经不再是男性玩家占据绝对的主导地位。移动游戏相关行业研究报告显示，2016~2018年，中国移动游戏用户中，男女占比整体趋于稳定，女性玩家维持在42%左右的水平。②但女性玩家群体发展和壮大的客观现实，并没有改变游戏文化中盛行的男性主导的性别刻板印象，因此电子竞技文化中的性别问题成为近年来学界关注的焦点之一。

游戏玩家的性别转换行为是游戏实践中常出现的现象，黄典林等发现男性玩家和女性玩家的性别转换行为动机既有相似性，也有很大的不同，其中男性玩家是通过策略性反转来"玩弄"针对女性的性别偏见，而女性玩家则是通过男性虚拟化身提供的暂时性保护作用来回避游戏空间中存在的对于女性的种种偏见，但实际上游戏玩家的性别转换行为及其对游戏互动的作用都没有脱离性别意识形态主导框架的限制。同时，性别转换行为与性别刻板印象之间表现出复杂的相互构成关系：刻板印象在玩家进行性别身份展演和策略选择的过程中发挥着基础性的动因功能，性别转换行为的发生都是以既有的性别身份秩序为参照系和出发点的；尽管没有突破整体的性别秩序，但这种行为揭示了既有性别刻板印象和性别气质观念内在逻辑的非本质性，从而将一种被自然化中立化了的身份意识形态重新历史化，并为游戏文化注入更多的批判性和自反性。③

吴斯对电子竞技游戏中角色的身体形象进行了研究，发现网络空间中

---

① 廖欣宇. 从抵抗到收编：青年亚文化中的电竞文化研究 [J]. 卫星电视与宽带多媒体, 2020 (2): 217-218.
② 艾瑞咨询. 2019年中国移动游戏行业研究报告 [EB/OL]. 2021-06-07. http://report.iresearch.cn/wx/report.aspx?id=3405.
③ 黄典林, 张子萌, 苏际聪. 在"他"与"她"之间：网络游戏玩家的性别转换与身份展演策略研究 [J]. 新闻界, 2021 (9): 34-43.

的身体拟像以男性中性化和整体年轻化为特征，大量青年男性的身体拟像出现了被认为是属于女性的身体特征，包括脸部轮廓柔和、眉毛较细、鼻翼窄、肤色白、肤质细腻等；而女性身体形象却相对稳定地维持着传统审美，并且老年女性的身体拟像依旧处于缺失的状态，其根本原因与父权制社会环境下对女性身体年轻化的期许有着直接的联系。失去了"年轻"特征的中老年女性身体无法在拟像空间中存在，这实际上是对女性存在价值的否定。[1]

我国职业女子电子竞技的现状也愈发受到学者的关注，如杜熙茹和董吉捷有如下发现。首先，体育活动长期被认为是男性擅长的领域，女性在参与体育活动时的强度、深度和广度上都处于绝对的弱势，两性在被电子竞技"赋权"时也因此产生了巨大差距，这些差距造成女子电子竞技在人才选拔、培养机制等方面的不完善。女性电子竞技项目在整个电子竞技行业发展中处落后阶段，既缺少专业女选手，也缺少女子专业比赛。其次，和参与传统体育运动一样，女选手被认为在身体条件、反应灵敏度甚至心理等方面都与男性存在较大差距，这些对两性身心差异的刻板印象直接限制了女子电子竞技的参与人数；男女在体育中的表现、行为规范与参与模式由社会对性别角色的不同期待所决定，这导致了长期以来电子竞技行业都缺乏能影响整个行业发展的女性现象级选手。[2]

然而，随着电子竞技游戏直播行业中女主播的数量不断增加，电子竞技性别文化也在更大的范围内发挥着影响作用。梁维科等研究发现，女性青年主要通过智能手机设备进行数字游戏消费，她们为打发碎片时间而进行游戏消费，因此更加偏爱休闲益智类和"女性向"游戏；并且，女性青年参与数字游戏亚文化的实践受到较大的外部环境制约，家庭、学校、工作等因素都可能产生影响，因此女性玩家在电子游戏中表现出更大的暂时

---

[1] 吴斯. 性别僭越与年龄迟滞——《王者荣耀》中的身体拟像研究 [J]. 中国青年研究，2019（1）：57-63.
[2] 杜熙茹，董吉捷. 我国职业女子电子竞技的反思及发展 [J]. 广州体育学院学报，2020，40（6）：53-58.

性和流变性。不仅女性玩家不是主流电子游戏玩家,而且长期以来女性都是男性注视和消遣的对象,无论数字游戏中的女性角色、游戏的代言人还是游戏女主播都是如此。其中,电子竞技女主播逐渐出现了明星化的趋势,她们成为游戏直播平台宣传和运营中最重要的资源之一,人们的关注点已经由电子竞技(游戏)本身转向了女主播,甚至是更直接地转向了女主播的身体。①

二 国外电子竞技文化研究

国外学者在探讨电子竞技文化时更加注重电子竞技文化中较为长远的问题,其中,无论是电子竞技博彩文化还是性别议题,都是电子竞技行业在向前发展时所面临的重要问题。尽管相关议题也涉及对电子竞技粉丝文化的研究,但更多集中于粉丝经济这一领域,较少涉及认同、抗争等内容的研究。

(一)对电子竞技博彩文化的研究

电子竞技是一个不断发展壮大的产业,而随着产业规模的扩大,向着传统体育的规范化方向发展已经成为电子竞技行业的共识。电子竞技文化也复制了传统体育文化,其中包括精英运动员、团队、联赛赞助商、大量观众、高知名度的联赛和锦标赛等。同时,电子竞技文化产业在发展的过程中还将传统体育文化中的体育博彩吸纳其中。有学者对电子竞技博彩的参与者和电子竞技博彩给电子竞技产业可能带来的改变进行了研究。

Macey 等认为与电子竞技相关的博彩是一个重要的发展方向,它不仅为现有的博彩产品提供了插入游戏媒体的新途径,而且还提供了一些新颖的体验(如皮肤和战利品盒)。他们通过一项国际在线调查(N = 582)评

---

① 梁维科,杨花艳,梁维静. 数字游戏亚文化实践中的女性青年——从女性游戏角色、女玩家到游戏女主播[J]. 中国青年研究,2017(3):13-18,61.

估了电子竞技观众的参与率，发现博彩的增加与电子竞技的增加有相关；其中，年轻男性，特别是未成年男性普遍参与电子竞技相关博彩活动。他们研究发现参与与电子竞技有关的博彩的年轻人中有近75%的人年龄在25岁或以下，并且这些博彩活动大多是通过非法网站和虚拟物品进行的；其次，购买战利品盒被认为是最受欢迎的活动，这表明有必要根据新出现的现象对博彩的传统定义进行概念扩充。①

在对3000多名16~24岁的英国居民进行了非概率调查后，Wardle等发现，与女性相比，长期玩竞技类电子游戏的非白人男性群体更容易参与到电子博彩中；其次，在数字游戏中从事类似赌博的行为（例如，以金钱购买战利品盒或在外部网站上投注皮肤）与电子竞技博彩之间存在密切关系，即在数字游戏中高度参与类似赌博行为的电子竞技玩家也是高度参与电子竞技博彩的赌徒；最后，玩家玩数字游戏的频率与参与电子竞技博彩无关，这表明参与电子竞技博彩只是部分玩家玩游戏时采取的不同类型的做法。该研究表明要了解电子竞技博彩，需要将其置于更广泛的游戏和博彩活动中，其中应包括体育和电子竞技爱好者，同时也表明年轻人对游戏文化的兴趣日益浓厚，并且越来越关心与之相关的博彩的"正常化"。因此，作为电子竞技博彩玩家的年轻人可被视为极易受到潜在危害的群体。②

Marchica等以俄亥俄州伍德县学校的6810名青少年为研究样本，对电子竞技博彩、问题博彩（PG，Problem Gambling）和问题电子游戏（PVG，Problem Videl Gaming）与青少年各种主客观问题之间的关系进行了考察，发现电子竞技博彩作为一种新兴的赌博活动，是青少年普遍认可的几种赌博活动中的一种，对热衷于电子游戏的青少年特别具有吸引力。他们建议

---

① Macey J, Hamari J. ESports, skins and loot boxes: Participants, practices and problematic behaviour associated with emergent forms of gambling [J]. *New Media & Society*, 2019, 21(1): 20-41.
② Wardle H, Petrovskaya E, Zendle D. Defining the esports bettor: Evidence from an online panel survey of emerging adults [J]. *International Gambling Studies*, 2020, 20(3): 487-499.

监管机构保持警惕，确保电子竞技博彩运营商的行为符合规范，并为未成年个人制定适当的法规；并且，电子竞技博彩通过 PVG 与心理健康问题相关，因此与游戏玩家合作的研究人员和临床医生不仅要评估游戏频率（和潜在的有问题的游戏行为）对青少年的影响，还要评估与游戏相关的赌博活动，包括电子竞技博彩对青少年的影响。[1]

Johnson 和 Brock 通过对战利品盒这一数字游戏符号赌博化的象征分析，探讨了赌博是如何在现代数字游戏的发展中占据核心的经济和文化地位的这一问题。他们发现最近非赌博游戏也突然彻底地变得赌博化了，这一现象出现的原因是游戏行业目前正在发生深刻的变化，包括游戏开发和营销成本急剧上升、市场过度拥挤，以及大部分游戏企业正在创造金融和文化条件，使赌博合法化为数字游戏生产和消费的一种形式。这些变化可能会导致消费逻辑对未来游戏开发的影响加深，甚至可能会引起对数字游戏的新道德恐慌，如引发人们对玩家玩游戏的时间过长、玩游戏可能产生的负面社会影响，以及引入或鼓励暴力行为的假定风险等问题的担忧。[2]

Abarbanel 和 Johnson 的研究关注消费者对电子竞技比赛中造假的看法，以及这些看法对理解游戏和博彩诚信的影响。他们发现参与到电子竞技博彩中的电子竞技赛事观众对比赛造假问题担心程度不高，观众倾向于依靠规则来确定他们对"错误"的评估，而不是基于道德进行评估，并且通常愿意找一系列理由来原谅违规行为。因此，两位学者建议对电子竞技观众进行教育，将现有的反作弊计划从体育运动员群体扩展到更广泛的电子竞技群体。[3]总的来说，学者们普遍对电子竞技中的博彩文化持有消极态度，

---

[1] Marchica L, Richard J, Mills D, et al. Between two worlds: Exploring esports betting in relation to problem gambling, gaming, and mental health problems [J]. Journal of Behavioral Addictions, 2021, 10 (3): 447-455.

[2] Johnson M R, Brock T. The 'gambling turn' in digital game monetization [J]. Journal of Gaming & Virtual Worlds, 2020, 12 (2): 145-163.

[3] Abarbanel B, Johnson M R. Esports consumer perspectives on match-fixing: Implications for gambling awareness and game integrity [J]. International Gambling Studies, 2019, 19 (2): 296-311.

并认为学术界和监管机构都须要对当代数字文化中新兴的赌博行为给予更多关注。[1]

（二）对电子竞技性别文化的研究

国外学界的电子竞技文化研究以博彩文化议题研究最为流行，其次为性别议题研究，主要涉及对不同性别玩家参与电子竞技游戏的动机、进行游戏内性别转换以及消费的意愿和性别歧视等研究问题。

Jang 等对电子竞技游戏在触发因素方面存在的性别差异进行了研究，发现在享乐动机、习惯、社会影响和努力预期之间存在性别差异，男性电子竞技玩家比女性玩家更关注享乐动机（即电子竞技游戏的乐趣）和社会影响（即个人对重要他人影响的感知）这两个决定性因素；但与男性玩家相比，女性电子竞技玩家更有可能关心习惯（即个人将自动行为视为先前行为的感知）和努力预期（即学习和玩电子竞技游戏的难易程度）。Jang 等强调进一步研究电子竞技消费和电子竞技游戏玩法中可能存在的性别差异，有助于解释电子竞技消费者的行为。[2]

还有的研究通过将女性角色与电子竞技中对男性气质的描绘并置来探讨性别问题，如女性在电子竞技社区中倾向于角色的扮演、职业玩家对女性的态度、女性性别认同等主题[3][4][5]。Kim 认为在电子竞技文化中确实存

---

[1] Macey J, Hamari J. Esports, skins and loot boxes: Participants, practices and problematic behaviour associated with emergent forms of gambling [J]. *New Media & Society*, 2019, 21 (1): 20–41.

[2] Jang W W, Byon K K. Investigation of eSports playing intention formation: The moderating impact of gender [J]. *Sport Marketing Quarterly*, 2021, 30 (3).

[3] Ruvalcaba O, Shulze J, Kim A, et al. Women's experiences in eSports: Gendered differences in peer and spectator feedback during competitive video game play [J]. *Journal of Sport and Social Issues*, 2018, 42 (4): 295–311.

[4] Taylor N T. *Power Play: Digital Gaming Goes Pro* [D]. Toronto: York University, 2009.

[5] Whalen S J. *Cyberathletes' Lived Experience of Video Game Tournaments* [D]. Knoxville: Vnirersity Tennesse, 2013.

在性别不平等的问题，① 在这一背景之下，Hao 等以电子竞技游戏中性别转换的现象为例来探讨影响女性玩家参与游戏的意愿，发现在歧视女性的电子竞技游戏环境中，性别转换的行为会通过自我效能感对女性玩家持续参与电子竞技的意愿产生间接影响，其中性别歧视调节了自我效能感对持续参与意愿的影响，因此经历过歧视的女性玩家在性别转换后增强的自我效能感中表现出更高的持续参与意愿。研究认为在作为一种体育化人机交互形式的电子竞技中，女性仍然经历着巨大的性别不平等和性别刻板印象等问题。性别转换成为参与电子竞技的部分女性玩家用来消除性别不平等的负面影响的方法。② Hayday 和 Collison 进一步揭示了女性在进入新的虚拟体育活动（如网络游戏）时所面临的歧视和障碍。网络游戏社区虽然有一定的包容性，但更多呈现出来的是男性占主导地位的动态性。虽然电子竞技从业者声称社会包容性是电子竞技最重要的特征，也支持体育发展运动（SFD：Sport for Development），然而性别不平等和歧视问题依然存在。当女性在数字环境中竞争时，常常被边缘化或变得不可见，女性玩家也更容易感受到自己是不受欢迎的。此外，在电子竞技中，女性角色的穿着呈现高度性别化的特质，即她们穿着暴露服装的概率是男性的 8 倍。这种高度性别化的角色呈现正在助长传统的男性视角的刻板印象及文化③。

Madden 等采访了 19 位职业游戏玩家和赛事组织者，以此了解在电子竞技游戏中存在性别偏见的个人经历，以及他们对这些偏见如何影响参与度、包容性和职业前景的看法等，并进一步探讨了电子竞技中的性别偏见。他们发现似乎有一种持续的、潜在的假设，认为游戏本质上是一种男性活动；而女性受访者在尝试参与游戏社区互动时经历过不同程度的斗争和耻辱状况；

---

① Kim S J. *Gender Inequality in eSports Participation：Examining League of Legends* [D]. Austin：University of Texas，2017.

② Hao L, Lv Q, Zhang X, et al. Conquering gender stereotype threat in "digit sports"：Effects of gender swapping on female players' continuous participation intention in eSports [J]. *Scientific Programming*，2020.

③ Hayday E J, Collison H. Exploring the contested notion of social inclusion and gender inclusivity within esport spaces [J]. *Social Inclusion*，2020，8（3）：197-208.

甚至，女性玩家在电子竞技中缺乏可见度已经成为女性参与电子竞技的障碍之一。几位学者在文中也提出相应的解决建议：首先，可以通过参与式设计等方法来扩大电子竞技中的社区声音；其次，可以利用女性主义原则改进电子竞技设计；最后，建议电子竞技游戏开发者适当考虑当前游戏设计工作中出现的道德影响并进行包容性设计。[1]

Paaβen 等通过回顾关于性别和游戏的现有文献，从准确性、持久性、影响和未来前景等方面调查了游戏中男性角色的刻板印象。他们发现这种刻板印象的持续存在可以用一个事实来解释，即在游戏文化中，几乎所有专业的、引人注目的人物都是男性。这导致尽管在电子竞技游戏中女性玩家的数量在不断增加，但实际上她们在整个游戏文化中的可见性始终不足，技术型"硬核玩家"长期以来被视为男性的专利，而能力达到中等水平的女性玩家则被视为隐形或被积极边缘化。但是美国男性青少年不再认同男性玩家的刻板印象，这说明对游戏玩家的刻板印象可以得到转变，从而使电子游戏文化成为一个更受欢迎和包容的空间，让所有性别的玩家都能参与其中。[2]

Ruvalcaba 等学者考察了女性玩家在在线竞技游戏中的体验，其中重点关注女性玩家在男性主导的电子竞技空间中收到的正面和负面反馈以及性骚扰体验，研究发现不同性别的玩家得到的他人评价差异不大，而女性主播比男性主播更容易收到对于她们自身和游戏表现的正面评价，但这些正面评价更多是受到了女性需要保护等善意的性别歧视观点的影响；并且女性主播收到的性骚扰评论要远多于男性主播，针对女性主播的性骚扰评论是针对男性主播的性骚扰评论的 11 倍（1.66%对 0.15%）。性骚扰评论的差异可能会对女性自我形象产生负面影响，让她们置身于一个普遍敌对的

---

[1] Madden D, Liu Y, Yu H, et al. "Why are you playing games? you are a girl!": Exploring gender biases in esports [C] //*Proceedings of the 2021 CHI Conference on Human Factors in Computing Systems*. 2021: 1-15.

[2] Paaβen B, Morgenroth T, Stratemeyer M. What is a true gamer? The male gamer stereotype and the marginalization of women in video game culture [J]. *Sex Roles*, 2017, 76 (7): 421-435.

游戏环境中。①

当下，电子竞技行业主要由男性主导，女性在参与者，如粉丝和员工人数中的比例较低，因此有研究对电子竞技行业中的女性进行了分析，以此为切入点探究电子竞技中性别文化。Darvin 等采用归纳主题分析过程来揭示电子竞技行业女性员工的经历，其研究考察了精英级女性游戏玩家和电子竞技行业高管的职业经历。他们发现女性从业者的向上晋升受到了"玻璃天花板"、有毒的"极客"男子气概、充满敌意的恶劣运动环境以及"心理"（breaking the glass monitor, toxic "geek" masculinity, hostile sport environments, and "mental"）等方面的影响。尽管电子竞技行业中存在着敌意，但这些女性都坚持了下来，并继续保持勇敢和韧性等生存策略，以寻求电子竞技中的性别平等。该研究强调了继续研究和系统性变革的必要性，以创造一个受欢迎的、以成绩为基础的环境，而不是由有毒的"极客"男子气概推动的电子竞技环境。②

虽然女性在电子竞技行业中"显露头角"，电子竞技文化中女性处于非主导地位的问题依旧没有得到改善，Schelfhout 等以中国《炉石传说》玩家"BaiZe"的经历为案例对女性职业选手所面临的问题进行了研究。他们发现围绕"BaiZe"而展开的叙述主要集中在她的性别上，却忽略了她获得参赛资格的成就；"BaiZe"进入冠军赛场时受到了参赛者和观众的负面评价，这进一步加强了将女性和非二元性人群排除在男性主导领域之外而产生的障碍；这些电子竞技选手所面临的歧视不仅强化了《炉石传

---

① Ruvalcaba O, Shulze J, Kim A, et al. Women's experiences in eSports: Gendered differences in peer and spectator feedback during competitive video game play [J]. *Journal of Sport and Social Issues*, 2018, 42 (4): 295-311.
② Darvin L, Holden J, Wells J, et al. Breaking the glass monitor: Examining the underrepresentation of women in esports environments [J]. *Sport Management Review*, 2021, 24 (3): 475-499.

说》中固有的性别歧视，也强化了整个电子竞技领域的性别歧视。①

电子竞技被归类为男性主导的运动。由于大多数运动员都是男性，女性运动员很难维持自己的职业生涯，在此基础上，Yusoff 等讨论了女性职业选手在电子竞技行业中所面临的挑战。通过对 10 名积极参与电子竞技的女性进行的访谈，他们发现游戏的特点更多与男性气质相关，在选择加入电子竞技之前和之后，成功的女性电子竞技运动员必须应对与性别刻板印象问题相关的各种挑战，如女性在 MMORPG（大型多人线上角色扮演游戏）中没有竞争力这类性别刻板印象，与男性对手沟通时的露骨评论，以及女性不适合玩侵略性和男性化的网络游戏的看法等，这些都阻碍了女性在电子竞技中更加积极和进步的表现。②

Taylor 和 Stout 则对电子竞技选手的培养体系进行了研究，两位学者通过对 21 位北美电子竞技俱乐部和大学体育项目负责人的采访，发现在大学电子竞技培养中存在着两层体系，而其中提供性别多样性机会的项目主要存在于电子竞技俱乐部、学生办的社团中，而且往往具有不稳定性；资金充足的大学体育项目仍然以男性为主。并且他们认为通过大量投资使大学电子竞技专业化的驱动力加剧了这些性别差异。对于大学来说，获得顶级玩家胜过积极培养（更多样化）人才，一些大学项目教练和主任在大学电子竞技的职业化计划中，具体而明显地将专业电子竞技进行了性别划分。③

与上述研究者对电子竞技性别文化的消极态度不同，也有学者认为网络游戏可能为推动游戏文化中的性别平等发挥积极作用。Taylor 和 Witkowski 关注了游戏体验的异质性、观众在电脑游戏中的作用、休闲游戏玩家的公开表现，以及在游戏文化中女性数量的增长这些现象。该研究发

---

① Schelfhout S, Bowers M T, Hao Y A. Balancing gender identity and gamer identity: Gender issues faced by Wang "BaiZe" Xinyu at the 2017 Hearthstone Summer Championship [J]. *Games and Culture*, 2021, 16 (1): 22-41.

② Yusoff N H, Yunus Y H M. Male dominant sport: The challenges of Esports female athletes [J]. *Pertanika Journal of Social Sciences & Humanities*, 2021, 29 (2).

③ Taylor N, Stout B. Gender and the two-tiered system of collegiate esports [J]. *Critical Studies in Media Communication*, 2020, 37 (5): 451-465.

现在游戏中，女性的存在、定位和访问权发生了一些微妙但关键的变化，这些转变说明了女性如何参与公共游戏活动，并在游戏文化中打造"自己的房间"。两位学者将游戏和电子竞技视为文化变革的工具和结果，他们认为电子竞技让学者有机会在更大的文化活动中探讨游戏。[①]

Bryce 和 Rutter 通过性别化的游戏内容、游戏空间和活动来研究电子游戏，并进一步探究了电子游戏作为潜在场所给改变男性占据主导地位的性别刻板印象所带来的可能性。他们发现女性游戏角色通常以狭隘的刻板方式呈现，如作为幻想游戏中的公主或智慧的老妇人、作为等待男性营救的对象等；但对于女性玩家来说，匿名的虚拟游戏空间为女性玩家提供了与男性对手竞争的机会，这些空间存在可能会促使女性玩家更多地参与公共竞争性游戏，从而让女性感到自己可以在社会平等的基础上与男性玩家竞争，所以游戏很可能成为改善女性刻板印象的场所[②]。

（三）对电子竞技粉丝文化的研究

国外学者也对电子竞技粉丝文化展开了研究，主要是以粉丝参与动机、粉丝经济等方面为切入点。该类研究以电子竞技的消费者为主要研究对象，试图通过对这一群体的特点、消费动机等方面的分析，探索未来电子竞技粉丝经济的发展方向。

Brown 比较了粉丝通过使用与电子竞技和传统体育相关的媒体时所寻求的目的和获得的满足感之间的差异。通过对美国 1300 多名电子竞技参与者对电子竞技和传统体育的兴趣进行调查，Brown 发现电子竞技不是传统粉丝的业余爱好，而是进行粉丝身份认同、媒体消费和整体身份认同的主要形式；真正让电子竞技粉丝与众不同的是其动机，即电子竞技粉丝表现

---

① Taylor T L, Witkowski E. This is how we play it: What a mega-LAN can teach us about games [C] //Proceedings of the Fifth International Conference on the Foundations of Digital Games. 2010: 195-202.

② Bryce J, Rutter J. Killing like a girl: Gendered gaming and girl gamers' visibility [C] // Proceedings of the Computer Games and Diaifar Cultures Conference. 2002: 243-255.

出了更多的奉献精神和参与电子竞技内容的愿望；他们似乎以一种互补的方式寻找电子竞技内容，并消费大量与电子竞技相关的内容，同时在此过程中花费更多时间进行社交互动，因此电子竞技消费者应该被视为体育界的主要参与者。[1]

Pu等研究了电子竞技和传统体育的内容生产，考察了电子竞技在传统体育中用于内容制作和粉丝参与（即游戏化）的各种方式，以及体育迷们的动机、依恋点和其他消费行为。他们发现游戏化的内容并不仅仅是传统体育的"替代品"，而是一种互补且独特的产品，因此电子竞技游戏迷和传统体育迷在市场细分方面的差异至关重要；电子竞技已经被证明是传统体育在内容创造和传播方面的一种创新和可行的替代方案，即通过游戏化传统体育可以接触到新的观众，为职业运动员带来巨大的流量吸引力，也可以在为游戏世界招募观众方面发挥关键作用；并且电子竞技可以通过提供丰富内容和扩展分销渠道，有效地连接游戏与体育这两个行业及其消费者。[2]

Freitas等考察了电子竞技粉丝的"高声量"对这些赞助商的影响。研究对10位与电子竞技赞助相关人士进行了访谈，其中包括两名地方性和三名非地方性电子竞技赞助商，以及五家具有电子竞技赞助经验的营销机构。他们发现电子竞技粉丝的"高声量"是一把双刃剑，对电子竞技赞助商既有利也有弊。因此，对于特定类型的电子竞技赞助商而言，这一因素并没有带来更大的好处。[3]

总体而言，数字技术的发展给电子竞技及其参与者带来多方面的新变

---

[1] Brown K A, Billings A C, Murphy B, et al. Intersections of fandom in the age of interactive media: ESports fandom as a predictor of traditional sport fandom [J]. *Communication & Sport*, 2018, 6 (4): 418-435.

[2] Pu H, Kim J, Daprano C. Can eSports substitute traditional sports? The convergence of sports and video gaming during the pandemic and beyond [J]. *Societies*, 2021, 11 (4): 129.

[3] Freitas B D A, Contreras-Espinosa R S, Correia P Á P. ESports sponsorships: The double-edged sword effect of having a very vocal audience [C] //*International Conference on Videogame Sciences and Arts*, 2020: 1-14.

化。Sturm 对在媒体技术和数字化实践中被重塑和重新定义的体育迷进行了研究，其认为公司化的体育迷们带来了一种反主流的未来主义愿景：传统球迷被"定价"，"球迷体验"被消费，所有真实、数字和虚拟空间都被商品化。由数字体育迷实践和参与的乌托邦式渠道将会激增，新的虚拟世界、空间和体验的创建将扩大和增强观众的沉浸式参与。其中沉浸式参与形式对未来的虚拟技术具有重要意义，并可能最终将粉丝重新定位为他们自己的媒体技术体育景观中的电子参与者。一种新的粉丝沉浸式电子参与者模式正在推进，因为这种未来主义的虚拟体育领域可能不仅会将粉丝融入奇观，也会将他们作为参与者和奇观投射到事件中。①

---

① Sturm D. Fans as e-participants? Utopia/dystopia visions for the future of digital sport fandom [J]. *Convergence*, 2020, 26 (4): 841-856.

第七章 产业视角

数字文化产业，指以文化创意为核心，以信息通信技术为基础，以网络化、数字化、智能化、融合化为发展方向展开文化创作、生产、传播以及相关服务的新兴业态。电子竞技作为重要的数字文化产业之一，在近年来受到了国内外学者的关注。国内学界关注电子竞技行业现状、电子竞技传媒产业、电子竞技游戏影视化改编以及电子竞技直播领域等宏观研究视角；而国外学界在关注电子竞技产业化等问题的同时，也会展开对电子竞技游戏直播等具体模式的研究讨论。

一 国内电子竞技文化产业研究

我国学者对电子竞技文化产业的研究，聚焦对发展脉络的梳理以及对当前现状的调研，关注重点包括电子竞技行业现状、电子竞技传媒产业现状、电子竞技游戏影视化改编以及电子竞技直播领域等，较少关注到身处于电子竞技文化中的个体从业者。

（一）电子竞技产业发展现状

截至 2018 年，我国正在运营的电子竞技战队超 500 个，举办过的电子竞技赛事接近 600 项。中国电子竞技参与者人数在 2019 年上半年达到 4.4 亿人，电子竞技行业从业者则超过 44 万人，电子竞技游戏实际销售额为

2308.8亿元。[1]到了2020年，中国电子竞技行业整体市场规模超过1450亿元，其中移动电子竞技游戏市场和电子竞技生态市场的快速发展带来了整个行业的大规模增长。[2]同时，电子竞技文化产业也随之进入了快速发展阶段，其兴盛过程、发展现状与未来发展趋势都受到了学界的关注。

大量相关研究都是以电子竞技产业的现状为切入点，探讨我国电子竞技文化产业发展的基础。杨赫和杜友君立足于传播学，从媒介进化、议程设置和媒介体育三个方面对电子竞技产业火爆的现象进行了解读。他们认为，得益于网络新媒体高速发展所带来的便利条件，电子竞技受众能够进行互动交流与赛事观赏。并且，网络的发展驱动了网络大V的出现，电子竞技行业专业KOL（关键意见领袖）能够聚集粉丝玩家，引发具有话题性的事件，而媒体则能够发挥自身议程设置的功能来提升事件的热度。在此基础上，"电子竞技热"作为媒介文化与体育文化高度融合后的产物，满足了现代人的一部分精神与情感需求。[3]

在此背景下，也有学者对我国电子竞技产业化发展的现状和前景展开了积极的讨论。梁强将我国电子竞技相关产业的发展基础拆解为经济、技术以及政策三方面，他认为我国长期稳定快速发展的经济形势，人均可支配收入的提高使得广大民众对休闲娱乐的要求日渐提高，这奠定了电子竞技产业发展的物质基础；其次，电子竞技产业发展所需的平台支持得益于我国信息通信技术的日趋完善；再次，2008年电子竞技被国家体育总局列为正式开展的体育项目，这为产业整体的发展提供了政策保证。但我国电子竞技产业的发展依然面临着一些障碍，比如商业模式不健全、产业链循环不通畅等，导致行业无法全力发展。因此，研究提出，通过产业化政策引领、品牌化赛事吸引、多元化传媒渗透、职业化人才支持以及国产化技

---

[1] 张伟，吴晶琦.数字文化产业新业态及发展趋势［J］.深圳大学学报：人文社会科学版，2022，39（01）：60-68.

[2] 艾瑞咨询，中国电子竞技行业研究报告［C］.2021：193-237.

[3] 杨赫，杜友君.媒介传播视域下"电竞热"的解构与重构［J］.出版广角，2019（20）：62-64.

术创新这五大路径来推动我国电子竞技产业的发展。①

雷曦和夏思永将电子竞技产业视为投入产出比例极高的"无烟产业",并认为数字化体育时代的到来能够进一步完善初具规模的电子竞技产业链条,以此带动我国信息产业和体育产业的共同发展。同时,两位学者也指出,当下我国电子竞技产业化发展中存在着品牌赛事缺乏、产业价值有待开发、职业化人才数量不足以及青少年参与缺乏正确引导等四个问题,并就此提出了相应的解决建议用来完善电子竞技产业链:一是大力扶持和规范电子竞技相关产业;二是通过政府支持、社团参与、企业经营的模式,转变电子竞技行业发展无序的现状;三是在举办高奖金的全国性比赛的同时,引入更多国际性的知名赛事;四是制定完善的竞技比赛制度,推动电子竞技产业化的良性发展;五是设立相应的人才培养机构,推进职业化进程②。

此外,还有学者从电子竞技游戏带动的相关产业中扩展了分析范畴。王黎明和邵连杰认为,当下电子竞技产业的核心以泛文化类的产业为主,并将其分为竞技体育产业、娱乐业、信息传播业、体育经纪业、体育用品生产服务业、场馆投资建设经营业、体育金融保险业等几种业态。其中,竞技体育产业和电子竞技娱乐业是两大核心,它们的发展与信息传播行业和体育经纪行业有着直接关联,其商业价值也因此被激发出来。处在外围的是电子竞技类专项金融保险业、场馆投资建设经营业、体育用品生产服务业。③

任文和王伟以电子竞技产业的盈利模式为切入点对产业类型进行了划分,认为目前主要盈利模式包括赛事组织、网络广告、网上平台收费,潜

---

① 梁强. 产业融合背景下我国电子竞技产业成长路径分析 [J]. 天津体育学院学报, 2010, 25 (04): 304-307.
② 雷曦, 夏思永. 对我国电子竞技体育产业发展现状及对策思考 [J]. 北京体育大学学报, 2005 (08): 1033-1035.
③ 王黎明, 邵连杰. 中国电子竞技体育产业市场研究 [J]. 安徽体育科技, 2007 (06): 14-15+19.

在盈利模式则包括赛事门票、赛事电视转播、周边产品。同时，电子竞技这一新兴产业要想向成熟产业方向发展还须克服一些缺陷，包括因传统观念对于电子竞技游戏的排斥及政府、企业对电子竞技行业相对保守的态度所造成的活动匮乏；因电子竞技运动产业和产业价值的不全面开发导致的电子竞技产业链不完善的问题；电子竞技运动的管理混乱，缺乏正规、系统的比赛规则和专业人才的问题。[①]

（二）电子竞技文化产业研究现状

在对电子竞技产业整体发展进行研究的过程中，部分学者也关注到了电子竞技的文化属性，并聚焦于电子竞技传媒产业、电子竞技影视化以及电子竞技直播三大核心领域。

第一，电子竞技文化产业的社会背景研究。

电子竞技文化产业的相关政策逐渐完善，为产业未来发展提供了一定的保障。例如，2021年文化和旅游部印发的《"十四五"文化产业发展规划》中提出"促进电子竞技与游戏游艺行业融合发展"的建议，显示出电子竞技文化产业在政策层面将迎来更大的发展机会。[②] 阳骏滢等立足于对电子竞技产业链的研究，分析了我国电子竞技产业现状及存在的问题。他们发现尽管国内电子竞技赛事逐渐丰富，但依然存在着赛事筹办和推广多方受限的问题，主要包括国内电子竞技职业选手面临的生存问题、国内电子竞技市场不受赞助商的重视、专业电子竞技媒体的发展与电子竞技产业发展不相匹配的问题。因此，他们强调围绕电子竞技赛事展开产业发展布局，建议政府应适当放宽电子竞技市场的准入门槛，培育中国电子竞技产

---

① 任文，王伟. 中国电子竞技产业化分析及发展对策［J］. 体育科技文献通报，2008（10）：109-110+122.
② 文化和旅游部.《"十四五"文化产业发展规划》［A/OL］. 2022-04-12. http：//zwgk.mct.gov.cn/zfxxgkml/cyfz/202106/P020210607537541941661.pdf.

业孵化体系。[1]

其次，文化与科技融合催生了新的文化业态，后者大多是以新科技为依托，在数字化转型中汲取发展动能。[2]研究从传播学视角出发，围绕着电子竞技行业与信息通信技术的密切联系，提出以下两大动因：一是电子竞技具有较强的虚拟现实性特点，这与当下媒体融合环境的传播规律相符合；二是用户对电子竞技视听体验提出了新要求。庞亮和李雅君指出，电子竞技通过屏幕、音响、画面等要素为用户和观众传递信息、制造体验。VR、AR等技术的应用能够使画面、动作、声效等更直接地作用于用户的视听感官，增强传播过程中的沉浸感。[3]

虚拟现实不仅在推动电子竞技传播效果方面发挥着作用，也赋予了电子竞技一定的艺术性。戴志强和齐卫颖认为虚拟现实艺术与技术在电子竞技中的运用为玩家构筑了一个理想的完美世界空间，其高度交互的特性带来了强烈的体验，让用户进入到自由的精神世界。同时，虚拟现实艺术与技术也构筑了一个具有可操控性的、充满想象的电子竞技审美空间，让游戏世界可以按照玩家的主观意愿与审美进行改造，让玩家在玩游戏的过程中能够获得更为强烈的情感体验。电子竞技的虚拟艺术性满足了玩家对游戏的情感体验与艺术期待，成为他们参与到电子竞技活动中的原动力之一。[4]

第二，对电子竞技影视化的研究。

电子竞技影视化是电子竞技文化产业发展的一个重要趋势。电影《魔兽》是其中极具代表性的一部，该影片编自暴雪娱乐公司旗下著名游戏魔

---

[1] 阳骏滢，黄海燕，张林.中国电子竞技产业的现状、问题与发展对策［J］.首都体育学院学报，2014，26（03）：201-205.

[2] 郭艳.产业技术轨道视角下文化产业业态创新研究［J］.山西财政税务专科学校学报，2022，24（01）：40-45+50.

[3] 庞亮，李雅君.虚拟现实与用户体验：融媒体背景下电子竞技视听传播探究［J］.中国新闻传播研究，2020（02）：39-52.

[4] 戴志强，齐卫颖.电子竞技的原动力：虚拟现实的情感体验与艺术期待［J］.现代传播（中国传媒大学学报），2019，41（06）：80-85.

兽系列。根据美国互联网电影资料库（IMDb，Internet Movie Database）公布的数据，电影《魔兽》在全球取得4亿美元票房。[①] 李正良和田淼琪指出，高品质的电影内容、多媒介整合的传播方式以及明确的受众定位是该部电影成功的主要原因。[②] 刘玉堂和周学新认为尽管《魔兽》不是第一部由电子游戏改编的影视作品，但仍然是整个游戏产业向主流社会发起冲击的号角，其背后是游戏产业长时间积累的文化影响力的总爆发，它表明游戏产业从边缘成为主流已成为文化产业发展的大趋势。[③]

国内也出现了一些以电子竞技为主体或由电子竞技游戏IP改编而来的影视作品，其中，以《穿越火线》《你是我的荣耀》为代表的影视作品收获了一定的关注。学者对于这些影视作品的研究主要集中于影视文本和改编策略两方面。李悦玮对影视剧《你是我的荣耀》进行了分析，发现这部剧与此前的言情剧最大的不同在于剧中的专业性元素较多，尤其是航天和电子竞技两类元素突出的专业性也为故事建构了真实感。其中，在电子竞技的专业性构建方面，该剧通过邀请职业电子竞技选手和知名电子竞技解说参与到电视剧的拍摄中，通过还原真实的电子竞技氛围来增强观众的沉浸感，[④] 从而保证了较高的观看体验，促进了电子竞技文化的传播。

李想以网剧《穿越火线》为研究案例，发现游戏《穿越火线》庞大的玩家数量为该剧提供了最明显的"潜在"观众。相较于传统靠剧情、影视明星进行宣发的影视剧，电子竞技游戏改编影视剧的传播效果更直接、更有效。剧情、画面、音效等可以使原游戏的玩家获得游戏归属感，并达到

---

① IMDb.《魔兽》票房统计［EB/OL］. 2022-04-12. http：//www.imdb.com/title/tt0803096/business?ref_=tt_dt_bus.
② 李正良，田淼琪."游戏IP电影化"改编的特征、难点与策略——从电影《魔兽》谈起［J］. 青年记者，2016（36）：79-80.
③ 刘玉堂，周学新. 从边缘到主流：游戏产业在中国文化产业界的角色转换——以电影《魔兽》风靡和电竞加入亚运为例［J］. 中国文化产业评论，2019，27（01）：489-505.
④ 李悦玮. 期待视野·沉浸体验·召唤结构——从受众视角浅析《你是我的荣耀》影视化改编的创新［J］. 视听，2022（01）：69-70.

情感认同，最终实现从玩家到观众的良性转换。① 可见，电子竞技游戏与影视作品的融合能够推动粉丝群体之间的互动，并在不断互动的过程中实现集体情感能量的汇聚，形成对粉丝娱乐时间与空间的全面"包围"。②

第三，对电子竞技直播行业的研究。

虽然电子竞技的影视作品化受技术、题材等因素的影响，目前依旧属于初步成型阶段，以电子竞技为核心发展起来的电子竞技直播行业则相对来说更为成熟。目前学界对于电子竞技直播的研究，聚焦电子竞技游戏直播的合法性、电子竞技赛事直播以及电子竞技游戏直播平台这三点。

一是对电子竞技直播合法性的研究。电子竞技直播行业发展壮大面临的第一个关键点在于如何建立电子竞技直播的合法性。因为游戏用户公开播放或通过网络传播游戏画面等行为涉及游戏开发者多项著作权问题，③所以有不少学者从法学角度对于电子竞技赛事直播的合法性进行了讨论。李杨认为我国电子竞技赛事直播的利益配置缺乏制度层面的保障和司法层面的统一认知，这极大地阻碍了电竞赛事作为体育产业的健康快速发展。面对这些现存问题，首先要梳理出在电子竞技赛事直播的法律关系中涉及的利益主体，如专门的赛事组织者、游戏开发商、电子竞技直播运营商、电子竞技运动员等。因此，如何保障电子竞技赛事直播中各个主体的利益是一个复杂的问题。对此，研究建议，首先应该完善赛事直播利益分配的法律保护机制；其次要以独创性的有无作为著作权/邻接权的界分标准，在权能设置上根据传播"交互"的方式来进行划分；最后要充分发挥《反不正当竞争法》的"准一般条款"，切实保护财产性民事权益。④

王迁对电子竞技游戏直播的合法性问题进行了讨论，认为在判断直播

---

① 李想. 电竞游戏影视化改编的策略分析——以《穿越火线》为例［J］. 今传媒，2021，29（10）：83-86.
② 杜梁，聂伟. 从"后窗"走向"广场"：试论电影与电竞的互融叠合［J］. 当代电影，2020（02）：137-142.
③ 崔国斌. 认真对待游戏著作权［J］. 知识产权，2016（02）：3-18+2.
④ 李杨. 电竞赛事直播中的利益配置与法律保护［J］. 学习与探索，2020（10）：92-101.

是否构成对电子竞技游戏的合理使用之前,应先解决未经许可的直播是否构成侵权这一问题。主播使用游戏画面并不是为了再现画面本身的美感,而是为了展示个人的游戏技巧和战果;同时游戏直播不会替代用户对游戏的真实体验,所以直播对电子竞技游戏市场的影响是有限的,难以形成市场替代。综上所述,直播对电子竞技游戏画面的使用是合理的,电子竞技游戏直播既符合著作权法原理,也能够推动电子竞技整个产业的发展。①

二是对电子竞技赛事直播的研究。电子竞技赛事直播是体育赛事直播中较为特殊的一类,它与传统体育赛事直播在播放平台、传播范围以及受众参与度这三点上都有较大区别。

谭青山等对我国电竞赛事发展现状进行了梳理,发现互联网是传播电子竞技赛事的主要媒介,网络保证了传播速度和传播范围。其次,电子竞技赛事在发展过程中也存在着诸多问题,如赛事产品研发过度依赖海外,缺乏自研能力;电竞赛事相关行业的薪资结构不合理;赛事专业人才匮乏;电子竞技赛事直播平台的乱象丛生。针对上述问题,研究建议,首先要提升产业核心竞争力,进行电子竞技赛事的自主研发;其次应合理调整行业薪酬分配结构,推动电子竞技产业的健康发展;再次要加强赛事人才队伍建设,提高赛事 IP 运营能力;最后要规范赛事直播平台,多元化电子竞技赛事传播渠道。②

杨赫和杜友君以传播学的理论视角对"电竞热"背后隐藏的媒介难题进行了分析,认为在"电竞热"兴起之前,电子游戏通过自媒体直播的方式获得了良好的传播效果,为电子竞技游戏的快速崛起培养了大批受众,也有效地推动了电子竞技文化热潮的形成。但与此同时,电子游戏直播行业也引发了诸多现实问题,如整体素质仍然偏低的电子游戏主播和质量较低的内容导致电子竞技直播无法形成对媒介的控制力。因此,杨赫和杜友

---

① 王迁. 电子游戏直播的著作权问题研究 [J]. 电子知识产权,2016 (02):11-18.
② 谭青山,孙娟,孔庆波. 我国电子竞技赛事发展研究 [J]. 体育文化导刊,2018 (12):56-60+65.

君建议要对媒体产业进行整合，从而推动电子竞技传媒市场的全面整顿，以此来缓和电子竞技游戏直播的混乱局面。[1]

严三九对网络直播这一新景观做了文化反思，他指出电子竞技游戏直播平台是网络直播平台的六大类之一，主播与用户之间的互动是此类平台的核心要素，电子竞技游戏的高竞技性能够提高用户的参与程度。同时，电子竞技直播实现了时空的均衡，用户的互动参与弥合了前台与后台、虚拟与现实的界限，获得了时空一体的沉浸式体验，电子竞技游戏网络直播让人们从生活场域进入到泛在化的社会文化仪式中。[2]

三是对电子竞技游戏直播平台的研究。学界对于电子竞技直播平台的研究，主要包括电子竞技主播和电子竞技直播平台发展两个方向。

直播平台为电子竞技主播提供了劳动的场域，因此对于主播这一群体的研究要以对直播平台的分析为出发点。任桐和姚建华以 HY 平台 JA 公会为研究对象，对电子竞技主播这一新兴职业群体的劳动过程进行了探究。他们发现电子竞技主播这一职业群体的劳动过程受制于游戏对局和网络直播的双重"数据逻辑"，电子竞技主播也因此从"自我创业者"转型为"数据劳动者"；在"做数据"构成了电竞主播主要劳动过程的情况下，原本颇具趣味性的游戏操作直播转变为一种"去技能化"的劳动和"去玩乐化"的游戏；但电子竞技主播并没有一味地接受这样的现状，他们也通过一些策略来摆脱上述困境，包括停播或跳槽、进行二次创作、在多平台投放直播视频以及通过共同兴趣爱好与运营人员形成"趣缘共同体"。[3]两位学者在文章结尾提出了电子竞技主播作为劳动者要如何掌握和实现对平台

---

[1] 杨赫，杜友君. 媒介传播视域下"电竞热"的解构与重构［J］. 出版广角，2019（20）：62-64.

[2] 严三九. 沉浸、隐喻与群体强化——网络直播的新景观与文化反思［J］. 学术界，2019，（11）：140-150.

[3] 任桐，姚建华. 平台经济中的"数据劳动"：现状、困境与行动策略——一项基于电竞主播的探索性研究［J］. 国际新闻界，2022，44（01）：118-136.

的所有权、控制权和治理权，[①] 以及如何获得挑战数字资本主义技术结构、运行机制和制度设计的力量这两个亟待解决的问题。

电子竞技直播平台发展的问题被更多学者关注。陈晨以斗鱼电子竞技直播为研究个案，从视觉传播理论、使用与满足理论和整合营销理论切入，对斗鱼电子竞技直播频道的运行基础与现状、运营结构与盈利模式进行了考察。目前，我国网络直播平台在快速发展的同时也存在着同质化严重、版权纠纷、资本不足等行业性的问题，而这些问题主要是由于运营成本过高、过度依赖投资、游戏著作权概念模糊以及缺乏制度层面的保障等原因所导致。因此，陈晨提出了电子竞技媒介传播的未来发展应该细分市场、实现跨界立体经营、完善VIP业务、加大公关宣传等建议。[②]

丁文佳基于对电子竞技直播平台的历史梳理，从内容生产、传播模式和商业运营三个角度总结平台的发展特征。其认为直播平台具有以下三个特点：一是比传统媒体更加注重互动性，并将互动化为商机；二是主播黏性要大于对平台黏性；三是规则层面对直播平台的审查和监管力度不够。在这三大特点的影响之下，直播平台存在着盈利模式不健全、版权机制不完善、公信力建设不足、主持人水平参差不齐和弹幕内容混乱等问题。其中主播与平台之间存在的问题最为突出，一是各大直播平台对能够吸引人气和带来流量的明星主播进行争夺，导致有些主播出现待价而沽、违约跳槽的现象，主播与平台间的纠纷不断；二是有些主播会通过"擦边"等行为制造噱头吸引观众，给平台生态带来错误的价值导向，可能会导致主播之间的不正当竞争。[③]

曾照智和欧阳友权对个人秀场电子竞技直播进行了研究，他们认为在

[①] 崔学东, 曹樱凡. "共享经济"还是"零工经济"？——后工业与金融资本主义下的积累与雇佣劳动关系 [J]. 政治经济学评论, 2019, 10 (01): 22-36.
[②] 陈晨. 斗鱼电子竞技直播频道的运营困境与突围路径研究 [D]. 武汉体育学院硕士学位论文, 2017.
[③] 丁文佳. 我国电子竞技直播平台的发展模式探析 [D]. 浙江传媒学院硕士学位论文, 2016.

这类直播中，直播间、直播平台、消费用户社群与直播行为本身，共同构成场景化商业模式中的"场景四要素"，观看者在与直播间主播进行场景化互动的过程中，逐渐汇聚成一个具有强大组织性和影响力的新用户社群，并展现出巨大的社群效应，促成新的场景消费。场景化商业模式下的个人秀场电子竞技直播突破了生产与消费的关系壁垒；在场景化商业模式的社群效应影响下，个人秀场电子竞技直播不仅会创造社群经济，也会聚合形成特定的社群文化。[①]

二 国外电子竞技文化产业研究

国外研究者更加重视对电子竞技文化商业化、产业化等问题的研究，同时对于电子竞技游戏直播的研究也更加倾向于对观看者进行探究，其中包括对后者心理动机、消费倾向等方面的研究。与国内已有研究相比，国外研究的切入视角更为微观，多以实证研究为主，较少进行建议类研究。

（一）对电子竞技文化消费产业的研究

在21世纪初，电子竞技比赛须要通过邀请全球企业加入来获得发展的机会，例如世界网络运动会、英特尔极限大师赛和美国职业棒球大联盟等。在2000年，全球共举办有49场电子竞技锦标赛，其中职业选手平均每人通过锦标赛奖励赚取3061美元。[②] 而到了2018年，全球电子竞技总收入达到9.08亿美元，其中北美地区收入为3.45亿美元，[③] 电子竞技的

[①] 曾照智，欧阳友权.论个人秀场电竞直播场景化商业模式下的社群效应［J］.河南大学学报（社会科学版），2020，60（06）：131-136.

[②] eSports Earnings.（2000）. Overall Esports Stats for 2000.［EB/OL］. Retrieved from http：//www.esport searnings.com/history/2000/top_players.

[③] Pennekeet, J. Global Esports economy will reach US＄905.6 million in 2018 as brand investment grows by 48%［N/OL］. Newzoo，2018-02-21. https：//newzoo.com/insights/articles/newzoo-global-esports-economy-will-reach-905-6-million-2018-brand-investment-grows-48/.

收视率和职业薪水已经上升到传统职业体育的水平。[1]在全球电子竞技产业高速发展的基础之上，相关文化产业也逐步兴盛起来。

学界普遍认为，广义上所有能够为电子竞技活动创造价值的组织、个体都包含在电子竞技文化产业内，其中游戏开发者处在整个价值链的顶端。[2] Karulahti 认为与其将电子竞技视为运动化的电子游戏，不如将其视为运动化的商业游戏。因为电子竞技是由执行所有者管理，在商业游戏产品上进行锻炼和竞赛的文化实践，电子竞技运营商通过垄断电子竞技游戏知识产权，从开发者们那里获得了开展各类活动或赛事的许可。[3] 但随着对电子竞技进行管理的机构的出现，电子竞技已经发展成为一个由消费者、玩家和其他利益相关者组成的复杂生态系统，因此电子竞技文化产业背后也包含着电子竞技游戏运营商、传播媒体和参与群体等多方主体。目前，电子竞技赛事已经发生了巨大变化，一方面，从锦标赛和小型会议中心发展到现在使用奥林匹克体育场和大型场馆；[4][5] 另一方面，许多有大量电子竞技爱好者参与的业余赛事在电子竞技游戏运营公司的组织下逐渐发展壮大，例如 Riot Game、Blizzard Entertainment 等游戏公司举办了一些业余联赛，吸引了大量职业选手和爱好者的参与。[6] 其中暴雪娱乐公司旗下名为 Tespa 的大学电子竞技俱乐部，从得克萨斯大学的一个小型社交俱乐部发展而来，现在已举办过五个全国性的大学电子竞技联赛，有1200多所学校

---

[1] Steinkuehler C. Esports research: Critical, empirical, and historical studies of competitive videogame play [J]. *Games and Culture*, 2020, 15 (1): 3-8.

[2] Chao, L. L. You must construct additional pylons: Building framework for eSports government [J]. *Law Review*, 2007, 86 (02): 737-765.

[3] Karulahti. V. M. Reconsidering eSport: Economics and executive ownership [J]. *Physical Culture & Sport Studies & Research*, 2017, 74 (01): 33-35.

[4] Gilbert, B. This one image says everything about how huge eSports is [N/OL]. 2015. http://www.businessinsider.com/league-of-legends-sold-out-madison-square-garden-2015-8.

[5] Guzman, J. N.: The world's biggest and best eSports arenas [N/OL]. 2015. http://www.redbull.com/gb-en/the-biggest-and-best-esports-stadiums-in-the-world.

[6] Chao L L. You must construct additional pylons: Building a better framework for esports governance [J]. *Law Review*, 2017, 86: 737-765.

参与其中。[1]在美国，电子竞技玩家主要是 25 岁以下的男性，这一群体约占参与在线游戏男性的 85%。[2]因此，电子竞技业余赛事的参与者以青年群体为主，在过去几年中，美国涌现了 100 多个大学团队，其中许多团队会为其运动员提供运动奖学金。[3]

与其他泛娱乐领域相似，玩家（消费者）是电子竞技文化产业研究中最常见的研究对象。Seo 和 Jung 将电子竞技消费概念化为"消费实践的集合，是消费者通过参与电子竞技的玩、观看、管理，以及一系列互动关系并持续进行的现象"。由于电竞是多种实践的协调集合，消费者除了与游戏界面互动之外，还扮演不同的角色和执行不同的活动，因此，两位学者也强调要注重电子竞技的社会性问题，提出应该在未来研究中进一步探索电子竞技实践与其他游戏活动之间的联系。[4]

Marjorie 等以目前较为热门的职业足球俱乐部电子竞技为个案进行分析，以此了解体育模拟类电子竞技游戏的参与是否以及如何影响足球品牌的意义，以及利益相关者是否以及如何在互动中共同构建这种意义。研究发现，足球迷与电竞粉丝两个群体彼此分离，并不关注对方；但是，球迷和电竞玩家却能够在荣誉感、快乐满足等方面形成一种良性的互动关系。因此，球类模拟的电子竞技游戏并不需要完全匹配现实世界中的球类运动，也可以具有一定的发展市场。[5]

通过对巴基斯坦不同游戏区的电子竞技消费者数据进行分析，Abbasi

---

[1] Tespa. What is Tespa? [EB/OL]. *Fordham Law Review*, 2018-10-24. https://tespa.org/about.

[2] Minotti, M. Esports is now a $892 million market, but growth is slowing [N/OL]. 2016-07-20. https://venturebeat.com/2016/07/20/superdata-esports-is-now-a-892-million-market-but-growth-is-slowing/.

[3] Reitman J, Cho A, Steinkuehler C. A landscape analysis of high school esports in the United States [J]. *Manuscript submitted for publication*, 2019.

[4] Seo Y, Jung S U. Beyond solitary play in computer games: The social practices of eSports [J]. *Journal of Consumer Culture*, 2016, 16 (3): 635-655.

[5] Marjorie B, Hans M, Michel D. Esports extension of a football brand: Stakeholder co-creation in action? [J]. *European Sport Management Quarterly*, 2020, 20 (01): 47-68.

等发现消费者参与电子竞技游戏的态度和行为对他们的消费行为产生积极的影响。该研究结果显示，对消费者电子竞技游戏参与度的战略关注将使从业者能够培养理想的消费者行为，包括增强购买意愿，采取合作生产、口碑传播促进新玩家招募行为，从而证实消费者参与度作为电子竞技游戏的关键指标具有战略价值。并且，研究建议未来可以结合不同的社会文化背景开展纵向研究，以了解消费者电子竞技视频游戏的参与度及其消费行为随时间推移的演变。[①]

Jang 等通过提出电子竞技消费（ESC）模型，对参与电子竞技游戏的六个意向（享乐动机、习惯、价格价值、努力预期、社会影响和流量）和行为后果（电子竞技活动的媒体消费意向）等进行了相关性检验。研究发现，其中享乐动机、价格价值、努力预期和流量是影响电子竞技消费者行为的四个关键因素。因此，研究认为，可以从电子竞技游戏行为和电子竞技活动的媒体消费两个方面来研究电子竞技参与行为的因果机制；建议在未来的研究中，逐步纳入性别、类型和经验作为可能的调节因素。[②]

Ji 和 Hanna 通过对 200 名游戏玩家/电子竞技消费者进行了探索性调查，试图了解他们对传统媒体产品、数字媒体产品和个人数据的看法。他们发现电子竞技消费者是多元的，需要细分不同群体对传统和数字媒体产品的价值感知，否则不利于电子竞技组织有效地实施商业战略。具体而言，参与程度是受众消费的核心维度，在此基础上的平台建设和数据管理是网络媒体吸引、维护消费者的重要手段，而成熟的消费体验则是其未来努力的方向。[③]

[①] Abbasi A Z, Asif M, Hollebeek L D, et al. The effects of consumer esports videogame engagement on consumption behaviors [J]. Journal of Product & Brand Management，2020，29（7）：1-18.

[②] Jang W W, Byon K K. Antecedents and consequence associated with esports gameplay [J]. International Journal of Sports Marketing and Sponsorship，2019，21（1）：1-22.

[③] Ji Z, Hanna R C. Gamers first–How consumer preferences impact eSports media offerings [J]. International Journal on Media Management，2020，22（1）：13-29.

（二）对电子竞技赛事传播产业的研究

在过去的 20 年里，电子竞技已经从区域赛事发展到国际大型赛事，受欢迎的电子竞技赛事能够吸引全球数百万观众同时在线观看。[1] 随着数字技术的进步，特别是以 Twitch 为代表的电子游戏平台的壮大，进一步助推了电子竞技赛事在线直播的发展。在线观看电子竞技直播成为过去几年学界研究的新议题。

正如 Taylor 等所讨论的，直播环境中虚拟和现实的关系也构成了电子竞技媒介传播的核心问题。[2] Twitch 等流媒体不仅为受众提供了一个媒介参与的理想空间，还重新定义了视频游戏的空间规则，被动观赏的受众最终会变为主动游戏的人。[3] Burroughs 和 Rama 对游戏直播平台 Twitch 进行了案例研究，认为流媒体打破了现实世界和虚拟世界之间的严格区分，代表了游戏的现在和未来。Twitch 平台是研究流媒体网站观众接受和参与的理想空间，也是行业对视频游戏空间的重新表述，它巩固了流媒体作为观众参与游戏的主导模式。两位学者认为，流媒体和移动技术允许新形式的视频游戏从根本上改变游戏领域的构成，随着游戏空间内消费和生产之间的界限继续模糊，参与性文化的表达也在增强；对虚拟世界的研究可以解释虚拟性对媒体行业的"真实"经济和产业的影响。[4] 甚至可以说，虚拟电竞并不仅仅是要给受众一种真实的错觉，而是希望创造一个真实的虚拟空间。[5]

---

[1] Ekdahl D, Ravn S. Embodied involvement in virtual worlds: The case of eSports practitioners [J]. *Sport, Ethics and Philosophy*, 2019, 13 (2): 132-144.

[2] Taylor T L. *Raising the Stakes: E-sports and the Professionalization of Computer Gaming* [M]. Mit Press, 2012.

[3] Benjamin B, Rama P. The eSports Trojan Horse: Twitch and streaming futures [J]. *Journal of Virtual Worlds Research*, 2015, 8 (2): 1-6.

[4] Burroughs B, Rama P. The eSports Trojan Horse: Twitch and streaming futures [J]. *Journal of Virtual Worlds Research*, 2015, 8 (2).

[5] Ansgar T, Jannika M J. Is eSport a real sport? Reflections on the spread of virtual competitions [J]. *European Journal for Sport and Society*, 2018, 15 (4): 311-315.

Hilvert-Bruce 等基于使用和满足理论的八种社会动机模型,解释了直播观众参与度的四个方面,并深入了解直播参与的动机。研究发现社交互动、社区意识、结识新朋友、娱乐、信息寻求以及现实生活中缺乏外部支持者等六大因素促进了观看者参与直播,更强的社会和社区基础是观众愿意参与网络直播娱乐的强动机之一。所以,在未来的研究中,可以进一步探究其他不同直播之间的社会动机差异。①

有社会研究发现,比起花费时间和精力亲自玩游戏,休闲玩家更喜欢看职业玩家玩游戏。在这一研究背景之下,Kaytoue 等爬取了 Twitch 平台上在 100 多天的时间里的观看数据,对观众的观看行为进行了分析。他们发现:首先,锦标赛和发行会带来游戏观众数量的明显增长;其次,参与流媒体会话的观众数量以一种可预测的方式发展;最后,Condorcet 方法可以根据受欢迎程度对流媒体进行合理的排名。他们强调这些结果对于观众、职业玩家、赞助商、游戏发行商等参与者来说非常重要,因为电子竞技直播平台确实值得行业合作伙伴(涉及大量资金)和研究人员(研究社交网络动态、个性化推荐、情绪分析等问题)的关注。②

Wohn 等进一步考察了作为一个整体媒体生态系统的电子竞技以及人们对流媒体的参与、观看和消费。他们认为玩游戏、观看游戏和在游戏内消费密切相关,但这些行为指标都不能解释为什么人们愿意在直播平台上花钱来支持流媒体,后者更多源自对主播的情感依恋和对主播才华的欣赏等心理因素。他们强调电子竞技不再仅仅是一种游戏形式,而是一个多维媒体生态系统,在这个生态系统中,播放器和流媒体为媒体消费提供平台;流媒体和观众宣传、分享创作者创建的内容;观众/捐赠者为内容创作者提供切实的支持,鼓励他们创造更多更高质量的内容。因此,在进行

---

① Hilvert-Bruce Z, Neill J T, Sjöblom M, et al. Social motivations of live-streaming viewer engagement on Twitch [J]. *Computers in Human Behavior*, 2018, 84: 58-67.
② Kaytoue M, Silva A, Cerf L, et al. Watch me playing, I am a professional: A first study on video game live streaming [C] //*Proceedings of the 21st International Conference on World Wide Web*. 2012, 1181-1188.

相关研究时,需要考虑不同利益相关者的观点和社会参与以及他们之间相互交织的关系。①

有研究者重点探索电子竞技直播社区是如何形成的,以及它是如何让主播与观众进行互动的。这类研究主要基于定性研究,通过访谈、参与式观察和内容分析研究主播在电子竞技生态系统中扮演各种角色的经历。Twitch 和 YouTube 等新兴平台使电子竞技游戏直播者不仅可以充当玩家,还可以充当表演者和艺人。② Taylor 认为由于特定游戏的日益流行,以及高清网络直播的出现,电子竞技现在有了全球观众,日益壮大的虚拟社区的性质已经逐步由娱乐休闲向半职业甚至是职业化的方向转变,它们通过打造电子竞技明星来提高转播流量从而获取收益。③

Kevin 等考察电子竞技直播火爆的现象,发现随着电子竞技和相关锦标赛的兴起,电子竞技直播的观众人数达到了历史新高。直播平台为电子竞技游戏主播、电子竞技选手带来了大量的收益,也扩大了其收入来源。大部分主播的收入主要来自广告和订阅收入,但对于顶级主播来说,越来越多的收入来自赞助与合作。同时,电子竞技直播行业的高速发展也为产品营销创造了巨大的机会,后者不仅受益于电子游戏直播的利基市场,还受益于随着这个领域的增长和扩大而发展的关系。这些关系为电子竞技相关产业在品牌推广、促销和零售方面带来了更多机遇。④

另外,有学者已经注意到电子竞技直播受众地位和概念所指的转变,Nicholas 关注了观众在数字游戏中形成的作用,将文化研究与日渐热门的电子体育学术联系起来,该研究既强调了观众的建构性质,也强调了观众

---

① Wohn D Y, Freeman G. Live streaming, playing, and money spending behaviors in esports [J]. *Games and Culture*, 2020, 15 (1): 73-88.

② Thiborg J. Esport and governering bodies: An outline for a research project and preliminary results [C] //*Kultur-Natur, Konferens för kulturstudier i Sverige*, Norrköping, Sweden, 2009.

③ Taylor N. Play to the camera: Video ethnography, spectatorship and eSports [J]. *Convergence*, 2016, 22 (02): 115-130.

④ Kevin L, Anna W, Ryan C. The booming eSports market: A field day for fans [J]. *Journal of Business Strategy*, 2020, 41 (6): 22-29.

主体所从事的劳动。其认为一方面受众的媒介参与行为已经成为能够生产价值的劳动，另一方面，这些价值不仅仅停留在经济层面，而且进一步成为推动电子竞技的文化动力。并且 Nicholas 强调须要研究比赛参与者是如何成为观众的，才能够充分理解电子竞技的文化意义，以及观众驱动的竞技体育产业兴起的原因。至少在北美的电子竞技比赛中，观众在具体活动中从被动观众到参与式观众的广泛转变并不简单。①

（三）对电子竞技文化产业规范的研究

社会各界已经关注到了消费者对电子竞技游戏和电子游戏竞赛需求的增长。国外学者也开始对电子竞技行业规范、体系等领域进行分析。

Funk 等认为在电子竞技的业务拓展过程中，管理体系的构建、劳工与法律等细节问题，以及多元化和游戏文化的发展都是其亟待解决的难题，需要成熟的体育运动产业模式为电子竞技未来的发展方向提供借鉴。因此，他们主张将有组织的电子竞技活动和比赛纳入体育类赛事的管理范围内，以确保符合体育定义的标准；随着电子竞技的不断发展，从业者面临着与传统体育相似的管理挑战，尤其是在行业治理和多样性发展等领域。体育管理学者应对电子竞技的演变和发展潜力进行关注，并通过教育和研究的方法为行业提供指导。②

Chao 对比了不同国家的电子竞技行业管理现状发现，在美国，虽然电子竞技监管可能会模仿传统体育治理的许多方面，但电子竞技行业充满了挑战，包括复杂的所有权和资本投资。国内监管因潜在的知识产权所有权和辅助因素（如电子竞技受欢迎程度的波动）而变得复杂。相比之下，韩国、英国在这方面已经较为成熟，政府为此承担了巨大的责任，从而可以依靠行政手段，对本国的电子竞技赛事联盟、运动员和爱好者进行有效的

---

① Nicholas T. Now you're playing with audience power：The work of watching games [J]. *Critical Studies in Media Communication*, 2016, 33 (4)：293-307.
② Funk D C, Pizzo A D, Baker B J. Esport management：Embracing eSport education and research opportunities [J]. *Sport Management Review*, 2018, 21 (1)：7-13.

行为规范和明确的权责要求。由于电子竞技无法被视为有精确结构的物理类似物，Chao 建议必须成立一个独立的国内电子竞技管理实体，并创造新的法律权利和义务以适应该领域的快速增长。①

Miroff 对电子竞技文化产业知识产权（IP）的垄断与反垄断问题进行了探讨。该研究发现游戏发行商被允许对其游戏中的 IP 进行使用，但这也为恶性竞争的 IP 滥用创造了机会。赛事组织者、球队、球员、广播员、观众和广告商都需要访问出版商的 IP 才能进入电子竞技市场。而出版商对下游电子竞技市场的控制力度越大，独立赛事组织者、转播商和球队就越难成功参与市场，并且这类垂直垄断的市场通过消除观众和玩家的游戏内竞争，破坏了价格和质量的竞争机制，以此损害了消费者的利益。因此，Miroff 建议为了通过市场竞争促进消费者福利，反垄断法应限制游戏发行商在其游戏中使用知识产权来垄断这些游戏的下游电子竞技市场；反垄断执法机构应仔细监控出版商在电子竞技市场的垂直整合，并对不合理地减少独立赛事组织数量的限制性或排他性安排提出质疑。②

---

① Chao L L. You must construct additional pylons: Building a better framework for esports governance [J]. *Fordham Law Review*, 2017, 86: 737-765.
② Miroff M. Tiebreaker: An antitrust analysis of eSports [J]. *Columbia Journal of Law and Social Problems*, 2018, 52: 177-223.

第三部分
研究案例

第八章　电竞素养：关键行动者的"价值共演"

本章将电竞视为一个生态系统，聚焦电竞素养（eSports literacy）这一前沿问题，尝试打开一种跨界融合的新路径，构建跨学科试验研究的理论框架和范式。具体而言，本部分将电竞视作为跨媒介产业、文化产业和体育文化三重交叉的新场景，并通过引入战略管理领域的商业生态系统概念与媒介素养框架，具体剖析电竞新场景内部的行动者如何在与外部环境互动的同时实现协同演进，并将在此基础上具体讨论电竞素养在社会素养（societal literacy）、实践素养（practical literacy）和体育素养（athletic literacy）三个层面的价值。

一　文献综述

（一）商业生态系统：一种协同演进的视角

价值链（value chain）是指将单个企业的生产活动分解为若干个战略性的价值活动，以此对企业的基本活动进行战略分析[1]，这一概念随后被延伸为价值系统（value system），用于描述多个企业在以提供产品或服务为目的的价值系统中竞争的状态。有学者认为，以 Porter 的观点为代表的

---

[1] Porter M E. *Competitive Advantage: Creating and Sustaining Superior Performance* [M]. New York: FreePress, 1985, 43: 214.

传统的产业分析视角忽视了市场之外的、更为宏观的竞争环境，对企业与企业、企业与环境之间的互动关系缺乏解释力[1]。因为，一个可持续性极强的商业环境会时刻影响着企业竞争，这种商业环境往往是复杂的、动态的、瞬息万变的，由多个处于不同发展阶段的市场组成[2]。如果仅仅将企业视为在某一产业内为了有限的市场份额竞争的对手，那么诸如"单个企业是如何构造一个全新的商业社群的？""面对瞬息万变的外部环境和持续的产业创新，商业社群是否有一个适应性的、稳定的、有领导意义的架构？"等问题就非常难以回答。

为了回应上述两种对价值系统这一概念的负面评价，有学者引入生物学领域生态系统的概念，提出企业并非是某一产业的成员，而是横跨多个产业的生态系统的组成部分[3]，并在此基础上进一步提出了商业生态系统的概念，指由相互依存的、持续互动的、不断自我革新并以此促进协作性创新的多个企业所构成的社群，是当产业发展到一定程度之后所呈现的经济组织形式[4]。生态系统运行的功能在于促进协同演进（coevolution），而协同演进是以持续性创新为导向的，不仅发生在生态系统内部，也发生在生态系统与其所处环境之间[5][6]。进一步，有学者强调将商业系统放置于一个更为广阔的机会空间（opportunity space）之中，由宏观层面自上而下的

---

[1] Stead J G, Stead W E. The coevolution of sustainable strategic management in the global marketplace [J]. *Organization & Environment*, 2013, 26 (2): 162-183.

[2] Hart S L. A natural-resource-based view of the firm [J]. *Academy of Management Review*, 1995, 20 (4): 986-1014.

[3] Moore J F. Predators and prey: A new ecology of competition [J]. *Harvard Business Review*, 1993, 71 (3): 75-86.

[4] Peltoniemi M, Vuori E. Business ecosystem as the new approach to complex adaptive business environments [C]. In *Proceedings of eBusiness Research Forum*, 2004, 4 (22): 267-281.

[5] Teece D J. Next-generation competition: New concepts for understanding how innovation shapes competition and policy in the digital economy [J]. *JL Econ. & Poly*, 2012, 9: 97.

[6] Thomas L D, Autio E. *Innovation Ecosystems in Management: An Organizing Typology* [M] // In *Oxford Research Encyclopedia of Business and Management*, 2020.

稳定力量和微观层面自下而上的创新力量共同形塑而成[①][②]。因此，商业生态系统可以为更全面地研究科技创新、政府监管、地方性与全球性的竞争、企业间不同形式的合作关系提供全新的视角[③]。在商业生态系统内部，企业以创新为目的，在提升产品质量、满足客户需求的过程中既有合作关系也有竞争关系，从而促成下一轮的创新，这一循环被定义为协同演进[④][⑤]。

协同演进的概念源于人类学家格雷戈里·贝特森（Gregory Bateson），原指相互依存的物种在互惠循环中同步进化的过程，即物种 A 所发生的变化为物种 B 在自然选择中所发生的变化奠定基础，反之亦然[⑥]。在商业生态系统视角下，协同演进具体表现为企业在面对其所处环境时的适应性战略结盟行为，可划分为"诞生-扩张-主导-自我革新"四个阶段[⑦][⑧]。协同演进是一种行动者主导的创新性合作，它不仅发生在生态系统内部，也可以发生在生态系统与其所处环境之间[⑨][⑩]；换言之，企业与其所处的环境不再是决定与被决定、影响与被影响的单向关系，而是你中有我、我中有你

---

① Chandler J D, Vargo, S L. Contextualization and value-in-context: How context frames exchange [J]. *Marketing Theory*, 2011, 11 (1): 35–49.
② Moore, J. F. Business ecosystems and the view from the firm [J]. *The Antitrust Bulletin*, 2006, 51 (1): 31–75.
③ Park J, Choi M. A cross-national study on mobile business: How will ecosystems evolve? [J]. *Information Development*, 2014, 30 (1): 9–21.
④ Moore J F. Predators and prey: A new ecology of competition [J]. *Harvard Business Review*, 1993, 71 (3): 75–86.
⑤ Koza M P & Lewin A Y. The co-evolution of strategic alliances [J]. *Organization Science*, 1998, 9 (3): 255–264.
⑥ Bateson G. *Mind and Nature: A Necessary Unity* (Vol. 255) [M]. New York: Bantam Books, 1979.
⑦ Koza M P, Lewin A Y. The co-evolution of strategic alliances [J]. *Organization Science*, 1998, 9 (3): 255–264.
⑧ Moore J F. Predators and prey: A new ecology of competition [J]. *Harvard Business Review*, 1993, 71 (3): 75–86.
⑨ Teece D J. Next-generation competition: New concepts for understanding how innovation shapes competition and policy in the digital economy. [J] *JL Econ. & Pol'y*, 2012, 9: 97.
⑩ Tiwana A, Konsynski B, Bush A A. Research commentary—Platform evolution: Coevolution of platform architecture, governance, and environmental dynamics [J]. *Information Systems Research*, 2010, 21 (4): 675–687.

的共同作用关系。有学者更进一步地提出，组织内部的微观协同演进和组织与环境之间的宏观协同演进共同构成了协同演进的多维性特征[1]。

价值系统和协同演进是生态系统理论框架下的两个重要概念，两者在宏观和微观层面都呈现出共生共存又相互形塑的关系。微观层面，生态系统由积极参与多边互动，且有共同价值主张的行动者构成，是一种基于共同利益从而维持生态系统能量的行动[2][3]。Moore将这种行动者视为创新者，认为其创新能力是与产品、服务和商业活动协同演进的。在这种视角下，生态系统的边界由行动者决定，行动者则通过持续性的创新不断拓宽生态系统的边界[4]。随着信息技术的崛起，消费者与生产者之间的界限趋于模糊，因此行动者的身份也呈现出流动性和多样化的特征[5]。在此基础上，生态系统内部的信息、知识和资源得以互通，行动者之间的协调与配合得以实现。因此，一个理性健康的商业生态系统，是一个由高度灵活的、以创新为目的的生产者和消费者共同构成的经济社群。宏观层面，生态系统处于一个更为广阔和开放的机会空间之中。生态系统内部的发展与部署定义了空间，而生态系统在与机会空间互动的过程中实现持续性的创新。为了能够适应外部刺激并把握外部机遇，有学者认为微观层面与宏观层面的协同演进都要保持"持续性的创新"[6]。Moore也曾总结到，理想状态下的生态系统是由多领域多学科的贡献者和参与者创新协同

---

[1] Lewin A Y, Volberda H W. Prolegomena on coevolution: A framework for research on strategy and new organizational forms [J]. *Organization Science*, 1999, 10 (5): 519-534.

[2] Ekman P, Raggio R D, Thompson S M. Service network value co-creation: Defining the roles of the generic actor [J]. *Industrial Marketing Management*, 2016, 56: 51-62.

[3] Moore J F Business ecosystems and the view from the firm [J]. *The Antitrust Bulletin*, 2006, 51 (1): 31-75.

[4] 马浩，侯宏，刘昶. 数字经济时代的生态系统战略：一个 ECO 框架 [J]. 清华管理评论 2021, (03): 24-33.

[5] Moore J F. Business ecosystems and the view from the firm [J]. *The Antitrust Bulletin*, 2006, 51 (1): 31-75.

[6] Hou H, Shi Y. Ecosystem-as-structure and ecosystem-as-coevolution: A constructive examination [J]. *Technovation*, 2020, 102193.

演进而来的①。

从研究范式看，有学者将商业生态系统研究分为生态结构学派与生态协同演化学派②。前者强调生态系统是一个有着多边相互依存关系的结构（ecosystem as structure），而后者则把生态系统视为一个成员网络，即成员与成员之间，成员与外部环境之间保持持续互动、协同创造价值的关系。将这种研究视角应用到电竞领域，可以将电竞视为各成员之间紧密交织的生态系统，企业、赛事、战队、选手、俱乐部、观众在互动与结盟的同时，与负责监管电竞产业的政府部门之间也达成合作与互补关系。然而，与传统的竞技体育相比，电竞是一个产业驱动的"伞状"综合体③，须以动态的、包容的研究视野加以分析。

然而，电竞的跨学科学术研究滞后，同时电竞战略管理和资源配置研究一直缺乏有效的理论支撑，因此，相关规制研究同样滞后。当前"电子竞技与管理"已经被纳入部分高等职业院校的专业目录，国家体育局对电子竞技的体育属性也保持着认可态度，这为电竞产业研究带来了一系列新的多学科研究议题。其中，属于文娱范畴的电竞产业牵涉到互联网传播变革、电竞产业与文化、政府决策与管理等多个研究领域。但是，目前大部分研究相对分散，整体表现出研究人员缺乏交流、理论体系缺乏多学科融合的特征。

在既有研究基础上，本章以战略管理领域中商业生态系统的概念为框架，将电竞视为一个生态系统展开跨学科交叉研究，剖析其内部的行动者如何在与外部环境互动的同时实现协同演进；具体将探讨教育部、高等职业院校、国家体育总局、电竞俱乐部、电竞选手、电竞运营商等几大关键

---

① Moore J F. Business ecosystems and the view from the firm [J]. *The Antitrust Bulletin*, 2006, 51 (1): 31-75.
② Hou H, Shi Y. Ecosystem-as-structure and ecosystem-as-coevolution: A constructive examination [J]. *Technovation*, 2020, 102193.
③ Scholz T M, Scholz T M, Barlow. *Esports is Business* [M]. Springer International Publishing, 2019.

行动者如何在微观与宏观层面影响和制约电竞产业的发展,以及他们在何种程度上实现了我国电竞产业可持续发展的协同演进。更进一步,本部分引入了电竞素养的概念,认为正是电竞素养构建了行动者竞争与合作的价值体系,实现了行动者之间的互补性,推动了持续性的创新与协同演进。

(二) 电竞素养:一种独立的媒介素养框架

在1992年召开的媒介素养领袖会议中,媒介素养(media literacy)被定义为具有"取用(access)、分析(analysis)、评价(evaluate)及制造(produce)媒介信息的能力"[1]。作为一种必要的理论概念和行为实践,媒介素养能令人们在日益多样的媒体和信息环境中获取信息并被赋予权力,而获取、分析和生产媒体信息的能力则被认为是媒介素养的本质内容[2][3]。为了将媒介素养概念进一步具象化,Hobbs和Frost将媒介素养划分为可测量的理解能力、分析能力和书写技能三个维度[4],周葆华和陆晔通过实证研究分析了媒介素养中个体的媒介信息处理能力和媒介参与意向[5][6]。

从研究阶段来看,媒介素养的研究可以大致划分为古典素养、视听素养、数字素养、信息素养和新媒体素养五个阶段。这一迭代过程也展示出,媒介技术和媒介形态的进步推动着媒介素养认知模式的革新,以及个体在这一过程中实现了从被动地接收信息到主动生产信息的转变[7]。媒介

---

[1] Aufderheide P. Media literacy: A report of the national leadership conference on media literacy [C]. Aspen Institute, Communications and Society Program, 1993, 1755 Massachusetts Avenue, NW, Suite 501, Washington, DC 20036.
[2] 马超. 媒介类型、内容偏好与使用动机:媒介素养影响因素的多维解析 [J]. 全球传媒学刊, 2020, 7 (3): 115-138.
[3] 张志安, 沈国麟. 媒介素养:一个亟待重视的全民教育课题——对中国大陆媒介素养研究的回顾和简评 [J]. 新闻记者, 2004, (5): 11-13.
[4] Hobbs R, Frost R. Measuring the acquisition of media-literacy skills [J]. Reading Research Quarterly-READ RES QUART, 2003, 38, 330-355.
[5] 周葆华, 陆晔. 从媒介使用到媒介参与:中国公众媒介素养的基本现状 [J]. 新闻大学, 2008 (04): 58-66.
[6] 朱东普, 黄亚玲. 我国职业电子竞技俱乐部发展探析 [J]. 体育文化导刊, 2016.
[7] 王贵斌. 媒介素养认知模式的迭代更新 [J]. 现代传播 (中国传媒大学学报), 2020, 42 (06): 158-163.

素养提出于大众传播时期。由于新媒体时代传播环境、传播方式出现了根本性的变化,最初的媒介素养理论和研究范式在新媒体语境下出现了解释力和适用性不足、忽视用户与媒体的互动关系等缺陷。因此,近年来学者从概念方面扩展着媒介素养的研究内涵,更加强调对媒介的质疑和批判性思考[1]。比如,在互动性层面,Cho 等提出了"社交媒体素养"框架,强调社交媒体中的自我、媒体和现实之间的互动关系,并将其确定为社交媒体素养的核心内容[2];在公共性与反思性层面,Mihailidis 则提出了"公民媒体素养",强调在媒介使用的过程中应关注公民的共同利益[3]。为了让媒介素养理论顺应数字化的传播语境,数字媒介素养的概念应运而生,后者通过通用素养(universal literacy)、创意素养(creative literacy)和跨学科素养(literacy across disciplines)的研究框架,理解新数字工具的工作原理、为何有用和如何使用的问题[4]。

然而,目前的媒介素养研究主要存在着两个方面的不足。一方面,新兴的媒介素养研究虽然引入了数字化、互动性等大众传播时代所不具备的特征,但是未能针对新媒体语境下出现的不同媒介形态(如直播、短视频、短图文等),分析媒介素养在不同数字媒介中的具体体现和要求。另一方面,媒介在社会中并非独立存在的中介,并非仅仅是被"选择"的技术,而是社会和文化实践中的结构性条件,是政治、经济、文化运作的组成部分[5][6]。所以,媒介素养在媒介化社会中不仅表现为媒介信息处理和媒

---

[1] Buckingham D. Media education and the end of the critical consumer [J]. *Harvard Educational Review*, 2003, 73 (3): 309-327.
[2] Cho H, Cannon J, Lopez R, Li W. Social media literacy: A conceptual framework [J]. *New Media & Society*, 2022.
[3] Mihailidis P. Civic media literacies: Re-imagining engagement for civic intentionality [J]. *Learning, Media and Technology*, 2018, 43 (2): 152-164.
[4] 马克·布朗,肖俊洪. 数字素养的挑战:从有限的技能到批判性思维方式的跨越 [J]. 中国远程教育, 2018 (4): 42-53+79-80.
[5] 戴宇辰. 媒介化研究的"中间道路":物质性路径与传播型构 [J]. 南京社会科学, 2021 (7): 104-112+121.
[6] 杨馨. 媒介的"下沉"与奠基——媒介化社会的政治经济学批判 [J]. 新闻界, 2020 (2): 60-68.

介使用能力，更表现为一种职业态度和管理态度，它要求受众、传媒行业从业者、管理者和以媒介作为生产工具的群体应该有着不同层次和不同范畴的批判性思考和行为能力。

为了进一步推动电竞研究和媒介素养研究，本章将引入媒介素养研究，提出电竞素养的概念。具体通过媒介素养的研究框架，将电竞受众、电竞俱乐部、高等职业院校、电竞企业和电竞选手作为研究主体，以"社会素养-实践素养-体育素养"三个面向为研究框架，试图以此厘清媒介信息处理、媒介使用和以媒介作为生产关系之间的理论关系，为电竞素养文化传播的开展提供现实依据和参考。为了实现这一研究目标，本部分将重点解答三个主要研究问题：一是如何在生态系统研究视角下理解我国的电竞产业？二是在生态系统的理论视角下，电竞素养与创新、协同演进是什么关系？三是如何促进电竞产业生态系统的发展？

二 研究方法

本部分是在商业生态系统视角下，通过电竞素养理论框架探索电竞生态系统关键行动者之间互补性的建构过程，探究我国电子竞技产业协同演进的路径。鉴于此，笔者对电竞产业展开了五年的田野观察，以电竞巨头腾讯为基本案例，同时对电竞俱乐部和高等职业院校在提升社会大众与电竞行业从业者电竞素养过程中的协同演进实践进行定性研究，以探索本研究提出的电竞素养框架在生态系统中与"持续性的创新（continuous innovation）"和"协同演进（coevolution）"的相互作用，分析多个行动者的协同演进路径与实践：一是提升社会素养，推动电子竞技去污名化；二是提升实践素养，在共同专业化的过程中构建互补性；三是提升体育素养，在体育化的过程中推动生态系统的可持续发展。具体操作方面，本研究通过对多位腾讯电竞工作人员与高等教育院校的教师进行半结构式采访，充分利用对生态系统运行过程中的田野观察与实践参与来分析不同行动者之间如何突破"对有限的市场资源竞争"[①]的产业分析视角，在商业生态系统视角下达成协同演进的动态关系。

首先，本章采用半结构化访谈法展开，共采访44名被访者，人均采访时长不低于1.5个小时。访谈对象包括4名腾讯电竞的工作人员与5名分别就职于上海体育学院、浙江传媒学院和浙江工商职业技术学院的教师，以及35名来自不同俱乐部的电竞管理人员、运营师和运动员等，他们都不同程度地参与了电竞生态系统的协同演进过程。面向腾讯电竞工作人员的访谈设计主要分为三个方面，一是腾讯电竞目前发展所面临的机遇、挑战与困境问题，二是腾讯电竞与其他生态系统行动者（电竞选手、俱乐部、监管部门等）的互动问题，三是电竞可持续性发展的挑战、机遇与策略问题。面向高等职业院校教师的访谈设计则主要聚焦教学如何与产业需求相结合的问题，学生的态度、反馈与教学效果的问题，以及与其他高等院校或者组织展开师资合作的目的、方式与预期的问题。

其次，采用二手资料分析（secondary analysis）方法。一方面，对以Moore为代表的生态系统协同演进学派相关文献进行梳理，兼顾宏观与微观层面的协同演进状态，分析行动者、机会空间、价值主张、互补性等重要概念在电竞生态系统中的理论呈现；另一方面，结合我国电竞产业报告和全球电竞与游戏直播市场报告，再系统性梳理近年来我国教育部和国家体育局对电竞产业的扶持性政策，立足于我国电竞产业链的布局与互动关系，剖析生态系统的去污名化实践、文娱属性、体育属性如何在电竞素养这一框架下实现协同演进。

最后，通过平台实践进行边界问题分析，即分析腾讯电竞这一横跨电竞产业上、中、下游的焦点企业（focal firm）在电竞教育模块的平台实践。腾讯电竞同时作为电竞素养的需求方与供应方，一方面亟须通过生态系统的去污名化实践、人才输送和体育化发展扩展自身的平台边界、巩固平台

[①] Porter M E. *Competitive Advantage: Creating and Sustaining Superior Performance* [M]. New York: FreePress, 1985, 43: 214.

地位、拉高生态系统准入门槛，促进生态系统可持续性发展；另一方面，腾讯电竞也在积极与高校、俱乐部合作，从电竞产业的双重属性（传媒性与体育性）出发，通过互补性的实践行为，提升社会大众、电竞行业从业者与生态系统中各行动者的社会素养、实践素养与体育素养。

三 分析与讨论

（一）生态系统理论框架的提出：电竞产业创新与人才培育的协同演进

生态系统理论源于战略管理领域对产业发展进行的合作性进路（cooperative approach）研究，这一概念将企业、行动者、生态圈之间的合作与竞争关系以及相关的生产活动视为协同演进的过程。处于生态系统中的企业，通过创新实现协同演进，它们在竞争与合作中推动产品更新、维系客户关系，并在下一轮创新中协调配合[1]。具体到电子竞技产业，自20世纪80年代起，以日本单机游戏为代表的电子游戏产品进入我国并风靡一时，与之相关的市场和监管体系也逐步成型[2]。近年来，随着电子竞技的去污名化与直播平台的兴起，我国电子竞技的产业规模不断扩大，形成了覆盖内容授权、赛事承办与内容传播等多个环节的产业链条。微观层面的行动者们整合并内化了产业内部的企业与市场，在推动电竞的大众化、体育化与商业化的同时，积极开拓细分市场，通过赛事参与、赛事版权保护、内容生产、内容消费等互动关系实现协同演进；而宏观层面上，电竞则面临着来自政府部门、社会舆论等外部环境所带来的挑战与机遇[3]。一位腾讯电竞的相

---

[1] Moore J F. Predators and prey: A new ecology of competition [J]. *Harvard Business Review*, 1993, 71 (3): 75-86.

[2] Liao S X. Japanese console games popularization in China: Governance, copycats, and gamers [J]. *Games and Culture*, 2016, 11 (3): 275-297.

[3] Lin Z, Zhao Y. "Self-enterprising eSports: Meritocracy, precarity, and disposability of eSports players in China" [J]. *International Journal of Cultural Studies*, 2020, 23 (4): 582-599.

关工作人员在采访中也提到，对于腾讯而言，中国电竞产业经历了从"游戏推广行为"到"健康规范的产业"的转变。

通过生态系统这一视角理解我国电竞产业的发展，有助于兼顾微观与宏观层面的动态关系。其中值得注意的是，在电竞生态系统微观与宏观层面的协同演进过程中，创新既是目的又是手段，体现着如 Moore 所言的互构关系[1]。但是，随着教育部将电子竞技纳入高等职业学校教育体系，电竞人才培育成为行动者与生态圈一致认可的生态系统策略（ecosystem strategy）；创新和协同演进之间呈现出多边、多维度的互动关系。生态系统内部承担人才培育责任的行动者不再只有电竞俱乐部和企业，还有高等职业院校，后者在与前两者构成多边互补动态关系的同时，呈现出了与俱乐部和企业相区别的人才培育思路。例如，2016 年 9 月，教育部职业教育与成人教育司公布《关于做好 2017 年高等职业学校拟招生专业申报工作的通知》，将"电子竞技运动与管理"作为增补专业，纳入"体育类"专业和"教育与体育大类"。又如 2021 年 3 月，教育部关于印发《职业教育专业目录（2021 年）》的通知，将"电子竞技技术与管理"增设为高等职业学校本科专业。

在 2020 年教育部公布的"2020 年度普通高等学校本科专业申报材料公示"中可以看到，首都体育学院、齐鲁工业大学、北京电影学院和四川传媒学院四所院校申请开设了"电子竞技运动与管理"本科专业，并明确该专业学生的就业领域涵盖广大的赛事公司、电竞俱乐部、直转播平台、游戏开发商、电竞经纪公司、电竞内容制作公司和电竞教育培训机构等生态系统内部行动者。与此同时，腾讯电竞也发挥着人才培育的作用，将"电竞教育"视为核心业务板块之一，部署了大众教育、职业教育、学历教育三大教育层次；电竞俱乐部则强调通过指导培训、包装打造、宣传推广等造星式策略产出电竞明星，为电子竞技赛事及周边提供内容。

---

[1] Moore J F. Business ecosystems and the view from the firm [J]. *The Antitrust Bulletin*, 2006, 51 (1): 31-75.

高等职业学校与腾讯电竞、俱乐部等行动者共同搭建着电竞人才培育体系，在促进生态系统内部行动者的协同演进以及生态系统与生态圈的互动中发挥着不可小觑的作用。但是，不同的行动者有着截然不同的组织架构、人才培育模式与战略目标，它们通过价值主张与附属关系的协调配合，在这一生态系统中协同发展。其中，价值主张在电竞生态系统的协同演进中表现为塑造文化价值观、完善人才储备与可持续性发展，其在电竞素养中也有着具象化的体现，使得原本缺乏合作动力并且难以协调的行动者能够为共同利益积极协调配合从而维持生态系统的运转；而附属关系是一种基于权力的现象，影响着以持续性创新为目的的协同演进，其中的权力关系须要通过行动者之间的多边相互依存关系来定义[①②]。也就是说，在电竞生态系统内部，每一项微观共演的实践行为都是由具有主导作用的行动者协同其他附属行动者共同完成的，从而增进彼此的互补性。需要强调的是，无论是主导行动者还是附属行动者，相互之间都有着不可替代性，即Jacobides等学者所言的"特殊互补性（non-generic complementarity）"[③]。

（二）电竞素养：电竞生态行动者可持续性的边界融合

在生态系统理论框架的基础上，本章尝试进一步提出电竞素养（esports literacy）的概念框架，并将其细分为社会素养（societal literacy）、实践素养（practical literacy）和体育素养（athletic literacy）三种层次，以更细致地探讨电竞素养是如何嵌入电竞生态系统及其宏观环境并作用于创新和协同演进的。

1. 社会素养：价值传播与文化价值观

由于我国电子竞技长期处于污名化的社会背景中，加上中国独有的

[①] Santos F M, Eisenhardt K M. Organizational boundaries and theories of organization [J]. *Organization Science*, 2005, 16 (5): 491-508.

[②] Salancik G R, Pfeffer J. *The External Control of Organizations: A Resource Dependence Perspective* [M]. New York: Harper & Row, 1978.

[③] Jacobides M G, Cennamo C, Gawer A. Towards a theory of ecosystems [J]. *Strategic Management Journal*, 2018, 39 (8): 2255-2276.

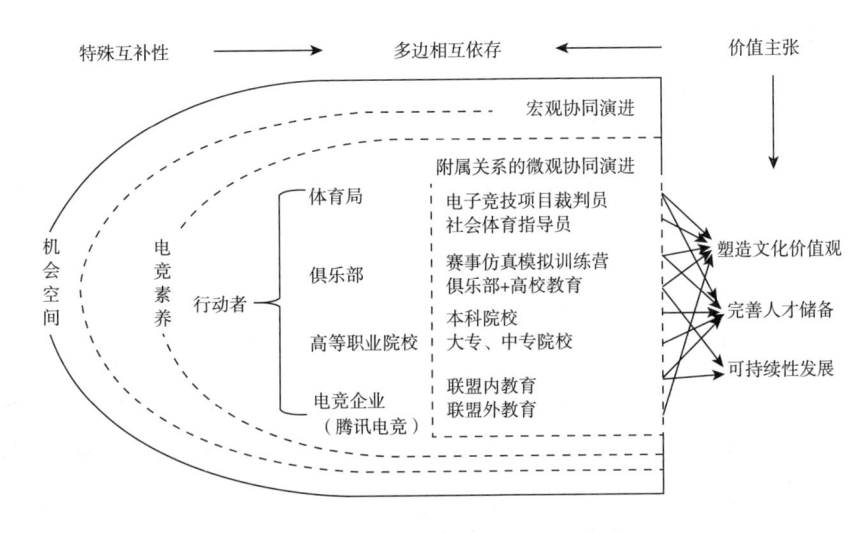

图 16　中国电竞生态系统的理论框架

"面子文化"[1] 等价值观影响，以及"电子海洛因"等歧视性话语[2]的出现，笔者认为有必要讨论一下电竞素养中的社会素养问题。研究发现，污名化直接影响到生态系统中行动者的建构方式，正如浙江工商职业技术学院电竞社团指导老师的如下看法。

> 像我们高职类的，好的师资，包括教授也好，副教授也好，但凡对职称有点要求的，都不会往电子竞技专业上靠。为什么？你说我一个副高，我去研究电子竞技？学校里、周围的家长、周围的同事、我以前的同学怎么看，他们说我就是不务正业带着学生打游戏。

---

[1] Lin Z, Zhao Y. (Dis) Assembling eSports: Material actors and relational networks in the Chinese eSports industry [J]. *Critical Arts: South-North Cultural and Media Studies*, 2021, 35 (5-6): 210-223.

[2] Lu Z. From e-heroin to e-sports: The development of competitive gaming in China [J]. *The International Journal of the History of Sport*, 2016, 33 (18): 2186-2206.

所以，当生态系统作为一种按照某种意图或理念而想象出来的存在时，价值主张正是这种意图和理念的具象化呈现[1]，去污名化也成为生态系统中行动者实现协同演进的价值主张之一。这在微观层面上是由行动者实现的，宏观层面上是由生态系统所处环境实现的。比如上海体育学院院长谈及开设电竞专业的过程中所面对的压力时，强调高等教育是电竞去污名化的重要突破口。

> 我们高等教育现在做的一个最现实的问题，是要缓解社会（对电竞）的一些质疑和压力……包括现在社会（对电竞）的认知尤其是家长的认知、基础教育对于电竞对游戏的一种认知，怎么去做一个根本性的改变。大学招生的方式，就是一个很好的尝试。

腾讯电竞相关工作人员在谈及电竞发展所面临的挑战时，也把去污名化这一协同发展战略形容为"使命"，认为"如何让电竞有更多的社会认同……虽然比较'虚'，但我会觉得这就是我们的使命了"。当去污名化成为生态系统内部各行动者一致认定的价值主张时，即使协同演进的过程中面对着多边的竞争压力，行动者也会在价值主张的引导下塑造电竞生态系统的文化价值观，积极做出自己的贡献。

为了能更好地去污名化，电竞生态系统的多个方面参与者进行着共同努力，包括将之与民族主义、爱国主义话语相勾连[2]，推动电竞得到央视等主流媒体的认可[3]，以及人社部、教育部和体育局对电竞选手职业身份

---

[1] 马浩，侯宏，刘昶．数字经济时代的生态系统战略：一个ECO框架 [J]．清华管理评论，2021，(3)：24-33．

[2] Turtiainen R, Friman U, Ruotsalainen M. "Not only for a celebration of competitive overwatch but also for national pride": Sportificating the overwatch World Cup 2016 [J]. *Games and Culture*, 2020, 15 (4): 351-371.

[3] 王真真，王相飞，延怡冉．大型体育赛事的新媒体话语策略与国家认同构建 [J]．成都体育学院学报，2021，(1)：101-105．

和专业性的保护等①。比如，近年来江苏常州、北京海淀等设置了电子竞技项目"一线社会体育指导员"这一公益性职位，通过在基层一线向公众传授健身技能、组织健身活动、宣传科学健身知识等方式，提供全民健身志愿服务，同时也普及电竞文化，宣传电竞运动防沉迷研究、电竞赛事运营全流程、电竞场馆资源开发等专业知识。

腾讯电竞的"电竞教育"这一业务板块，便是以提升电竞社会素养为重要内容，即以公开课和公益宣讲为主要方式，面向高校和社会大众普及电竞文化，以品牌自身正面的价值呈现改变社会大众对网络游戏特别是电竞行业的刻板印象。而电竞俱乐部和电竞教育机构则通过模拟训练实验室进行赛事仿真模拟和训练，使厌学、沉迷游戏的青少年能够认识到自己与职业选手的差距，回归现实与学业，即开展"电竞劝退业务"。通过将电子竞技的职业要求与专业性呈现到青少年与家长面前，在提升其社会素养的同时，也避免青少年将职业电竞之路当成沉迷网络游戏的挡箭牌。

综上所述，作为"行动者驱动（actors-oriented）"的生态系统，电子竞技的去污名化实践是以提升社会素养为目标进行的价值传播，即增进社会大众对电子竞技的了解和反思，削弱"电子海洛因""网瘾少年"等刻板印象。在这个过程中的行动者具备三个特点：第一，行动者有自我组织的能力和动机；第二，行动者有积累和分享资源的共同目的；第三，相关的协议、程序和架构使多行动者的合作成为可能。

2. 实践素养：完善人才储备

（1）协同能力：改善人才缺口与教育断层

据 Newzoo 发布的《2021年全球电竞与游戏直播市场报告》，2021年中国的电竞用户预计达到4.25亿，而中国已经成为全球电竞产业的最大市场——其电竞核心观众数量与电竞赛事营收，均位列全球之首。与之形成鲜明对比的是，据2019年人社部发布的《新职业——电子竞技员就业景

---

① 刘福元. 电子竞技场域中政府主体的身份转型与路径重设——从"举办和参与"到"监管和服务[J]". 上海体育学院学报. 2021，（2）：32-42.

气现状分析报告》，2019年只有不到15%的电子竞技岗位处于饱和状态，预测未来五年电子竞技员人才需求量将接近200万人。

面对巨大的人才缺口，及时面向生态系统输送人才、提高人才培育质量和效率成为须由电竞生态系统的行动者和生态圈共同促成的生态治理实践，这是生态系统半开放性的表现，也是完善和提升行动者的正规性与专业性的举措。正规性强调提升进入生态系统的壁垒，以此推动创新以及塑造高水平行动者多边互补关系；专业性则强调多边的共同专业化和多边的共事机制，以此推动生态系统专业化竞争优势的产生和应用。协同演进（Co-Evolution）、共同专业化（Co-Specialization）和共同创造价值（Co-Creation）都是生态系统互补性的体现①。相应地，电竞人才培育体系现在也有着类似的多边性问题，即生态系统中原本应该具有强互补性的行动者在实践过程中表现在资源、信息与实践活动等方面的断裂。例如，由高等院校所构建的人才培育体系与核心企业（行动者）用人需求之间存在着一定的脱节。采访中，腾讯"电竞教育"的工作人员在谈及高校所输送的电竞人才时指出了"岗位胜任力模型"欠缺的问题。

> 高校和很多电竞教育的培训机构所教授的内容很难真正应用到电竞产业公司里的岗位上。我觉得中间的连接点还没有打通，就是缺少所谓的岗位胜任力模型……才导致高校电竞专业或者电竞课程培养出来的学生，不一定能够很直接地确定（他）应该去从事什么工作。

高等职业院校的专业设置存在着专业整合不足、教育者缺位等问题，导致面向生态系统输送人才时出现理论与实践错位、供应与需求断裂的现象。

> 很多的这种（电竞）专业是当时教育部定的体育大类，但是（实

---

① 马浩，侯宏，刘昶. 数字经济时代的生态系统战略：一个ECO框架[J]. 清华管理评论，2021，(3)：24-33.

践中）设置在了计算机和信息学院（的专业）类别中，所以这个（错位）问题带来的情况是……学生参赛必须要通过体育去报名参加设置在电信专业或计算机专业领域（的比赛），这种内部的整合存在巨大困难。

（2）创新能力：提升价值创造的效率

理想状态下的生态系统有着能够组织行动者实现集体行动的领导者，来共同面对协同演进过程中存在的问题，而这一角色通常是由核心企业（focal firms）扮演的。在电竞生态系统中，腾讯电竞通过逐步实现平台基础设施化和基础设施平台化形成的"伞状平台"[1]，构建出生态系统中的核心企业，成为生态系统中为实现创新的引领者角色[2]。

核心企业能够通过对其他行动者提出要求，增强其价值创造的效率，或者以创新的方式实现该行动者的价值主张。例如，腾讯"电竞教育"这一业务板块以联盟为依托，划分为"联盟内"和"联盟外"两大模块，试图搭建基于学历教育、职业教育和大众教育的电竞教育体系。其中"联盟外"的电竞教育聚焦提升社会大众的社会素养，而"联盟内"的电竞教育则通过"高校联盟"和"俱乐部联盟"面向电竞从业者和电竞选手，更加聚焦实践素养。"高校联盟"教育是指通过与高校达成合作关系，将产教融合渗透进课程开发、教材编写、学历嫁接、研究课题、实习实践等领域，提高人才培育与产业需求的契合度。值得注意的是，由于人才培养方案、培养模式等方面的不同，高校中的中专、大专和高等院校也呈现出不同的人才培育和输出特点。这一点在上海体育学院某教授谈及电竞生态系统人才培育定位时也有所提及。

---

[1] Zhao Y, Lin Z. Umbrella platform of Tencent eSports industry in China [J]. *Journal of Cultural Economy*, 2020, 14（1）: 9-25.

[2] Mooer J F. *The death of Competition: Leadership and Strategy in the Age of Business Ecosystem* [M]. NY: HarperCollins, 1996.

人才培养，尤其是电竞选手（的培养），到了本科阶段，二十来岁或者十八九岁，已经晚了，应该从中学就开始。所以我说，电竞人才培养可能是中专、大专院校去做，而不是我们本科做的（事情）。

相应地，腾讯电竞工作人员也在谈及中专、大专和本科院校的人才输出时，根据电竞俱乐部、电竞直播等不同行动者的需求提出了具体的人才期待。

有一些岗位对于人才的素质要求比较高，比方说电竞也有导演，包括现场导演、直播导演，这一块其实跟电视台晚会的要求没有差太少，或者说电竞舞台玩的创意，比传统的这种现场表演还要更酷炫或者花样更多。毕竟年轻人的口味一直在变，所以对于这一块需要很专业的人才，因此，像这种垂直领域，其实可能更高的学历会适合，因为要培养他们的审美，他们对艺术的理解……但相对来讲，像俱乐部的比如说领队或者是一些教练、数据分析师的角色，他们其实不一定需要很高的学历加持，反而是需要他们的游戏经验。

"俱乐部联盟"则是指腾讯电竞通过与俱乐部达成合作关系，将其作为传达培训信息、对接选手资源、把控选手发展的渠道与平台，从而实现选手实践素养的提升，特别是加强其职业的专业性与可持续性。

我们每个赛季、每半年，对不同阶段、不同类型的选手都有培训。我们更多是在联盟内部通过俱乐部或者选手大会，向选手传达（培训的信息）。

核心企业之外的行动者或生态圈由于同样渴望扩张与盈利，能够基于自身的远见与实力自发地实现创新。这不仅能反哺核心企业，为其提供更为稳定和可持续的生态环境,也能够帮助核心企业实现价值主张、进入全新的价值创造空间[①]。腾讯电竞作为生态系统中的核心企业,顺应直播平台和饭圈等行动者的存在,推动着俱乐部和选手满足受众的互动、娱乐与社交需求,使后者在感受赛事氛围的同时实现内容消费,进而达成生态系统的互补性。

首先,电竞直播作为腾讯电竞下游链的主要载体,也是实现资本扩张的前沿方向[②],在生态系统内部形成了与电竞俱乐部、电竞选手、电竞赛事共生共存的关系:"电竞赛事大部分的版权收入来自直播平台的购买……所以才有直播平台去购买选手的个人直播权的问题,这也是俱乐部进行战略营销的一个很重要的收益来源"。其次,饭圈这一亚文化群体与电竞生态系统持续不断地相互作用。作为注意力经济的重要组成部分[③],饭圈巨大的盈利潜能也以用户反馈的形式反作用于电竞生态系统:"从用户反馈的角度来说,电竞选手更加触手可及……(粉丝)看他们直播就会有陪伴的感觉"。

在协同演进的过程中,生态系统能够不断内化企业与市场的需求,对行动者的目标、信念和行为产生影响,使他们之间呈现出互补性[④][⑤]。面对电竞直播与饭圈在专业化与规模扩张过程中的需求,电竞俱乐部、核心企业(腾讯电竞)也相应地通过资源、知识等方面的配合实现协同演进。

---

① Moore J F. Business ecosystems and the view from the firm [J]. *The Antitrust Bulletin*, 2006, 51 (1): 31-75.
② Zhao, Y., Lin, Z. Umbrella platform of Tencent eSports industry in China [J]. *Journal of Cultural Economy*, 2020, 14 (1): 9-25.
③ Liang Y, Shen W. Fan economy in the Chinese media and entertainment industry: How feedback from super fans can propel creative industries' revenue [J]. *Global Media and China*, 2016, 1 (4): 331-349.
④ Teece D J. Explicating dynamic capabilities: The nature and microfoundations of (sustainable) enterprise performance [J]. *Strategic Management Journal*, 2007, 28 (13): 1319-1350.
⑤ Teece D J. Next-generation competition: New concepts for understanding how innovation shapes competition and policy in the digital economy [J]. *JL Econ. Pol'y*, 2012, 9: 97.

……我们会有面向所有选手的选手培训大会，更多是去教他们一些行为规范，包括基本素质、言行举止、语言，如何面对工作，如何调整情绪，如何制定目标，如何规划时间，这种非常基础的面向所有选手的培训。

　　……赛事期间，比如说对于在联盟里面打了两年以上的选手，比较成熟的，还有明星选手，特别是（他们）粉丝量比较大的时候，我们还会做定制化的培训。比如说有的选手他更偏向说那种脱口秀，或者是说他有更多的机会去拍平面，我们就帮他对接资源或者培训他穿搭之类的技能。

　　综上所述，电竞作为一种思维模式和实践现象的生态系统，兼具市场与组织的双重特性[①]，让传统概念里企业之间一对一竞争、以提高生产效率作为主要竞争手段的发展路径对它不再具有解释力。生态系统内部的核心企业、上下游企业、高等职业院校不仅是独立存在的个体，有着相对独立性和决策自主性，三者还在共同价值主张（value proposition）的引导下交互行动，积极参与到协同专业化（co-specialization）的实践活动中来，既有一定的模块化分工，又体现出多方的互补性（complementarity）。

　　3. 体育素养：可持续性发展

　　国家体育总局体育信息中心作为电竞主管部门之一，近年来将职业化和规范化作为推动电竞行业发展的重要方向，强调按照体育运动项目的规律来发展电竞，使之向传统职业化体育项目学习借鉴[②]。为此，不同政府部门积极协助，比如教育部于2016年将"电子竞技运动与管理"作为增补专业，纳入"体育类"专业和"教育与体育"大类，在高校实践中进一

[①] 马浩，侯宏，刘昶. 数字经济时代的生态系统战略：一个ECO框架[J]. 清华管理评论，2021，（03）：24-33.
[②] 国家体育总局. 全部实录[EB/OL]. 2021-5-22. http://www.sport.gov.cn/n323/n1899/n1901/n14458/c676233/content.html.

步明确了电子竞技的体育属性[①]。2019 年，人力资源和社会保障部、国家市场监管总局、国家统计局正式将电子竞技运营师、电子竞技员纳入高新技术领域的新职业当中，进一步确定电竞从业者的身份，将其定义为"从事不同类型电子竞技项目比赛、陪练、体验及表演活动的人员"[②]，从而推动和提升电竞从业人员对这一生态系统体育属性的认知。

基于这一背景，本章提出了电竞素养的体育素养，并将其定义为裁判、运动员、教练员等主体应具备的，以保障电竞赛事公平公正、运动员健康综合性发展为目标的能力。

第一，"体育化发展"也是腾讯电竞为提升生态系统可持续发展的重要内容。

> 我们一开始去学习传统体育的经验，把电竞变得更产业化、联盟化……我们想对标体育化的方式来做电竞，用像 NBA 的模式打造我们联赛的组织赛规，包括联盟俱乐部，也参考了英超传统体育的玩法，包括它的版权，我们也有所研究。

此外，腾讯电竞通过"高校联盟"为电竞选手提供学历保障和提升体育素养的渠道。

> 选手需要有一个学历的保障体系，所以我们正在跟一些体育院校洽谈……希望选手不要中断学业，因为他可以在休赛期（上课），或是由体院老师集中到我们的选手基地上课。体院会有比较特色的运动健康训练，不仅只是开设理论课程，也会（开设）有针对性的，比方

---

① 中华人民共和国教育部.《普通高等学校高等职业教育（专科）专业目录》2016 年增补专业》［EB/OL］. 2021-5-22. http://www.moe.gov.cn/srcsite/A07/s7055/201609/t20160906_277892.html.

② 人力资源社会保障部网站.人力资源社会保障部、市场监管总局、统计局联合发布新职业［EB/OL］. 2021-5-22. http://www.gov.cn/xinwen/2019-04/03/content_5379319.html.

说心理或者是康复课程……所以我们觉得把职业选手放到体校里进行学习和培训，会比一般的普通的职业教育更适合他们。

第二，在政策引导层面不断强调电子竞技体育属性。电子竞技生态系统具有极强的文化、社交和泛娱乐属性，在协同演进的生态治理实践中若更侧重实践素养，可能会出现一定程度地忽略了体育素养的问题。比如近年来积极参与电子竞技人才培育、推动产教融合、面向生态系统输送人才的行动者并非是体育类院校，而是以综合性大学下属的新闻传播学院为主。以中国传媒大学为例，其艺术与科技专业（数字娱乐方向）聚焦于游戏设计、电竞管理等方面的人才培育，以培养游戏策划与电子竞技运营人才为主，于2021年与虎牙战略合作成立"中传虎牙电竞研究中心"，以校企联合的形式培养电竞培训、电竞赛事和电竞直播领域的电竞人才。类似地，中国传媒大学南广学院、四川电影电视学院、四川传媒学院均将电子竞技纳入艺术与科技、数字媒体等专业类别当中。

同时研究发现，不同行动者的协同专业化过程也通过尝试协同目标的修正来突出对体育属性的重视。比如，俱乐部的电竞教育项目成功与高校电竞专业的教师队伍建立合作关系；腾讯电竞联盟内的电竞教育尝试与定点的高职院校建立个性化学历培养模式；上海体育学院与浙江传媒学院电竞解说专业开启了"体育素养+专业"的学生联合培养项目；浙江省体育局组织当地网咖的门店经理进行专业培训和考试，颁发"电子竞技项目裁判员证书"，从底层实践空间推动电子竞技赛事的规范化与专业化。

总体而言，电竞生态系统中行动者之间的互补性不再仅限于以扩大收益和提升产品服务质量为目的[1]，而是各行动者协同演进，强调生态系统的可

---

[1] Jacobides M G, Cennamo C, Gawer A. Towards a theory of ecosystems [J]. *Strategic Management Journal*, 2018, 39 (8): 2255-2276.

持续发展，既是资源的受益者又是资源的整合者[①]。这也是行动者角色"流动性"的体现，即在持续的、动态的协同演进过程中，行动者作为多样化的角色呈现出不同的行为模式，而非在某一特定角色框架下完成特定的行为[②]。

四 小结

电竞素养的各个层面在协同演进实践中有着分布不均衡的现象，相比于社会素养与体育素养，行动者对实践素养给予了更多的重视与资源投入。这一方面是由于社会素养的提升要求长期的、多层面的合作，体育素养则要求制度化与专业化的实践，二者在互补性、协同专业化等方面均有着更高的要求；另一方面，则是实践素养的提升可以为行动者带来更多的盈利，对于高校招生、腾讯电竞填补细分市场、电竞俱乐部提高管理效率等方面均可实现突破。

电子竞技作为一个极具跨领域性与跨学科性的产业，涉及多方利益主体与参与者。本研究提出电竞素养这一理论框架，系统地探讨数字领域中多方利益主体之间动态关系的复杂性，进一步增强对不同生态系统的解释力。同时，在未来的研究中，本部分所提出的电竞素养框架也能够帮助电竞从业者和学界观察者清晰地追踪与评估各层级行动者的协同演进效果。

此外，本章试图强调电竞素养作为一种独立的媒介素养的重要性。这不仅仅是因为其可以有效实现行动者之间竞争与合作的价值主张和互补性，推动持续性的创新与协同演进，更重要的是，媒介素养的提高能更好地服务于电竞运动产业的合理发展，引导电竞产业在新技术背景下持续发挥科技向善的积极正向作用。

[①] Vargo S L, Lusch R F. It's all B2B... and beyond: Toward a systems perspective of the market [J]. *Industrial Marketing Management*, 2011, 40 (2): 181-187.

[②] Ekman P, Raggio R D, Thompson S M. Service network value co-creation: Defining the roles of the generic actor [J]. *Industrial Marketing Management*, 2016, 56: 51-62.

第九章　电竞职业：混沌理论视角下的职业复杂性

专业电子竞技在过去一段时期发展迅猛。据 Newzoo 发布数据估计，2022 年电子竞技的产业价值会达到 18 亿美元，并在全球收获近 6.45 亿的观众。尽管电子竞技对经济和社会的作用日益凸显，但有关电竞行业的研究却仍处于起步阶段，特别是忽略了对电子竞技产业核心参与者——电子竞技选手的研究。电竞产业的蓬勃发展带动着电竞选手数量的大幅度增长，尤其是在年轻群体中，电子竞技是一种新兴的受欢迎的职业选择。然而，大多学者依然把电子竞技视作一种娱乐活动，而不是一个专业职业进行研究[1]。因此，现阶段不仅无法预判电竞选手的发展前景，甚至对电竞运动员的生涯如何开始、他们如何面对在职业中遇到的种种挑战和机遇等研究都处于相对空白的状态。为此，本章就电竞选手的职业发展研究搭建了一个理论框架，以此在学理上弥补电竞选手职业生涯的理论研究[2]，探索电子竞技运动员职业的成功和荣誉，以及潜在的失败和风险，丰富大众对电竞职业生涯起始和发展阶段的知识储备，弥合现有的知识鸿沟，同时，也期望这一研究能够在实践上协助决策者、从业人员和管理人士更好地理解和考虑电子竞技选手的职业发展现状，在监管、规范、治理等关键问题方面，改善和优化电竞选手的发掘与招募方式，进一步提升电竞选手

---

[1] Bányai F, Griffiths M D, Király O, Demetrovics Z. The psychology of esports: A systematic literature review [J]. Journal of Gambling Studies, 2018, 35: 351-365.
[2] Salo M. Career transitions of eSports athletes: A proposal for a research framework [J]. International Journal of Gaming and Computer-Mediated Simulations, 2017, 9: 22-32.

的投入热情,并完善相关人才的流动与管理机制。

电子竞技是一种融合了技术、文化、体育和商业四种元素的新兴事物[1],并且与数个平台互相联动产生了复杂的利益纠葛[2],因此,电竞本身就并不容易被大众所理解[3]。这种不理解不仅给学界界定和理解电子竞技造成了困扰,也给法律、管理和运营方面带来了一定的难度[4]。这些特质让电子竞技产业愈发复杂,但同时也令电竞产业更具活力。但是作为新兴行业,目前尚没有对电竞职业变迁图景的完整描摹,特别是很少有研究关注到电子竞技职业发展模式以及发展过程中可能遭遇的种种未知。电子竞技本身的复杂特性,意味着传统的职业发展模式可能不足以捕捉电竞职业的不确定性和不断变化的特点[5][6]。因此,理论和现实的落差呼唤着一个更完善的理论出现,以阐释电竞的职业发展并能准确反映这一新兴领域的特点。

混沌理论[7]原本是自然科学研究的原理之一,用以研究复杂的非线性动力学系统的行为,后来被运用到社会科学研究中。比如,Bright 和 Pryor 认为混沌理论也适用于研究职业发展,并就此延展出了混沌职业理论(Chaos Theory of Careers,CTC),认为这一理论模式可以更好地理解 21 世纪复杂的职业发展动

---

[1] Jenny S E, Manning R D, Keiper M C, Olrich T W. Virtual (ly) athletes: Where eSports fit within the definition of "Sport" [J]. *Quest*, 2017, 69: 1-18.

[2] Kim S H, Thomas M K. A stage theory model of professional video game players in South Korea: The socio-cultural dimensions of the development of expertise [J]. *Asian Journal of Information Technology*, 2015, 14: 176-186.

[3] Kordyaka B, Jahn K Niehaves B. To diversify or not? Uncovering the effects of identification and media engagement on franchise loyalty in eSports [J], *International Journal on Media Management*.

[4] Hollist K E. Time to be grown-ups about video gaming: The rising eSports industry and the need for regulation [J]. *Arizona Law Review*, 2015, 57: 823-847.

[5] Holland J L. *Making Vocational Choices* (2nd ed.) [M]. Englewood Cliffs, NJ: Prentice-Hall, 1985.

[6] Super D E. A life-span, life-space approach to career development [J]. *Journal of Vocational Behavior*, 1980, 16 (3): 282-298.

[7] Kauffman S A. *At Home in the Universe: The Search for the Laws of Self-organization and Complexity* [M]. Oxford: Oxford University Press, 1995.

态体系①，特别是研究传统体育职业的发展②③。基于这一研究基础，本章将尝试运用混沌职业理论的研究框架，阐释电子竞技职业复杂、不断变化和非线性的特点，并以此进一步延展和拓宽这一理论的应用范畴。

一 文献综述

（一）电子竞技与职业发展

电子竞技的进行过程主要是在电子系统中完成的，其中，游戏玩家及团队的表现是依靠人机界面实现的④，所以，电子竞技被视为一种"替代性体育运动"⑤。既有的电子竞技研究尝试探索了电子竞技的历史及其发展的主要驱动力⑥⑦，讨论了电子竞技是否应被视为一项职业运动⑧⑨，是否应当被纳入运动管理领域⑩⑪，挖掘了电子竞技选手的参

---

① Pryor R G, Bright J E. *The Chaos Theory of Careers: A New Perspective on Working in the Twenty-first Century* [M]. London: Routledge, 2011.
② Stambulova N B, Byba, T V. (Eds.) *Athletes' Careers across Cultures* [M]. Routledge, 2013.
③ Wylleman P, Alfermann D, Lavallee D. Career transitions in sport: European perspectives [J]. *Psychology of Sport and Exercise*, 2004, 5 (1): 7-20.
④ Hamari J, Sjöblom M. What is esports and why do people watch it? [J]. *Internet Research*, 2017, 27: 211-232.
⑤ Hemphill D. Cybersport [J]. *Journal of the Philosophy of Sport*, 2005, 32 (2), 195-207.
⑥ Himmelstein D, Liu Y, Shapiro J L. An exploration of mental skills among competitive League of Legend players [J]. *International Journal of Gaming and Computer-Mediated Simulations*, 2017, 9: 1-21.
⑦ Seo Y. Electronic sports: A new marketing landscape of the experience economy [J]. *Journal of Marketing Management*, 2013, 29: 1542-1560.
⑧ Taylor T L. *Raising the Stakes: E-sports and the Professionalization of Computer Gaming* [M]. Mit Press, 2012.
⑨ Wagner M G. On the Scientific Relevance of eSports [C] //*International Conference on Internet Computing*. 2006: 437-442.
⑩ Funk D C, Pizzo A D, Baker B J. Esport management: Embracing eSport education and research opportunities [J]. *Sport Management Review*, 2018, 21 (1): 7-13.
⑪ Heere B. Embracing the sportification of society: Defining e-sports through a polymorphic view on sport [J]. *Sport Management Review*, 2018, 21 (1): 21-24.

与动机[1][2][3][4]、消费模式[5]和体验价值[6]，剖析了电子竞技选手面临的心理障碍以及他们在竞技比赛中获得最佳表现时所使用的心理技能和技巧[7]等。

尽管越来越多的学者开始关注电竞领域，但学界仍然缺乏系统化的电子竞技理论，缺乏坚实的知识基础来展开研究。有学者呼吁学界在这一领域开展更多研究，来关注这个新兴行业中电竞选手的职业发展问题。然而，目前为数不多的电竞选手职业发展研究，主要是对传统职业理论的阐释和对相关问题的模型验证。Kim 和 Thomas 根据混沌理论进一步提出了由五个阶段组成的专业游戏玩家理论模型[8]。Seo 认为，电子竞技精神中的优秀品质鼓舞着电竞选手投身这一事业，带给电竞选手自我成就感和满足感[9]。此后，Salo 搭建了一个电竞选手职业转型的概念框架[10]，将电子竞技职业选手的职业历程划分为起步、发展、精通和退役。

---

[1] Kim Y, Ross S D. An exploration of motives in sport video gaming [J]. *International Journal of Sports Marketing and Sponsorship*, 2006, 8 (1): 28-40.

[2] Lee D, Schoenstedt L J. Comparison of eSports and traditional sports consumption motives [J]. *ICHPER-SD Journal Of Research*, 2011, 6 (2): 39-44.

[3] Martončik M. E-Sports: Playing just for fun or playing to satisfy life goals? [J]. *Computers in Human Behavior*, 2015, 48: 208-211.

[4] Weiss T, Schiele S. Virtual worlds in competitive contexts: Analyzing eSports consumer needs [J]. *Electronic Markets*, 2013, 23: 307-316.

[5] Hallmann, K. and Giel, T. Esports-Competitive sports or recreational activity? [J]. *Sport Management Review*, 2018, 21: 14-20.

[6] Seo Y. Electronic sports: A new marketing landscape of the experience economy [J]. *Journal of Marketing Management*, 2013, 29: 1542-1560.

[7] Himmelstein D, Liu Y, Shapiro J L. An exploration of mental skills among competitive league of legend players [C] //*Research Anthology on Rehabilitation Practices and Therapy*. IGI Global, 2021: 1607-1629.

[8] Kim S H, Thomas M K. A stage theory model of professional video game players in South Korea: The socio-cultural dimensions of the development of expertise [J]. *Asian Journal of Information Technology*, 2015, 14: 176-186.

[9] Seo Y. Professionalized consumption and identity transformations in the field of eSports [J]. *Journal of Business Research*, 2016, 69: 264-272.

[10] Salo M. Career transitions of eSports athletes: A proposal for a research framework [J]. *International Journal of Gaming and Computer-Mediated Simulations*, 2017, 9: 22-32.

（二）传统职业理论

传统的职业研究以线性的职业发展观为主，强调职业选择是一个分阶段进行且理性可控的过程，如人与环境适应模型[1]、生命周期或者生命空间理论[2]等。在相当长的一段时期内，传统职业理论作为主流理念被广泛运用。但是，近些年这些传统模型却开始受到越来越多的批评[3][4]。因为，传统的职业理论主要着眼于个体在职业选择中如何预测未来和做出决定，但是它相对忽略了环境、背景对职业选择的影响[5]。因此，Bright 和 Pryor 批判传统职业理论过分简化了职业选择和职业发展的本质，而过分强调职业发展路径是个体思考的过程，认为职业规划只受到求职者个性和兴趣的影响，而忽略了工作满意度、稳定性和成就等因素的综合影响[6]。并且，跨行业模式的兴起带动着复杂的行业交融，造成了更多的结构性变化，例如新的供应商、客户群、商业模式、产品和相关服务等，会导致新兴行业从业者的职业路径更难被预测和把握[7]。因此，部分学者认为传统的职业理论不足以解释新兴商业模式、新兴产业及相应职业的发展路径[8]，例如靠共享经济发家的公司（Air BnB、Uber）等。伴随信息技术的快速发展，

---

[1] Holland J L. *Making Vocational Choices* (2nd ed.) [M]. NJ: Prentice-Hall, 1985.

[2] Super D E. A life-span, life-space approach to career development [J]. *Journal of Vocational Behavior*, 1980, 16 (3): 282-298.

[3] Arnold J. The congruence problem in John Holland's theory of vocational decisions [J]. *Journal of Occupational and Organizational Psychology*, 2004, 77 (1): 95-113.

[4] McMahon M, Patton W. Systemic thinking in career development theory: Contributions of the systems theory framework [J]. *British Journal of Guidance & Counselling*, 2018, 46 (2): 229-240.

[5] Spokane A R, Meir E I, Catalano M. Person-environment congruence and Holland's theory: A review and reconsideration [J]. *Journal of Vocational Behavior*, 2000, 57: 137-187.

[6] Bright J E, Pryor R G. The chaos theory of careers: emerging from simplification to complexity, certainty to uncertainty [J]. *Chaos*, 2019, 2 (1): 1-15.

[7] Monfardini E, Probst L, Szenci K, et al. Emerging industries report on the methodology for their classification and on the most active, significant and relevant new emerging industrial sectors [J]. *European Union*, July, 2012: 20-22.

[8] Yun J J, Won D, Park K, Jeong E, Zhao X. The role of a business model in market growth: The difference between the converted industry and the emerging industry [J]. *Technological Forecasting and Social Change*, 2019, 146: 534-562.

职业发展理论在过去的 20 年中也发生了巨大改变。研究者提出,现代职业发展已经很少遵循传统的线性发展模式[1],而是一种"复杂的适应性实体以及人类实体的分形"[2]。从后现代主义和建构主义视角看,这是一种更全面的职业发展趋势框架[3],重视控制复杂的情境[4],强调更加系统化地思考相互关系[5]。因此,有学者希望利用 McMahon 和 Patton 的系统理论框架,将现代和后现代职业理论结合在一起,构建职业发展的元理论框架。比如,Pryor 和 Bright 引入了混沌职业理论[6],认为"职业概念化涵盖了 21 世纪的职业中最重要的特点,即持续变化、不确定性、复杂性、建构主义、非线性和联系"[7]。

(三)职业混沌理论(Chaos Theory of Careevs,简称 CTC)

混沌理论最初源于数学和物理学领域,研究的是非线性动力学系统中复杂的概念和行为。该理论认为,一个复杂系统的表现看似是随机的,不受任何规则的约束,但是这混乱的表象之下仍然潜藏着秩序[8]。自然科学领域对混沌系统的研究已经较为透彻,然而社会科学在 30 年前才开始予以

---

[1] Borg T, Bright J E, Pryor R G. The butterfly model of careers: Illustrating how planning and chance can be integrated in the careers of secondary school students [J]. *Australian Journal of Career Development*, 2006, 15: 54-59.

[2] Bloch D P. Complexity, chaos, and nonlinear dynamics: A new perspective on career development theory [J]. *Career Development Quarterly*, 2005, 53: 194-207.

[3] Bikos L H, Dykhouse E C, Boutin S K, Gowen M J, Rodney H E. Practice and research in career counseling and development—2012 [J]. *Career Development Quarterly*, 2013: 61, 290-329.

[4] Espejo R. What is systemic thinking? [J]. *System Dynamics Review*, 1994, 10 (2): 199-212.

[5] McMahon M, Patton W. Systemic thinking in career development theory: Contributions of the systems theory framework [J]. *British Journal of Guidance & Counselling*, 2018, 46: 229-240.

[6] Pryor R G, Bright J. The chaos theory of careers [J]. *Australian Journal of Career Development*, 2003, 12 (3): 12-20.

[7] Borg T, Bright J, Pryor R. The butterfly model of careers: Illustrating how planning and chance can be integrated in the careers of secondary school students [J]. *Australian Journal of Career Development*, 2006, 15 (3): 54-59.

[8] Abraham F D E, Gilgen A R. *Chaos Theory in Psychology* [M]. Praeger Publishers/Greenwood Publishing Group, 1995.

关注①，并将混沌理论应用于经济系统②、战略管理、职业发展③等研究中。

Pryor和Bright将混沌理论中的两个要素——自我组织（结合稳定性和结构性）和变革，引入职业研究中，认为职业发展是一种复杂的动力系统，既遵循自然发展的规律（稳定性），也面临不可预测的突然变化。④职业混沌理论首先被应用于教育领域，用于解答高中生和大学生未来职业教育的相关问题。研究发现，在混沌理论指导下提出的职业教育计划得到了学生和家长的积极认可和正面反馈⑤⑥；并且在职业混沌理论的指导下，大学生的职业发展咨询研究取得了丰富的成果⑦⑧。然而，学界对混沌理论能否准确地描述和解释新兴行业和新兴职业的模式和特征仍然存在分歧，呼吁进一步发展混沌理论，以更好地了解关键概念（例如"分形、递归和非线性以及反馈和前馈对决策的影响"）。Prematillake和Lim以职业混沌理论为基础框架对大学生群体进行调研，发现毕业生的求职期望和选择受到了多重因素的复杂影响：一是突发性变更，如通过兼职工作意外就业、签证政策变化等；二是结构性因素，如财务稳定性、学历等；三是个人环

---

① Gregersen H, Sailer L. Chaos theory and its implications for social science research [J]. *Human Relations*, 1993, 46 (7): 777-802.

② Savit, R. Chaos on the Trading Floor. In N Hall (eds.), *Exploring Chaos: A Guide to the New Science of Disorder* [M]. WW Norton & Company, 1994: 174-183.

③ Levy D. Chaos theory and strategy: Theory, application, and managerial implications [J]. *Strategic Management Journal*, 1994, 15 (S2): 167-178.

④ Pryor R, Bright J. *The Chaos Theory of Careers: A New Perspective on Working in the Twenty-first Century* [M]. Taylor & Francis, 2011.

⑤ Gross K. The butterfly model of careers: Illustrating how planning and chance can be integrated in the careers of secondary school students [J]. *Youth Studies Australia*, 2006, 25 (4): 60-61.

⑥ Loader T. Careers education: Evolving, adapting and building resilience through chaos [J]. *Australian Journal of Career Development*, 2011, 20 (1): 46-49.

⑦ Prematillake T M, Lim I. The role of unplanned encounters and complexity of influences in foreign graduates' first full-time job search in Singapore [J]. *Journal of International Students*, 2018, 8 (1): 66-86.

⑧ Schlesinger J, Daley L P. Applying the chaos theory of careers as a framework for college career centers [J]. *Journal of Employment Counseling*, 2016, 53 (2): 86-96.

境，如人际关系等①。

总而言之，Pryor 和 Bright 为混沌理论在职业发展中的应用搭建了一个较为完整的框架，使之比传统的线性理论更适合阐释现代职业的发展。特别是当职业对技术日益依赖并发生根本性转变时，混沌理论模型可能成为一种新的方式将职业发展概念化为一个复杂、相互联系和对变化敏感的动态系统②。因此，职业混沌理论开始被越来越多地应用于描述现代职业道路发展中的问题③④⑤，甚至被有些学者认为是把握当代职业主要特征的最好方式⑥。所以，职业混沌理论被寄希望于成为能有效捕捉电子竞技极其复杂的职业发展过程，并感知其动态和不断变化本质的新思路。

然而迄今为止，职业混沌理论主要应用于教育环境的研究和考察。本章研究将在进一步丰富对职业混沌理论基本原理认识的基础上，扩展混沌理论用以阐释电子竞技职业的发展问题，并且尝试为职业发展研究提供新的视角，扩展我们对体育职业的一般理解。

（四）职业混沌理论的概念

职业混沌理论将现实概念化为秩序和未知两者的结合⑦，主要包含初

---

① Prematillake T M, Lim I. The role of unplanned encounters and complexity of influences in foreign graduates' first full-time job search in Singapore [J]. *Journal of International Students*, 2018, 8: 66-86.
② Pryor R, Bright J. *The Chaos Theory of Careers: A New Perspective on Working in the Twenty-first Century* [M]. Taylor & Francis, 2011.
③ Mitchell K E, Al Levin S, Krumboltz J D. Planned happenstance: Constructing unexpected career opportunities [J]. *Journal of Counseling & Development*, 1999, 77 (2): 115-124.
④ Peterson G W, Krumboltz J D, Garmon J. Chaos out of order: New perspectives in Career Development in the Information Society. In J Patrick, D L Thompson (Eds.), *Issues in Career Development* [C]. Information Age Publishing, 2005: 53-80.
⑤ Pryor R G, Bright J. The chaos theory of careers [J]. *Australian Journal of Career Development*, 2003, 12 (3): 12-20.
⑥ Schlesinger J, Daley L P. Applying the chaos theory of careers as a framework for college career centers [J]. *Journal of Employment Counseling*, 2016, 53 (2): 86-96.
⑦ Schlesinger J, Daley L P. Applying the chaos theory of careers as a framework for college career centers [J]. *Journal of Employment Counseling*, 2016, 53 (2): 86-96.

始状态（initial conditions）, 诱因（attractors）, 复杂性、变化和偶然事件（complexity, change and chance events）, 模式和分形（patterns and fractals）以及建构（construction）五组主要概念[1][2][3][4]。

第一，初始状态（initial conditions）。混沌理论的基本原则近似蝴蝶效应[5]，认为初始状态可以极大影响非线性系统中事件的未来结果，即初始状态的微小差异会导致最终结果发生巨大波动。所以职业混沌理论也认为，职业道路发展的初始状态会对后续的发展产生强烈影响。

第二，诱因（attractors）。职业混沌理论的另一个重要作用是识别诱因，这是对职业发展进行帮助的基础。诱因是指个体对生活环境做出反应的典型方式，表现为某些一致的行为类型[6]，包括挑战、倾向、特质、能力以及对挑战和改变的反应等。诱因是具有一定范式的，可以为系统内的行为划定边界[7]，因此即使是最混乱的系统也不会超出某些界限[8]。如性格、志向等个体的独特特征就是一种重要的职业发展诱因[9]，对个体的职业生涯决策有着重要作用。

---

[1] Mitchell K E, Al Levin S, Krumboltz J D. Planned happenstance: Constructing unexpected career opportunities [J]. *Journal of Counseling & Development*, 1999, 77 (2): 115-124.

[2] Peterson G W, Krumboltz J D, Garmon J. Chaos out of order: New perspectives in Career Development in the Information Society. In J Patrick, D L Thompson (Eds.), *Issues in Career* [C]. Information Age Publishing, 2005: 53-80.

[3] Pryor R G, Bright J. The chaos theory of careers [J]. *Australian Journal of Career Development*, 2003, 12 (3): 12-20.

[4] Schlesinger J, Daley L P. Applying the chaos theory of careers as a framework for college career centers [J]. *Journal of Employment Counseling*, 2016, 53 (2): 86-96.

[5] Lorenz E N. Deterministic non-periodic flow [J]. *Journal of Atmospheric Science*, 1993, 20: 130-141.

[6] Pryor R G, Bright J. Applying chaos theory to careers: Attraction and attractors [J]. *Journal of Vocational Behavior*, 2007, 71 (3): 375-400.

[7] Chamberlain L. Strange attractors in patterns of family interaction. In A Combs (Eds.), *Chaos Theory in Psychology and the Life Sciences* [M]. Psychology Press, 2014, 267-273.

[8] Wheatley M. Searching for order in an orderly world: A poetic for post-machine-age managers [J]. *Journal of Management Inquiry*, 1992, 1 (4): 337-342.

[9] Beck C. Physical meaning for Mandelbrot and Julia sets [J]. *Physica D: Nonlinear Phenomena*, 1999, 125 (3-4): 171-182.

第三,复杂性、变化和偶然事件(complexity, change and chance events)。职业抉择过程中,需要考虑许多情境因素[①][②],甚至会因未预期的偶然事件而触发变化[③]。在一个以变化和不可预测性为特征的系统中,职业混沌理论关注个人对全新机会和未知事件的反应能力,特别注重无法计划的机会事件对个人职业发展的影响。因此,尽管不可能准确预测个体未来要面对的每一件偶然事件,但要成功地进行职业规划,必须要充分考虑偶然事件[④]。

第四,模式和分形(patterns and fractals)。模式和分形是通过探索个人认知及其生活中的重复主题和模式,来应对职业发展过程中的问题。虽然这种模式无法预测未来,但它可以通过提供一致性和指导性揭示职业发展的过程,有助于在复杂且不可预测的职业发展中锚定方向[⑤]。

第五,建构(construction)。在职业发展过程中,建构阶段是指个人积极参与创造"自己的未来,而不是在因果关系严格确定性的系统中被动扮演角色"[⑥]。由于职业会受到无法预测的偶然事件的影响,因此要注重个人对职业生涯的规划,以便在不确定和复杂的系统中实现职业目标的突破。正如Bright和Pryor提出的"最终控制或可预测性的缺乏,为个人积极参与未来创造的活动提供了机会"。

基于这五组关键概念,本研究尝试将职业混沌理论应用到当代环境的新兴职业中,以此阐明电子竞技职业发展的复杂性和动态性。

[①] Flum H, Blustein D L. Reinvigorating the study of vocational exploration: A framework for research [J]. *Journal of Vocational Behavior*, 2000, 56 (3): 380-404.

[②] Patton W, McMahon M. *Career Development and Systems Theory: Connecting Theory and Practice* [M]. Springer, 2014.

[③] Loader T. Careers education: Evolving, adapting and building resilience through chaos [J]. *Australian Journal of Career Development*, 2011, 20 (1): 46-49.

[④] Pryor R, Bright J. The chaos theory of careers [J]. *Australian Journal of Career Development*, 2003, 12 (3): 12-20.

[⑤] Schlesinger J, Daley L P. Applying the chaos theory of careers as a framework for college career centers [J]. *Journal of Employment Counseling*, 2016, 53 (2): 86-96.

[⑥] Bright J, Pryor R. The chaos theory of careers [J]. *Journal of Employment Counseling*, 2011, 48 (4): 163-166.

二 研究方法

（一）研究方法

本章通过定性研究的方法考察电竞职业玩家的游戏实践、职业道路和自我发展。Creswell提出，研究人员可以自由选择最符合研究需要的研究方法、技术和流程[①]。电子竞技是尚未明确定义职业道路的新兴职业，并且仍然缺乏职业发展的专业知识，运用定性研究范式和归纳方法具有一定的灵活性，能够紧贴环境进行理解并支持新理论的产生。此外，采用定性研究还有助于揭示和阐明环境背景，比如相关的历史、文化、社会背景，有助于增强对参与者行为的理解[②]。

本部分研究主要通过对电子竞技运动员的深度采访收集定性数据。访谈可以为数据中出现的故事提供一定的深度和复杂性，适合于冷门话题[③]，并提供"一个从他者视角进入世界的强有力的切入点"[④]。深度访谈的研究方法意味着收集的数据不受研究者期望的限制，可以指导研究者挖掘更加有意义的研究主题[⑤]，发出基于研究参与者的"声音"[⑥]。

[①] Creswell J W. *A Concise Introduction to Mixed Methods Research* [M]. Sage publications, 2014.
[②] Weber M. Some categories of interpretive sociology [J]. *The Sociological Quarterly*, 1981, 22 (2): 151-180.
[③] Warren C A B, Karner T X. *Discovering Qualitative Methods: Field Research, Interviews, and Analysis* [M]. Oxford: Oxford University Press, 2005.
[④] Mears C L. *Interviewing for Education and Social Science Research: The Gateway Approach* [M]. New York: Palgrave Macmillan, 2009.
[⑤] Charmaz K. *Constructing Grounded Theory: A Practical Guide Through Qualitative Analysis* [M]. Sage, 2006.
[⑥] Strauss A, Corbin J. *Basics of Qualitative Research Techniques* [M]. London: Sage, 1998.

为了更好地展开研究，本章的访谈问题是依循电竞行业发展[1][2][3]和职业混沌理论[4][5]两个研究脉络制定的。如前述文献提到的，本部分借鉴职业混沌理论的研究框架探索电子竞技运动员的职业生涯，注重五个研究要素。第一，个人进入电子竞技的触发因素；第二，在成为电子竞技运动员历程中的自我反思，包括发展、成就和得失等；第三，持续参与电子竞技日常训练的动机以及对成功的抱负；第四，对职业挑战和个人发展机会的看法，对电子竞技行业的理解；第五，对电子竞技行业发展和管理的看法，以及退役后的职业计划。为了提高答案的事实准确性和可靠性，参与者被多次询问相同或类似的问题以确认其一致性[6][7]。

（二）样本选取

目前，中国有超过5000个电子竞技团队在运作，有超过十万名电子竞技运动员，但其中只有20%或更少的人具有大学以上的学历[8]。为了更全面地呈现电子竞技选手的职业发展道路，了解他们退役后的选择考量，本研究不仅访谈了现役的电竞选手，还访谈了电竞企业家、俱乐部经营者、电竞教练以及电竞退役选手等相关人员。

---

[1] Hollist K E. Time to be grown-ups about video gaming: The rising eSports industry and the need for regulation [J]. *Arizona Law Review*, 2015, 57: 823.

[2] Lu Z. From e-heroin to e-sports: The development of competitive gaming in China [J]. *The International Journal of the History of Sport*, 2016, 33 (18): 2186-2206.

[3] Dongsheng Y, Xiaohang Y, Daofeng K. The present situation and development trend of e-sports games in China [C] //*2011 International Conference on Future Computer Science and Education*. IEEE, 2011: 384-386.

[4] Pryor R, Bright J. *The Chaos Theory of Careers: A New Perspective on Working in The Twenty-first Century* [M]. Taylor & Francis, 2011.

[5] Schlesinger J, Daley L P. Applying the chaos theory of careers as a framework for college career centers [J]. *Journal of Employment Counseling*, 2016, 53 (2): 86-96.

[6] Henige D P. *Oral Historiography* [M]. New York: Longman, 1982.

[7] Hemphill D. Cybersport [J]. *Journal of the Philosophy of Sport*, 2005, 32 (2): 195-207.

[8] HRSS (Ministry of Human Resources and Social Security of the People's Republic of China). New job: Career market analysis of eSports in China [EB/OL]. 2020-3-12. http://www.mohrss.gov.cn/SYrlzyhshbzb/dongtaixinwen/buneiyaowen/201906/t20190628_321882.html/.

通过有针对性的抽样选择，研究确定了位于成都、北京、杭州、上海和西安等电竞热门城市的16家电竞俱乐部为样本。通过滚雪球的方式，招募了来自这些俱乐部的35名受访者，包括24名电子竞技运动员、4名教练和7名高级管理人员（如CEO、俱乐部董事、高级经理）。尽管研究没有刻意寻找男性受访者，但所有被招募的受访者均为男性，这也反映了中国电竞行业由男性主导，即超过95%的职业选手是男性的现状[①]。受访者的年龄从17岁到28岁不等，他们多为现役运动员或者退役一到五年的运动员。我们对受访者分别进行了深入的访谈，每次访谈持续一个半小时至三个小时。虽然所有受访者都可以选择匿名，但其中一些人放弃匿名，选择使用其游戏身份或真实姓名。

（三）数据收集与分析

2018年1月至7月，笔者通过面对面半结构化访谈，尽可能地通过开放式问题去与采访者进行互动。为了确保所获得结果的说服力和严谨性[②]，研究充分检验了访谈数据的可信度和有效度（例如差异或相似性）。

在数据整理过程中，所有研究人员都要对访谈的转录文本进行全面审查，以解读收集到的数据。数据检查阶段按照严格的编码协议来识别、提取、表达、索引和聚类数据。分析过程中，研究人员独立开展评估工作，再共同对分歧内容进行讨论。通过这个过程建立和提升了编码者间的可靠性，提高了"编码过程的系统性、可沟通性和透明度"[③]。

在分析过程中，研究者首先须要对所有访谈数据进行编码，重复此过程直至编码饱和[④]，并且须要比较并讨论此前完成的编码，阐明代码定义

[①] Hilbert J. Gaming & gender: How inclusive are esports? The Sports Integrity Initiative [EB/OL]. 2020-4-9. https://www.sportsintegrityinitiative.com/gaming-gender-how-inclusive-are-esports//, 2019.

[②] Silverman D. *Qualitative Research* [M]. London: Sage, 2016.

[③] O'Connor C, Joffe H. Intercoder reliability in qualitative research: Debates and practical guidelines [J]. *International Journal of Qualitative Methods*, 2020, 19.

[④] Creswell J W. *A Concise Introduction to Mixed methods Research* [M]. Sage publications, 2014.

并讨论解决不同研究者对编码产生的分歧。然后，每个编码者对数据进行独立分类，再共同对编码结果进行一致性比较和讨论。最后，参照职业混沌理论的五个概念，对数据进行主题数据分析，并得出初步结论。表10概述了部分示例编码和分析主题，并且给出说明性的引用，在编码者达成共识的基础上，归纳推导出电子竞技职业发展话语。

表 10　数据分析：示例编码和主题

访谈内容	一级编码	二级编码	分析主题
"我们的许多选手，他们最初的动机纯粹是出于对玩电脑游戏的个人兴趣和热情。"（Chief Coach）	娱乐目的	兴趣	内在驱动
"除了他们的个人能力，经济因素也是吸引他们投身电竞行业的原因（之一）。"（Operations Director）	个人能力	兴趣	内在驱动
"在最近的两三年里，会有家长主动把孩子送到我们的俱乐部（接受培训，希望成为未来的职业选手）。"（CEO）	家长支持	支持条件	内在驱动
除了他对游戏本身的天赋之外，还需要其他的基本素质。比如，需要快速学习并有很强的适应能力，需要各方面都很全面。凭借快速的学习能力和适应能力，一个人才能具备电竞选手的能力。"（Chief Coach）	快速学习和适应能力	成功品质	系统性需求
"是什么让他们走得更远呢……自律也很重要，对吗？而且，他们必须有成功的愿望，这样他们才能把未来掌握在自己手中。"（CEO）	自律和抱负	成功品质	系统性需求

三　分析与讨论

根据职业混沌理论非线性的五个基本概念，本部分搭建了一个概念框架以捕捉电子竞技职业混沌的本质。在这一概念框架中，研究使用了与"蝴蝶效应"相关的"洛伦兹诱因"图像作为隐喻，以具象化地解释电子竞技动力系统随着时间演变而产生的混沌画面，演示这五个因素之间的相互作用。研究发现，在相同环境中，运动员、教练、经理、俱乐部、赞助商、媒体、治理组织和政府等参与者之间确实存在相互依赖性。以下将讨论我们的发现，即如何匹配概念框架的五个要素。

（一）初始进入条件

职业混沌理论认为，机会、兴趣、工作能力和个人所具有的社会联系等关键的初始条件可能会对未来的职业发展产生深远的影响[1][2][3]。研究发现，受访者开始自己的职业生涯常常需要许多初始条件，而这些初始条件可以分为内部条件和外部条件两类。

内部条件是与个人状况、好奇心、激情、兴趣和态度相关的触发因素，这些因素可以引发一个人对一个职业的兴趣[4]。数据显示，参与者的兴趣或激情通常可以被认为是关键的初始条件之一。大多数职业选手都是在青少年时期以休闲娱乐、业余爱好或兴趣形式开始接触电子竞技的。他们可能是因为偶然的机会而成为职业选手。如吴雅（首席教练，20岁）所言："对于我们的许多玩家来说，他们选择这条路最初的动机纯粹是出于他们的个人兴趣和对玩游戏的热情。"通常在早期阶段，受访者将电子竞技或游戏视为休闲娱乐活动，比如他们提到了"好玩""有趣""进入游戏社区""结交新的朋友"等是他们一开始玩游戏的初衷。这一时期，家人、朋友、同龄人和熟人对他们最初的参与有着很大的影响。Alex（20岁，电竞选手）解释说："游戏问世时，因为我真的不认识任何职业玩游

---

[1] Mitchell K E, Al Levin S, Krumboltz J D. Planned happenstance: Constructing unexpected career opportunities [J]. *Journal of Counseling & Development*, 1999, 77 (2): 115-124.

[2] Peterson G W, Krumboltz J D, Garmon J. Chaos out of order: New perspectives in career development in the information society. In J Patrick, D L Thompson (Eds.), *Issues in Career Development* [C]. Information Age Publishing, 2005: 53-80.

[3] Pryor R G, Bright J. The chaos theory of careers [J]. *Australian Journal of Career Development*, 2003, 12 (3): 12-20.

[4] Nimrod G, Kleiber D A. Reconsidering change and continuity in later life: Toward an innovation theory of successful aging [J]. *The International Journal of Aging and Human Development*, 2007, 65 (1): 1-22.

戏的人，所以我和堂兄弟以及学校的朋友一起玩。那几乎是常态。"同时，个人的天赋或能力在这些初始条件的形成中，也起着重要作用。

  首先，他们（电子竞技运动员）需要有点运动天赋，手眼配合很协调。其次，他们必须具有出色的动态和静态视觉，即能够从运动图像中即时捕获和处理信息。我认为，逻辑思维也是另一个关键技能，尽管逻辑思维也可以通过培训来强化，但是那些天生的苗子可以根据（游戏中的）一系列条件做出快速反应并做出适当的判断。这三种品质是（电竞玩家的）共同特征，也是我们所谓的天赋，这些不是我们教练完全可以训练的东西。训练只能在一定程度上帮助他们提高。具有这些素质的运动员才可能继续（以此为）职业并最终取得成功。（彭建斌，28岁，首席教练）
  电竞选手不需要有强健的体魄，但是必须有敏锐的头脑！（李晓明，24岁，项目负责人）

另一方面，外部条件是个人无法控制的因素，例如政治、经济、社会和技术环境[1]。从政治角度看，国家体育总局于2018年成立了代表中国参加亚运会的第一支国家电竞队，这意味着电子竞技在中国的地位开始突出。从社会经济的角度来看，电子竞技在薪酬待遇方面的吸引力，也会影响运动员们决定是否将电子竞技作为自己的职业。毛晓（20岁，首席执行官兼首席教练）的例子可以说明这个问题。他是一位退役的电子竞技运动员，目前正在管理电子竞技团队。他回忆说："我母亲认为，因为我的学习成绩不好，不妨将我的业余爱好变成一种职业，尝试以此为生，并希望我能以此养活自己。"实际上，团队教练和俱乐部经理都会提供不错的薪

---

[1] Nimrod G, Kleiber D A. Reconsidering change and continuity in later life: Toward an innovation theory of successful aging [J]. *The International Journal of Aging and Human Development*, 2007, 65 (1): 1-22.

水以吸引更多的人加入电子竞技。

> 除了他们的个人能力和兴趣之外，(电子竞技的) 薪资将吸引他们进入这个行业。有些人认为他们有机会一夜暴富，而这是从事传统职业不可能实现的。(小廖，24岁，运营总监)

> 在最近的两到三年中，我们看到 (一些) 父母愿意将孩子送到我们的俱乐部 (接受培训成为未来的电子竞技运动员)，因为现在大家都看到电竞行业在蓬勃发展，将来可能会有很高的薪酬回报。(伊恩，24岁，俱乐部首席执行官)

此外，经过近十年的迅速发展，中国现已成为全球电子竞技比赛的主要参与国之一[1]。目前中国已经有11个流媒体平台播放电竞比赛和职业玩家的视频[2]，全球有数百万的粉丝在互联网上观看中国国内的联赛[3]。《王者荣耀》《英雄联盟》等在中国受欢迎的电子竞技比赛，平均每场可以吸引约8000万观众[4]。受访者认为，正是电子竞技如此迅猛的发展吸引了许多年轻人走上这一职业道路，成名的渴望和机遇激发了年轻人走上了电子竞技运动员之路。

> 您听说过 "流量经济" 吗？电竞明星 (在社交媒体上) 有数百万的关注者。粉丝为他们疯狂……(如果是明星) 将会有粉丝跟随 (参加比赛)。他们可以通过流量获取收益，更不用说通过代言和赞助获

---

[1] Lu Z. From e-heroin to e-sports: The development of competitive gaming in China [J]. *The International Journal of the History of Sport*，2016，33 (18)：2186-2206.
[2] ESC，Streaming platforms [EB/OL]．2019-3-5. https://escharts.com/platforms/.
[3] Newzoo. Global esports market report [EB/OL]．2020-4-1. https://newzoo.com/insights/trend-reports/newzoo-global-esports-market-report-2019-light-version/.
[4] Hancock T. Tencent eyes more esports competitions in China [J]. *Financial Times*. 2019，3.

| 第九章　电竞职业：混沌理论视角下的职业复杂性 |

得丰厚的收入了。（魏伟，20岁，电竞选手）

实际上，随着技术的进步和互联网连接的改善，进入电竞行业的物质门槛很低。正如 Mika（23岁，俱乐部首席执行官）所说："游戏专业人士只需要互联网和控制台，电脑或手机！"如今，能够自由访问互联网或游戏设备的年轻人可以很容易地进入游戏，"现在每个家庭都有电脑，孩子从小就开始接触电脑游戏，与以往不同。我们那时候不得不去网吧（玩游戏）。"（小鹏，21岁，电竞选手）

这些内部和外部条件都可能会对个人电子竞技职业发展轨迹产生影响。根据受访者所说，电子竞技职业的发展和变化敏感地依赖于初始条件。尤其是那些犹豫未决的人士，在职业初期，诸如父母的支持（或反对）和机构（例如俱乐部）的支持之类的因素，可能会最终导致截然不同的结果。

受访者能明显感受到初始条件对之后职业发展的重要性。教练彭建斌（28岁）解释道："大多数17岁以上的运动员在进入这一职业时，获得了全家人的支持。这样他们才更有可能实现自己的目标。"卢拉（21岁，电竞选手）对此深有体会，他认为，职业教练的赏识使他更有信心将游戏变成全职的职业，"我喜欢策略游戏。我一开始只是随便玩直到最后被挑出来。他们说我会是一个非常优秀的电竞选手，这确实鼓舞了我，并给了我勇气说服父母让我放手一搏。"

然而，电子竞技需要大量的时间投入才能达到或维持自己在联赛中的地位。随着越来越多的年轻人开始接触电子竞技，游戏成瘾成为常见的问题。曾经"电子海洛因"一词的发明就是为了谴责不断发展的电子竞技产业特别是电子游戏产业，指责电子游戏导致的游戏上瘾等问题让年轻人对学习失去了兴趣。Lu 提道，"父母、教育家和医生越来越关注电子竞技产业带来的社会和健康问题"[1]，因此，"学术界、媒体和公众更谨慎地看待

---

[1] Lu Z. From e-heroin to e-sports: The development of competitive gaming in China [J]. *The International Journal of the History of Sport*, 2016, 33 (18): 2186-2206.

电子竞技产业的发展"。游戏成瘾及其相关负面新闻和报道引发了父母对孩子参与电子竞技的异议。媒体的反对和父母的担心组成的初始状态不可避免地影响了一些刚从事电竞事业的年轻运动员，并阻碍了他们的进一步发展。

在中国社会文化的大背景下，许多父母仍秉持传统的观念，希望孩子们能在学业上出人头地。电子竞技乃至体育、艺术等非传统行业，很容易被认为是非主流的旁门左道。"如果孩子从事这些职业，他们（父母）与亲朋好友聊天时会感到丢脸。"（Wuya，20岁，首席教练）

研究发现，每个人进入电子竞技的初始条件是不同的，这种个人的独特性恰恰反映了电子竞技的融合性[1]。由于电竞融合了文化、创意、娱乐、媒体、商业、景观和体育等多种元素[2]，为年轻人进入电竞行业提供了多元化渠道；而电竞行业掀起的社会和媒体热潮，则进一步吸引了在这一领域有一技之长或者有综合技能的年轻人才。

（二）诱因

混沌系统中的诱因可以理解为系统的特征轨迹[3]。诱因是系统的长期行为，该行为确定了系统运行的极限，限制了个人职业道路的系统边界。在职业发展中，此概念适用于解释个人在道德、动机或偏好方面可能受到的限制，由于每个人天生能力和后天技能的差异，它也可能适用于解释来自个人能力的限制[4]。本研究将其应用于电竞职业，将个人的价值观、文化、志向和能力确定为诱因，即令电竞选手的职业保持正轨的系统边界。

---

[1] Jin D Y. *Korea's Online Gaming Empire* [M]. The MIT Press, 2010.
[2] Vera J A C, Terrón J M A, García S G. Following the trail of eSports: The multidisciplinary boom of research on the competitive practice of video games [J]. *International Journal of Gaming and Computer-Mediated Simulations* (*IJGCMS*), 2018, 10 (4): 42-61.
[3] Kauffman S A. *At Home in the Universe: The Search for Laws of Self-organization and Complexity* [M]. Oxford University Press, 1995.
[4] Pryor R, Bright J. The chaos theory of careers [J]. *Australian Journal of Career Development*, 2003, 12 (3): 12-20.

第九章　电竞职业：混沌理论视角下的职业复杂性

使他们走得更远的……最基本的是团队合作，即团队合作的能力。他们也必须能够相互交流！自律也很重要，对吧？而且，他们必须对成功有坚定的渴望，将未来掌握在自己手中。（伊然，26 岁，首席执行官）

除了在玩游戏上天赋异禀以外，还需要其他基本素质。他们需要有快速学习的能力并具有较强的适应能力。他们在各个方面都必须全面。快速的学习能力和适应能力让他们在电竞中极具竞争力。（彭建斌，28 岁，首席教练）

接受采访的所有电竞选手均提到，自己在职业生涯开始时都对成功表现出强烈的执着和信念。Alex（20 岁，电竞选手）回忆说："我们的目标就是成为冠军！没有别的！"电竞选手的毅力和自我激励是推动其职业发展的诱因。一些受访者还提到了榜样在激发个人职业追求方面的重要性。Wuya（20 岁，首席执行官兼首席教练）是一名退役的职业玩家，目前在 D7G 电子竞技俱乐部担任团队经理。他解释道："所有中国电子竞技运动员都已经做好准备并等待着。"2018 年中国电子竞技团队 Invictus Gaming（IG）在首届英雄联盟联赛中取得成功，这项成就激励了他自己的电子竞技团队。

我们心底的爱国之心让我们最终击败了韩国队……这类似于刘翔（中国跨栏运动员，奥运金牌得主）的成功……我们都尊重他，我们为他感到自豪，以他取得的成就为荣。因为在一项中国人从未期望会成功的运动中赢得金牌好像是无法实现的目标。这是不可能完成的任务！（ADD，19 岁，电竞选手）

这些胜利的事件和冠军榜样可以吸引玩家，激励他们朝着自己的目标努力，并鼓励他们克服种种挑战，最终成为一名成功的电子竞技选手。

> 他们（这些运动员）通常将某物，比如一个目标、一个事件、一个人……作为他们内心的动力，让他们不懈地训练或帮助他们保持专注。第一个通常是他们渴望成为冠军的愿望。第二个是榜样。电子竞技中有一些传奇人物和传奇玩家，例如 Sky（中国前电子竞技运动员李晓峰）等。这些著名电子竞技运动员可能是许多年轻运动员心中的基准和目标。（薛城，24 岁，首席教练）

全身心投入和抗压能力似乎也是吸引他们持续从事电子竞技事业的诱因。

> 他们可能是因为对比赛的热爱而开始这项职业的，但是在加入俱乐部（作为电子竞技运动员）之后，他们会开始意识到这是一项职业，需要很多综合技能。有了这种了解，他们便可以帮助自己成为更好的职业（选手），做得更好并逐渐成熟。（彭建斌，28 岁，首席教练）

> 尽管不乏人才，但作为经理，我们更喜欢靠谱的运动员，他们能够应对世界锦标赛的压力。他们的耐心将在整个训练过程中以及通往冠军的旅程中被消磨。作为一项竞技项目，电子竞技比赛本质上是无情的，所以对运动员而言，比赛很大程度上是心理上的挑战，玩家必须能克服这些心理上的问题。（Mika，23 岁，首席执行官）

> 如果不是身体状况恶化迫使他们提前退役，那么就是精神压力和倦怠这些职业生涯的关键元凶。你要知道，这些（选手）都是年轻人，他们可能对身体健康有所警惕，但在心理或情感上可能没能成熟

第九章　电竞职业：混沌理论视角下的职业复杂性

到可以处理好身边和周围发生的事情。（xiaomao，20岁，首席执行官兼首席教练）

职业混沌理论强调，如果没有诱因作为系统的边界，结果就会混乱[1][2]。在电子竞技环境中也同样如此。教练往往要扮演一个顾问的角色，鼓励着运动员们根据个人的能力和志向（即诱因）去往目标发展，充当了监督个人的诱因，否则运动员将面临更曲折的职业生涯。如果教练发现运动员已经压到了系统的边界（即运动员将在职业轨迹上反弹或停留），可能会让运动员职业轨迹发生调整。

> 我们很多教练都是在鼓励这些有才华的孩子继续坚持追寻电子竞技事业，尤其是当我们看到他们巨大的潜力。我们会告诉他们，这条路很难走……他们即使努力地练习也可能不会成功。但是一个人应该从头到尾都具备信心。我们一直会说，当他们回首过往时，至少他们不会感到后悔。（李春，28岁，首席执行官）

（三）复杂性、变化和偶然性事件

根据访谈可以发现，电子竞技运动员职业道路的本质是复杂的。首先，我们发现，不同年龄段的受访者进入这个行业也存在着很多差异。其中一位退役运动员传麒（28岁，退役电子竞技运动员）说，相比他在20世纪初刚开始自己的事业的时候，现在职业电竞的发展能获得完全不同的支持，"与现在相比，那时候职业与业余之间的界限还不是很明确。只要选手签订了合同并（由公司）支付'五险一金'后，就意味着已经成为职

---

[1] Pryor R, Bright J. The chaos theory of careers [J]. *Australian Journal of Career Development*, 2003, 12 (3): 12-20.
[2] Schlesinger J, Daley L P. Applying the chaos theory of careers as a framework for college career centers [J]. *Journal of Employment Counseling*, 2016, 53 (2): 86-96.

业选手了。"

中国电竞行业初期缺乏适当的分级、管理和指导[1]，电竞职业前景非常不稳定，所以运动员也会有不同的职业选择。例如，传麒（28 岁，已退役的电子竞技运动员）选择放弃其电子竞技生涯，转而继续深造。

> 当我在巅峰时期时，我很担忧电竞（职业）发展的整体安全性及其未来前景。但是现在我明白我的目光太短浅了（笑）。如果我知道（电竞）可以像现在这样蓬勃发展，那我就不会这么快退役了。尽管有许多官方的研究报告说，电竞会有光明的前景，但目前我们仅知道这个行业的价值将达到 900 亿元人民币……这确实是一个巨大的数额，但没人能确定会是谁将从哪个项目中受益，对吧？

其次，随着电子竞技在过去十年中的飞速发展，职业电子竞技运动员的竞争越来越激烈。正如 Cat（17 岁，电竞选手）所说的，短期来看，电竞职业的离职率和淘汰率很高。其他受访者也赞同这样的观点。

> 专业级的比赛非常激烈，电竞选手可能随时被解雇。随着基础设备的完善，越来越多的竞争者进入了电竞行业。与传统体育相比，电子竞技的门槛低，但对职业的要求却很高。这导致职业运动员的淘汰率非常高，最终成功成为电子竞技运动员的比例非常低。这是一个残酷的行业。（魏伟，20 岁，电竞选手）

> 淘汰率很高，（成为电子竞技运动员）比高考困难得多，难度大约高 50 倍。（图兹，17 岁，电竞选手）

---

[1] Lu Z. From e-heroin to e-sports: The development of competitive gaming in China [J]. The International Journal of the History of Sport, 2016, 33 (18): 2186-2206.

| 第九章　电竞职业：混沌理论视角下的职业复杂性 |

再次，尽管在过去的几十年中，中国电子竞技行业不断走向专业化，并且在管理上也有所提升，但是电竞的治理结构仍然不够完整。其原因主要是电竞仍然是一个相对年轻的行业，比如一些俱乐部由缺乏有经验的经理人进行管理，导致电竞选手流失严重。

> 俱乐部运营困难，因为管理团队大多是由退役的职业电竞选手组成。他们还很年轻，没有受过专业的管理培训。他们要管理比他们年轻的电竞选手，经常只能直接照搬韩国电竞俱乐部那一套管理规则。这种方法是不合适的，在中国的大背景下可能并不完全适用，最后的结果也不令人满意。目前，这是电竞俱乐部面临的巨大挑战。我们没有我们自己的管理体系，也没有更好的方式去运营俱乐部。（李晓明，24 岁，项目负责人）

最后，偶然事件也给电子竞技职业增添了复杂性。有些偶然事件甚至可能会决定某个选手的电竞职业道路发展和成果。这些偶然事件是很多元的，既有外部施加的也有内部产生的[1]。在本研究中，我们确定了偶然事件的两种主要类型。第一种类型发生在电子竞技运动员的招募和甄选过程中。徐浩然（23 岁，项目总监）提到了三个主要的招聘渠道。

> 首先，俱乐部一直在积极地寻找人才并吸纳他们。俱乐部会注意那些高水准并且在榜单上排名最高的游戏玩家。这是招募新成员并组队的主要方式。在一个新游戏的初期，大多数电竞选手通常都是通过这种方式被招募的。其次，业内人士可以推荐玩家。专业电竞选手或教练在日常训练中会遇到许多非本部的玩家。如果这个玩家在比赛中

---

[1] Peake S, McDowall A. Chaotic careers: A narrative analysis of career transition themes and outcomes using chaos theory as a guiding metaphor [J]. *British Journal of Guidance & Counselling*, 2012, 40 (4): 395-410.

表现出色并且表现出了对专业比赛的意愿,那么他们可能会通过教练向俱乐部的推荐而有机会进行试训。他们如果表现出色,就有机会被俱乐部签约并注册为职业选手。最后,有些半职业或专业级的玩家在参加高水平比赛时表现突出,也可能会被邀请加入俱乐部。

电竞职业面临的另一类偶然事件是媒体曝光和直播。Bright 等研究发现,计划外偶然的职业决策或事件通常也会对职业产生重要影响[1]。受访者彭建斌(28 岁,首席教练)非常认可这一点,他会因媒体曝光而重新规划选手的职业生涯,认为这些决定对选手的职业道路产生了至关重要的影响。

尽管直播可能是最能促进电竞发展的因素,但它的快速流行也埋下了祸根。在游戏直播爆发式发展时期,我们因为不必要的直播分散了很多时间和精力。例如,一些才华横溢的电竞选手本应继续参加比赛,但他们选择成为一名主播。然后,他们又在直播行业中销声匿迹。当被问及其中缘由时,他们遗憾地说直播没有成功。这是因为有些电竞选手虽然技术娴熟,但缺乏成为一名主播的口才和技能。相反,一些在比赛中表现欠佳的电竞选手最终成为明星主播。

因此,偶然事件往往对电子竞技的职业发展有重大影响,"意料之外的情况不仅可能而且会时常发生"[2]。成功过渡为职业电竞选手的受访者表示,愿意应对并能很好利用偶然事件的能力对电竞职业而言是非常关键的。

---

[1] Bright J, Pryor R, Wilkenfeld S, et al. The role of social context and serendipitous events in career decision making [J]. International Journal for Educational and Vocational Guidance, 2005, 5: 19-36.

[2] Bright J, Pryor R. The chaos theory of careers [J]. Journal of Employment Counseling, 2011, 48 (4): 163-166.

（四）模式和分形

在混沌理论视角下，尽管电竞职业的发展过程是混沌的，但是仍然可以尝试将这一新兴职业的格局视为是有序的，或者至少是有一定的模式和分形的。通过描摹职业玩家的职业图景，可以发现他们的职业经历具有规律性、相似性和对称性。受访者叙述中提到的第一个主要模式分形是对运动员年龄的普遍共识。我们采访的24位现役电子竞技运动员的平均年龄为19岁左右。他们开始从事职业比赛的平均年龄仅为14.5岁。受访者解释说，由于该职业依赖运动员的机敏反应，因此电子竞技的职业生涯通常非常短暂。

> （进入这个行业的）选手都非常年轻，大多数都不超过18岁。专业电竞需要高水准的反应和处理速度。因此，大多数成熟的电子竞技运动员的年龄处于18至28岁之间，平均年龄为19岁。他们的黄金时间是这前后的短短几年。（小茂，20岁，首席执行官兼首席教练）

> 尽管电子竞技比赛主要由20岁出头的职业选手统治，但选手还是越年轻越好。年轻的选手非常有竞争力，一旦年龄增长了几岁，就失去了优势，会拖慢脚步。（Youci，17岁，电竞选手）

第二种模式分形是运动员在训练上花的时间越多，压力就会越大，特别是缺乏时间维系游戏世界之外的人际关系。

> 训练非常辛苦，俱乐部的训练计划通常每天从中午开始直到深夜，持续10到12个小时。我们必须花很多时间训练。（Zoo，20岁，电竞选手）

电竞选手还需要周期性的、持续的强化训练。常规化的培训可以帮助玩家培养自己的竞技游戏技能，例如团队管理、稳定的身体情况和镇静的心理素质以及对技术的理解。每日练习的时间范围从10小时到某些情况下的16小时不等。这很常见。（Momco，18岁，电竞选手）

第三种模式分形是职业电竞选手通常会挣扎于取得或保持联赛中的地位，在职业生涯的某些阶段会经历"情感过山车"，包括愉悦、自我怀疑、成功、压力和挫败等。

电子竞技是一个独特的年轻行业，行业里主要是年轻人。他们的心智发育尚未完全成熟，很容易因日常生活中的纷扰而分心。我们（作为教练）必须处理运动员的许多精神和心理问题。毕竟他们还是孩子。（李春，28岁，首席执行官）

是的，（我们）有时会感到沮丧和压力。例如，在比赛结束后，你遇到了一个你之前认识的人，他可能是你以前的队友，或者你非常熟悉的人，他以往的表现并不如你。但是当这场比赛结束后，他是冠军，但是你的成绩非常糟糕，或者即使你是亚军，你也可能在内心深处感到不公平、失望、受伤和孤独。（大龙，18岁，电竞选手）

好吧，即使是最有经验的玩家有时也必须在失败后重建信心。（安琪儿，19岁，电竞选手）

第四种模式是高水准的心理素质和应变能力，以及对职业的热情和对成功的渴望。

那些年轻的从业者……他们都善于思考，充满激情，富有竞争性并且渴望成功。（小廖，24岁，运营总监）

有一些才华横溢的电竞选手可以将紧张转化为肾上腺素，相反，也有在期望成功的重压下而崩溃的选手……或者那些未能从失败中恢复的电竞选手。能否从失败的挫折中站起来通常是平庸的运动员和真正的冠军之间的区别。（Alex，20 岁，电竞选手）

（五）建构

正如 Pryor 和 Bright 指出的，尽管职业体系在不断变化，而且会受到偶然事件的影响，但秩序的要素依然存在（即模式和分形）[1]，并且会因"最终控制权或可预测性的缺乏，让电竞选手有机会积极地创造自己的未来"[2]。由于电子竞技事业是非线性的并且无法轻易预测，因此电子竞技玩家必须专注于新兴秩序的建构。对变革中新出现的秩序或模式的理解，让电竞选手能够勇往直前并走出自己的职业道路。研究发现，在电子竞技职业复杂而动态的系统中，选手成为积极的参与者，他们创造了"他们自己的未来，而不是受制于因果关系固定的僵化系统中"[3]，就像薛城教练的如下解释。

电竞选手知道他们的成功不是源于一个单一的决定性因素，而是基于多个决定性因素。电竞选手最终会意识到，他们不能保证自己永远处在巅峰，他们可以做的就是竭尽全力，尽一切努力来赢得成功。（薛城，24 岁，首席教练）

---

[1] Pryor R, Bright J. Counseling chaos: Techniques for practitioners [J]. *Journal of Employment Counseling*, 2006, 43（1）: 9-17.

[2] Bright J, Pryor R. The chaos theory of careers [J]. *Journal of Employment Counseling*, 2011, 48（4）: 163-166.

[3] Pryor R, Bright J. *The Chaos Theory of Careers: A New Perspective on Working in the Twenty-first Century* [M]. Taylor & Francis, 2011: 1.

为了应对各种未知，选手会专注于不稳定的新兴秩序性并从中获得安慰。做到这一点的一种方法就是随机应变并适应变化，例如，不断适应游戏开发者对游戏的补丁（即更新）。

> 适应能力在游戏中至关重要，因为游戏开发者通常会定期调整或修补游戏，以调整玩法。这是为了防止有玩家在游戏中称霸，除此以外，这也是要吸引非职业的业余玩家重返游戏并有机会重新掌握游戏。作为职业选手，能做的就是在最短的时间内适应。（邱秋，18岁，电竞选手）

尽管不能进行长远的预测，而且意料之外的巨变随时会发生，选手仍可以通过遵循新兴模式并制定短期灵活的目标来专注于自己的职业，比如受访者 Karin 成为职业电竞选手的经历。

> 我们所有人（有抱负的选手）都希望被头部电竞俱乐部签约。这是第一步。在那里，玩家会得到教练、分析师和经理等人的支持，这些专业的支持可以帮助玩家进一步迈向成为冠军的梦想。这就是我们正在努力……并使我们前进的原因。（Karin，19岁，电竞选手）

从受访者的叙述中，笔者发现电竞选手们从一开始就关注自己在体系中的进步，即"等级"的上升。

> 中国大多数俱乐部在成立团队时会有六个招募阶段。青年组中一个大约有30人的组，我最多只能选择一两个人。即使他们留下并继续成为俱乐部的主要力量和明星选手……他们仍将不得不面对各种逐步筛选的考核。他们必须晋升为平行队，然后晋升为主队的替补队员，然后晋升为主力队员，最后才有机会成为明星队员。他们都经历了这

样的过程。(小黑，22岁，首席教练)

研究表明，电子竞技运动员寻求职业生涯发展没有直接的职业切入点。他们的职业道路似乎不遵循任何固定的发展阶段，也没有相似或典型的职业路线。这些发现表明，传统基于线性过渡和基于阶段发展路径的职业理论在此并不能展现充分的解释力，无法应用于电子竞技的职业发展研究；而职业混沌理论更具灵活性，更适合把握当下电子竞技职业道路的复杂变化。在这个基础上，本部分进一步揭示了职业混沌理论五个主题之间的关联。第一，进入这一行业的初始条件会影响电子竞技职业的未来发展，同时，进入电子竞技行业的渠道有很多。第二，电子竞技的职业发展受到诸如诱因和偶然事件的影响，在各种因素的互动中，个人职业发展变得复杂且难以预测。第三，当电子竞技职业中的偶然事件出现时，运动员有机会建构经济和职业资本。正是这些要素使优秀的电子竞技运动员进一步拓展自己的职业生涯。第四，虽然电子竞技职业发展体系呈现出复杂且多变的性质，运动员在各自的职业经历中仍遵循类似的分形模式。第五，在混沌之下也暗含潜在的秩序，使电竞选手有机会专注于新兴秩序的建构，积极地创造自己的未来并走出属于自己的职业道路。

四 小结

本章旨在回应电子竞技职业理论化的需求等现实问题，并通过职业混沌理论来理解当下的电竞职业发展。研究表明，对于电子竞技这一新兴行业，经典理论和框架可能不足以反映其职业形式和特征。因为，像电子竞技这样的新行业中还不存在确定的职业转型，也没有发展出特定的线性职业阶段。而电子竞技行业呈现出复杂的、动态的、不确定的和不断变化的特征，也让其无法使用传统的线性模型来描述和解释。职业混沌理论可以作为一个有效的工具来展示电子竞技的发展道路，进一步扩展体育发展理论的边界。

本部分的研究，不仅通过探索性方法将职业混沌理论的关键要素和原理应用于电子竞技领域，而且通过研究框架的搭建，重新审视了电竞选手的职业发展路径，关注在复杂情境中不确定性职业所面临的挑战，为理解电子竞技的职业道路提供了建设性的视角。尽管参与电子竞技是偶然的，并且似乎不受任何预定的途径控制，但在表面的混乱中仍隐藏着看不见的秩序。电子竞技事业的发展不仅要有周密的计划而且要抓住某些机会（例如通过偶然事件）来实现，还受到复杂外在因素的影响。玩家做出的选择具有不同的结果（进入或退出电子竞技行业），契合了职业混沌理论提到的"蝴蝶效应"。对管理人员、教练和选手来说，职业的不确定性不应该被视为必须忍受的消极事物，而应被视为一种积极的力量，可能会推动职业发展。这种理解可以帮助利益相关者（例如选手、教练、经理和支持电竞的机构）发展正确的思维方式应对变化，管理选手和处理他们电竞职业生涯中的偶然事件，它还可以通过评估当前已知、未知的以及可以学习的知识，来帮助利益相关者更好地预测复杂情况的结果。

此外，本部分的研究还提供了跨学科合作的范例，将体育、数字游戏和职业管理的研究应用于电竞发展的案例中。这为体育发展与管理的研究开辟了一条新的探索方式，鼓励了理论和方法在不同学科之间的应用，也为职业混沌理论在新职业领域的应用进行了初步的探索，进一步验证了职业混沌理论阐释新兴行业研究的可能（例如区块链驱动的新兴企业以及共享经济中新技术推动的其他行业），以更好地理解新职业的形成发展过程。

但是本部分的研究也有一定的局限性。首先，电子竞技已经成为一个不断增长的经济和商业领域，尚未实现完整的行业生命周期[1][2]，本研究只

---

① Chikish Y, Carreras M, García J. Esports: A new era for the sports industry and a new impulse for the research in sports (and) economics [J]. *Sports (and) Economics*, 2019: 477-508, 33-64.

② Monfardini E, Probst L, Szenci K, et al. Emerging industries report on the methodology for their classification and on the most active, significant and relevant new emerging industrial sectors [J]. *European Union*, 2012, 6: 20-22.

是初步探索如何通过职业混沌理论来描述和解释电子竞技职业在行业生命周期中早期阶段的特征。笔者认为，虽然经典的职业理论目前尚不适用于电子竞技，但随着电子竞技行业的日渐成熟和转型的日趋明确，未来仍可拭目以待。意识到这种潜在的局限性，在以后的研究中可以采用纵向定性访谈，以探索职业招聘、发展和持续随时间的变化。这将为现有职业理论的发展提供进一步的证据和理论贡献。其次，该定性研究的样本量较小，这导致本次研究发现尚不具备普遍性。最后，因为所有参与者均在中国招募，所以还必须考虑文化背景带来的局限性和特殊性。尽管与西方相比，亚洲电子竞技的发展更为健全①，但未来的研究还须要探索东方和西方环境之间的相似性和差异性，以便更全面地了解电子竞技职业发展。

---

① Vera J A C, Terrón J M A, García S G. Following the trail of eSports: The multidisciplinary boom of research on the competitive practice of video games [J]. *International Journal of Gaming and Computer-Mediated Simulations* (*IJGCMS*), 2018, 10 (4): 42-61.

第十章　电竞污名：中国电竞选手的"面子"与心理转变

电子竞技是具有竞技性质的职业比赛，电竞选手需要具备使用信息通信技术的心理和身体能力，以适应发展和训练需要。正是因为电竞具备传统体育的竞争性、挑战性等特征，对参赛选手同样有体力、敏捷度和快速反应等要求，因此部分研究者将电竞视为一种新兴的体育运动，归入体育的范畴和研究领域[1][2]。目前，全球主要国家的政府、学校乃至体育界等都已经越来越接受电子竞技的体育属性，并把电竞选手视为职业运动员[3][4][5][6]。2014年6月，美国罗伯特·莫里斯大学作为首家将电子竞技视为正式运动的大学，不仅为电竞选手提供了奖学金，而且推动了电子竞技与美国田径部门的合作[7]；6个月后，派克维尔大学也表示，将电子竞技作

---

[1] Nagel M S, Sugishita K. Esport: The fastest growing segment of the "sport" industry [J]. Sport & Entertainment Review, 2016, 2 (2): 51-60.

[2] Jenny S E, Manning R D, Keiper M C, et al. Virtual (ly) athletes: Where eSports fit within the definition of "Sport" [J]. Quest, 2017, 69 (1): 1-18.

[3] Heere B. Embracing the sportification of society: Defining e-sports through a polymorphic view on sport [J]. Sport Management Review, 2018, 21 (1): 21-24.

[4] Hallmann K, Giel T. Esports-Competitive sports or recreational activity? [J]. Sport Management Review, 2018, 21 (1), 14-20.

[5] Martončik M. Esports: Playing just for fun or playing to satisfy life goals? [J]. Computers in Human Behavior, 2015, 48: 208-211.

[6] Tassi P. The US now recognizes eSports players as professional athletes [N]. Forbes, 2013.

[7] Nagel M S, Sugishita K. Esport: The fastest growing segment of the "sport" industry [J]. Sport & Entertainment Review, 2016, 2 (2): 51-60.

为一项正式的大学运动。这种情况下，有学者指出，把电子竞技与大学体育和其他有组织的体育活动（例如奥运会）联系起来，可以带来更多的积极效应，例如吸引全球观众、提升收入、增加关注、丰富体育受众的多样性等[1][2]。

过去十几年间，视频在线播放技术和互联网技术的发展，令电竞爱好者可以轻松获取顶级比赛的信息，并且在线观看比赛，包括他们支持的电竞选手参与的赛事，这进一步推动了电竞产业的蓬勃发展。与此同时，全球对电竞的认知普遍有所改观，主要国家出台了一系列支持和鼓励电竞发展的政策甚至是法律法规，促进了职业电竞人数的快速增长。其中，韩国和中国等亚洲国家和地区的电竞行业迅速发展[3][4]。2016年，中国的电竞产业在某些方面已经超越美国，成为按收入和消费者数量计算的全球最大数字游戏市场，腾讯也成为全球最大的游戏公司[5]。

然而，尽管电子竞技开始得到主流价值观的一定认可，但是在中国社会环境中，部分父母、媒体和教育者对电竞仍抱有观望乃至负面态度。在中国文化中，学业及相应的职业成功是个人价值的体现，而电子竞技脱胎于电子游戏，被认为是导致青少年不求上进的玩乐方式之一。所以，部分学者更加关注电竞发展带来的负面影响，给电子竞技打上了"不健康"甚至"不良"的标签[6]。受此影响，在当代中国，电竞玩家一定程度上仍然

---

[1] Nagel M S, Sugishita K. Esport: The fastest growing segment of the "sport" industry [J]. *Sport & Entertainment Review*, 2016, 2 (2): 51-60.

[2] Jenny S E, Manning R D, Keiper M C, et al. Virtual (ly) athletes: Where esports fit within the definition of "Sport" [J]. *Quest*, 2017, 69 (1): 1-18.

[3] Liao S X T. Japanese console games popularization in China: Governance, copycats, and gamers [J]. *Games and Culture*, 2016, 11 (3): 275-297.

[4] Lu Z. From e-heroin to e-sports: The development of competitive gaming in China [J]. *The International Journal of the History of Sport*, 2016, 33 (18): 2186-2206.

[5] Snyder M. China's Digital Game Sector [EB/OL]. 2018. https://www.uscc.gov/sites/default/files/Research/China's%20Digital%20Game%20Sector.pdf.

[6] Sigerson L, Li A Y L, Cheung M W L, et al. Psychometric properties of the Chinese internet gaming disorder scale [J]. *Addictive Behaviors*, 2017, 74: 20-26.

会被污名化为"玩物丧志"的游戏成瘾者[1][2]。所以，电竞选手的污名化问题是中国电竞研究中不可回避的一个核心问题。这种污名化带来的"心病"，可能会直接影响电竞选手的心理健康，而这是目前我国电竞研究关注相对较少的一个问题[3]。参加顶级电竞比赛的电竞选手，不仅要面临与传统体育运动员相似的心理压力[4]，还要面临电竞本身特殊的复杂性和风险性。特别是现在电竞选手大多是青少年群体[5]，这种污名化带来的特殊心理问题可能关乎整个电竞行业的长远发展。

因此，本章聚焦中国电竞的污名化问题，采用深度访谈的研究方法，在中国本土语境中讨论电竞选手的自我阐释和社会文化观念。具体操作方面，借用中国本土化的"面子"概念，讨论在中国电竞的不同发展阶段中，青少年电子竞技玩家和职业选手面临怎样的污名化问题，他们有着怎样的心理变化，最终又是如何通过自我调整实现去污名化的。

一 文献综述

社会共识决定了"什么是正常的"，而基于社会共识形成的污名问题，会形成普通人与被污名化个体之间的差异[6]。针对这一议题，有学者研究

---

[1] Li H, Wang S. The role of cognitive distortion in online game addiction among Chinese adolescents [J]. *Children and Youth Services Review*, 2013, 35 (9): 1468-1475.

[2] Lu Z. From e-heroin to e-sports: The development of competitive gaming in China [J]. *The International Journal of the History of Sport*, 2016, 33 (18): 2186-2206.

[3] Fischer C T. *On the Way to Collaborative Psychological Assessment: The Selected Works of Constance* [M]. Taylor & Francis, 2016.

[4] Smith M J, Birch P D J, Bright D. Identifying stressors and coping strategies of elite esports competitors [J]. *International Journal of Gaming and Computer-Mediated Simulations (IJGCMS)*, 2019, 11 (2): 22-39.

[5] Hamari J, Sjöblom M. What is esports and why do people watch it? [J]. *Internet Research*, 2017, 27 (2): 211-232.

[6] Goffman E. *Stigma: Notes on the Management of Spoiled Identity* [M]. Simon and schuster, 2009.

了精神病人的污名化问题[①][②]，也有学者关注到污名化可能导致的歧视和社会地位问题[③]。既有研究表明，受到污名、偏见、歧视、刻板印象或社会排斥影响的被污名者，其社会地位可能会下降[④]。然而，许多污名化的情况很难被旁观者发现，或者会有人将污名化解释为是被污名者自我调节能力不足的问题[⑤]。有些学者认为，这种社会污名化与自我调节或者内在污名化有关，社会污名化程度较高就会导致更高的自我污名化[⑥]，但也有学者认为，一定的干预措施可以缓解社会污名化导致的自我污名化[⑦]。

在此基础上，Link 和 Phelan 引用象征性权力和错误认知等理论概念来展示污名化的过程，指出污名化可以帮助污名者以一种隐性的、不显露动机的方式，满足其潜在利益并压制其他被污名化的群体[⑧]。这种污名化权力在社会结构的背景下建构了污名，是一种"通过使用与污名有关的过程来压制、控制或抑制他人的权力"。因此，与社会结构相关的污名化权力往往会表现为一种认知和评估性标准，即"关于是什么或应该是什么的共识和信念，这些共识和信念被社会成员共享并传播给新成员……从而将社会结构变为一种持久的、在一个社会系统的各个单位（人或职位）之间共

---

① Markowitz F E. The effects of stigma on the psychological well-being and life satisfaction of persons with mental illness [J]. *Journal of Health and Social Behavior*, 1998：335-347.
② Wright E R, Wright D E, Perry B L, et al. Stigma and the sexual isolation of people with serious mental illness [J]. *Social Problems*, 2007, 54 (1)：78-98.
③ Tyler I. Resituating Erving Goffman：From stigma power to black power [J]. *The Sociological Review*, 2018, 66 (4)：744-765.
④ Corrigan P. How stigma interferes with mental health care [J]. *American Psychologist*, 2004, 59 (7)：614.
⑤ Richman L S, Lattanner M R. Self-regulatory processes underlying structural stigma and health [J]. *Social Science & Medicine*, 2014, 103：94-100.
⑥ Vogel D L, Bitman R L, Hammer J H, et al. Is stigma internalized? The longitudinal impact of public stigma on self-stigma [J]. *Journal of Counseling Psychology*, 2013, 60 (2)：311.
⑦ Tsang H W H, Ching S C, Tang K H, et al. Therapeutic intervention for internalized stigma of severe mental illness：A systematic review and meta-analysis [J]. *Schizophrenia Research*, 2016, 173 (1-2)：45-53.
⑧ Link B G, Phelan J. Stigma power [J]. *Social Science & Medicine*, 2014, 103：24-32.

享的社会关系模式（或行为意图）"[1]。同时，Link 和 Phelan 认为社会中缺乏识别污名化者潜在利益的明确方式，提出"污名往往也是一种动力"[2]。这与 Davis 所坚持的观点是一致的，即"污名的社会政治功能是一种社会政策的工具，是国家强制手段的组成部分"[3]。Richman 和 Lattanner 延续并进一步发展了这种观点，具体通过运用权力的概念（包括社会权力、经济权力和政治权力）批判性地阐释了污名化如何通过认知、行为和情感反应等增加了不健康的风险。不过，污名化的权力也会被挑战。

为了更好地理解中国的污名化问题，本章引入了中国情境下的"面子"概念。"面子"问题关系到个人的社会地位，在制造污名的权力中发挥着重要作用[4]。"面子"被视为一种荣耀和污名的意识，是一种在他人思想和感知中的声誉和社会地位[5]。与"面子"紧密相关的元素可能导致被污名化者内化刻板印象，减弱了他们的自尊和自我价值感[6]。"面子"反映了宏观层面（如结构性权力）与微观层面（如日常化互动）之间的权力关系[7]，因此，"面子"问题可以用于理解中国语境中正常与污名之间的关系。然而，影响"面子"的政治和经济因素可能会影响社会控制，而这些问题在很大程度上被忽视了。在电竞相关研究中，中国文化中的"面子"与学业成功（如上大学）呈正相关，而与游戏成瘾呈负相关[8]。因此，在

---

[1] House J S. Social structure and personality In: Rosenberg M, Turner R H (eds) *Social Psychology: Sociological Perspectives* [M]. New York: Basic Books, 1981, 525-561.

[2] Link B G, Phelan J. Stigma power [J]. *Social Science & Medicine*, 2014, 103: 24-32.

[3] Davis A. Political prisoners, prisons, and Black revolution [J]. *Voices of a People's History of the United States*, 2004: 494-498.

[4] Yang L H, Kleinman A. "Face" and the embodiment of stigma in China: The cases of schizophrenia and AIDS [J]. *Social Science & Medicine*, 2008, 67 (3): 398-408.

[5] Hu H C. The Chinese concepts of "face" [J]. *American Anthropologist*, 1944, 46 (1): 45-64.

[6] Vogel D L, Bitman R L, Hammer J H, et al. Is stigma internalized? The longitudinal impact of public stigma on self-stigma [J]. *Journal of Counseling Psychology*, 2013, 60 (2): 311.

[7] Tyler I. Resituating Erving Goffman: From stigma power to black power [J]. *The Sociological Review*, 2018, 66 (4): 744-765.

[8] Guan S, Ploner J. The influence of cultural capital and mianzi (face) on mature students' orientation towards higher education in China [J]. *Compare: A Journal of Comparative and International Education*, 2020, 50 (1): 1-17.

考虑由于认知和评估标准而导致的"面子"损失程度时,电子竞技选手便可能内化相应的社会文化观念,而导致一种自我污名化[1][2]。但是,在电子竞技这个新的数字化领域中,与自我污名有关的"污名意识"[3] 尚未得到充分的研究,有必要进一步探索电子竞技从业者特别是电竞选手在自我与他者之间经历污名化等心理困境的过程[4]。对中国选手来说,他们需要在国际比赛中获胜,这也涉及重要的"面子"问题[5]。在中国文化中,成功的正统道路是学业有成,而年轻电子竞技运动员往往因为比赛而没有接受高等教育,这有损于家庭和家族的面子,须要通过参加比赛获得成功来赚钱和赢得"面子"。

因此,本章聚焦中国电竞领域的污名化问题,主要探索以下两个研究问题:首先,电子竞技选手是否会在中国文化规范以及相关的认知和评估标准下进行自我污名化?其次,电子竞技选手如何通过职业生涯中的心理变化,在自我认知里将自己转变为职业运动员?

二 研究方法

本章在分析相关政策文件的基础上,在电竞俱乐部中进行参与式观察和民族志式的深度访谈,以详细描述电子竞技选手的职业发展路径及其背后的污名认知和心理转变。民族志式访谈注重"受访者在其社会世界中的

---

[1] Corrigan P. How stigma interferes with mental health care [J]. *American Psychologist*, 2004, 59 (7): 614.
[2] Corrigan P W, Watson A C. The paradox of self-stigma and mental illness [J]. *Clinical Psychology: Science and Practice*, 2002, 9 (1): 35.
[3] Pinel E C. Stigma consciousness: The psychological legacy of social stereotypes [J]. *Journal of Personality and Social Psychology*, 1999, 76 (1): 114.
[4] Link B G, Phelan J. Stigma power [J]. *Social Science & Medicine*, 2014, 103: 24-32.
[5] Ismangil M. (Re) Creating the nation online: Nationalism in Chinese Dota 2 fandom [J]. *Asiascape: Digital Asia*, 2018, 5 (3): 198-224.

个人经历、人际关系动态和其中的文化含义"[1]。具体方法上，研究者使用滚雪球抽样策略在上海、广州、苏州、西安和成都的15个知名电子竞技俱乐部进行了累计时间一年的实地调查（2018年7月1日至2019年7月30日）。同时，研究者针对业内不同的从业人员进行了35次深度访谈，受访者包括24名专业选手、4名教练和7名俱乐部CEO/经理/董事。研究人员还参加和观察了电子竞技相关的文化活动，包括英雄联盟职业联赛（LPL）（2019年1月12日至26日）和西安的世界电子竞技大赛（WCG）（2019年8月18日至21日）等，以便熟悉受访者的文化诠释和期望。

在选择受访者时，需要满足两个条件。第一，受访者所在电子竞技俱乐部由中国国家体育总局和电子竞技行业协会授权，他们也被允许参加电子竞技比赛。第二，受访者是专业电竞选手，即为与电子竞技俱乐部签订正式雇佣合同的职业选手，或者是具有电子竞技比赛经验的选手。

同时，本研究还要最大限度地减少偏差并确保受访者长时记忆事实的准确性和可靠性。首先，多次询问受访者相同或相似的问题以检查其一致性。其次，在访谈过程中对受访者的反应进行观察，并对其他受访者的回答进行分析，以比较和对比一致性、相似性和差异性。再次，结合其他公共文档、资源和证据来评估受访者数据的价值和质量。

在具体访谈过程中，研究者特别关注以下三个方面：一是受访者在2003年电子竞技正式被定义为体育之前的生活和工作经历；二是受访者在不同职业阶段对其职业行为的不同解释背后的文化内涵；三是他们在职业道路上对荣誉和污名的感受。因此，笔者注重在几个重要的时间段中挖掘职业电子竞技选手的共同记忆。一是在2011年之前，电子竞技的最初发展阶段；二是2011年到2016年，该行业受到政策和资本支持的阶段；三是自2016年以来，中国电子竞技产业链出现新变化的阶段（例如直播的影响）。

---

[1] Heyl B S. Ethnographic Interviewing. In: Atkinson P, Lofland J, Delamont S, et al. *Handbook of Ethnography* [M]. London: Sage, 2000: 369-383.

| 第十章 电竞污名：中国电竞选手的"面子"与心理转变 |

三 分析与讨论

(一) 受难阶段："忍一忍"（2011年之前）

这个阶段污名化最主要的根源在于社会对电竞本身的刻板印象，即将电竞视为游戏，甚至称之为"精神鸦片"[1]。所谓"精神鸦片"是指游戏会让成瘾者过度沉迷游戏，逃课打游戏，甚至为了打游戏而从家中偷钱。这让游戏给公众留下了阴暗和不健康的印象。由于职业电竞选手的巅峰年龄为16~22岁（因此只有20%甚至更少的人具有大学学历）[2]，中学毕业后，年轻的游戏玩家必须在接受高等教育和成为职业选手之间做出抉择。在中国文化中，"面子"与较高的学历有正相关的关系[3]，因而选择电子竞技而放弃大学教育的年轻电子竞技选手会为父母带来"耻辱"。

> 这（退学）不仅是我们（玩家）所必须做出的决定，而且对于我们的父母来说，是否可以接受这样的非主流教育道路也是一个重大挑战……更糟糕的是，我们必须面对，如果我们无法获得冠军或不得不（从电子竞技）退役，我们必须能在之后找到一份符合期望的"合适"工作。（职业电子竞技选手，现年17岁，广州）。

从电子竞技早期发展到电子竞技俱乐部得到正式认可，中国职业电子竞技选手的培训一直遵循学徒模式，即刚入门的职业电子竞技选手，会很

---

[1] Szablewicz M. *Mapping Digital Game Culture in China* [M]. Springer International Publishing, 2020.
[2] HRSS. New professions—eSports players' career prospects analysis [EB/OL]. 2019. http://www.mohrss.gov.cn/SYrlzyhshbzb/dongtaixinwen/buneiyaowen/201906/t20190628_321882.html.
[3] Guan S, Ploner J. The influence of cultural capital and mianzi (face) on mature students' orientation towards higher education in China [J]. *Compare: A Journal of Comparative and International Education*, 2020, 50 (1): 1-17.

大程度上受到同辈和导师的影响。本次访谈也反映了这一问题。几乎所有接受采访的电子竞技选手都会回想起他们的同辈和导师与他们分享的内容，特别是对1999年至2003年之间生活质量低下时艰难经历的记忆。尽管1999年已经开始了世界电子竞技大赛（WCG），但一位退休职业选手（现为俱乐部首席执行官）仍做出如下评论。

> 电子游戏是烧钱的东西，电子竞技也是可以赚钱的东西。但是，公众仍然对电子游戏的竞技本质有所误解，这可能是因为电子竞技（玩家）给人留下的印象是"过度消费"和"过于沉迷"。（首席执行官，26岁，成都）

这个阶段电子竞技行业还面临着各种偶然性问题。"（那时候）租用住房以供生活和工作之用，没有保险，没有正规的公司模式，（我的导师）每月只有八百元的工资，远低于成都的基本工资"（教练，22岁，成都）。有被访者提到，2011年之前职业与业余之间的界限还不是很清楚。签订合同并有五险一金，就算是职业选手了。一位退役的职业电竞选手（28岁，北京）进一步讲述道："如果幸运而且能拿到好的比赛成绩，那么我们或许可以得到当地网吧的赞助。他们会出一两百元人民币让我们搭乘绿皮火车从成都到北京或上海，一连坐着或是站着二十多个小时，只能吃快餐饱腹。"

可以看到，大多数受访者在一定程度上接受了社会环境不将他们视为职业选手的现实。例如，接受访谈的一位俱乐部首席执行官兼经理强调，他们平时一项重要的任务就是与职业选手的父母进行交流和沟通。而一位教练（28岁，成都）讲述了他如何在2010年左右成功说服了第一位选手的父母。

> 我们（我和我的导师）通常每天要接待四到五个父母。他们中的

一些人每两个月定期访问我们（俱乐部），以实时了解他们孩子的表现和我们俱乐部的管理。如果选手在锦标赛中取得成功，尤其是（玩家）赢得了大笔奖金，我们将在第一时间直接与他们的父母联系。

但是，有些对电竞较为保守的父母并不能接受这种具有竞争性且不稳定的工作。一位俱乐部首席执行官说："尽管整个环境比以前好了，但有些父母可能仍会闯入我们的俱乐部并拖走他们的孩子，这不足为奇。"从历史和文化的角度来看，尽管他们付出了巨大的努力，但在这个阶段，这些职业运动员其实并未真正地被视为运动员。换句话说，在2011年之前，职业选手无力反抗这种污名和偏见。

（二）职业追求阶段："真正的体育精神"（2011年至2016年）

2011年之后，有三个主要因素推动了中国电子竞技产业的蓬勃发展，这些因素被认为是帮助电子竞技运动员建立信心和自我实现的关键。第一，中国政府发布了许多政策并开展了很多活动来支持电子竞技产业。比如，西安、成都、上海和太仓等地方政府推出了一系列法规和政策，以助力电竞俱乐部和吸引电竞相关投资（例如太仓电竞小镇），刺激了当地市场并获得税收。最重要的是，官方媒体已经开始将电子竞技选手称为运动员而不是游戏成瘾者[1]，特别是将赢得国际电子竞技锦标赛的选手视为"民族英雄"。

第二，王思聪自2011年以来向Prometheus Capital投资了5亿元人民币，以促进电竞市场的发展。几乎所有受访者都提到了这一标志性事件，因为它已经完全改变了整个电子竞技的产业价值链，并改善了整个生态系统的质量。一家俱乐部首席执行官回忆起王思聪几年前对他说的话："我想帮助你、其他职业电竞选手以及其他俱乐部，（让大家）活得更好……

---

[1] Jenny S E, Manning R D, Keiper M C, et al. Virtual (ly) athletes: Where eSports fit within the definition of "Sport" [J]. *Quest*, 2017, 69 (1): 1-18.

我希望这个行业能够看到'光明'。"在 2011 年 8 月，王思聪收购了濒临解散的 CCM eSports 俱乐部，将其更名为 IG，并专注于《星际争霸 2》《DOTA》和《英雄联盟》三个游戏项目。

> 他（王思聪）不仅任命孙立伟为首席执行官，而且还将（俱乐部的）电子竞技运动员的基本工资提高到万元人民币的水平；最高月薪（包括奖金）可能达到 10 万元人民币。然后，他带领俱乐部的其他老板建立了 ACE 联盟，着手制定规则和条例，开始良性管理俱乐部和行业（首席执行官，26 岁，成都）。

第三，几乎所有受访者都清楚地解释了自己在俱乐部的日常训练系统参考了美国国家篮球协会（NBA）的训练系统和价值链。在大多数俱乐部中，训练系统包括持续不断的强化训练、非正式的心理咨询、团队管理、战略技能开发以及六轮招募制度（淘汰率在 94% 至 97% 之间）。一位职业电竞选手（17 岁，西安）讲述了这与全职体育职业的相似之处，他们以与其他体育运动类似的方式进行训练，"我们每天必须投入 10～12 个小时进行日常的培训和练习……包括牺牲我们的人际交往生活。说实话，这很难。有时候，我们甚至无法像进入该行业之前那样开心和快乐。"另一名《绝地求生》的职业选手（18 岁，杭州）也提到，"每个技能组可能需要练习 1000 次以上，才能形成可以 0.1 秒钟释放的肌肉记忆。"一位总教练（28 岁，成都）更详细地解释了让队员成功的品质。

> 首先，我们的电子竞技运动员需要具备出色的运动技能，要有很好的手眼协调能力。其次，他们应该具有"完美"的动态和静态视觉能力，可以从任何运动图像中即时捕获和处理消息。最后，逻辑思维，有些人天赋异禀，可以做出适当的判断，而另一些人则只能通过强化训练在一定程度上进行改善。

至于非正式心理咨询，则主要取决于俱乐部的公司规模。例如，规模较大的俱乐部 OMG、AG 和 WE 每三个月聘用一次专业的心理咨询，用于选手容易出现心理波动的两个阶段。

第一个阶段是新手取得了不错的成绩时，尤其是成为电子竞技偶像时，我们会尽全力参与和管理他的心理变化；第二阶段是当一些明星电竞选手陷入低谷时，我们要帮助他迅速恢复，然后重新设定目标并重新计划他之后的发展道路。（首席教练兼首席执行官，23 岁）

整体而言，这种"真正的体育精神"已经在实践中成为一种对电竞选手进行职业化管理的话语甚至是治理体系。特别是一系列里程碑式的国际赛事，如 2016 年中国队获得了 DOTA 国际邀请赛冠军，2018 年 IG 在 LPL S8 中摘得了首个冠军头衔，同年 7 月底 OMG 团队在 PGI 绝地求生全球邀请赛中赢得了 FPP 模式世界冠军，同年 8 月中国电竞队更是横扫雅加达亚运会获得了两金一银的好成绩等，都有助于电子竞技选手对抗社会的污名化，特别是在自我认知上从游戏玩家变成了职业运动员，以此来消解带有侮辱性质的"游戏成瘾者"标签。

（三）成为数字之王还是娱乐至死？这就是问题所在！（2016 年以来）

2004 年，国家广电总局出台禁令禁止包括数字电视频道在内的主流媒体播放有关电子竞技相关内容。因此，2004 年 4 月，中国中央电视台第 5 频道（CCTV-5）暂停了电子竞技类节目。此外，2007 年 2 月，电子竞技玩家指控中央电视台进行"内幕交易"导致《魔兽争霸》的冠军李晓峰（sky）未能入选体育界最有影响力的人物。这些事件引起了电竞选手对其社会声誉和地位的诸多担忧，正如 5 年前退役现在成为首席执行官（26 岁，成都，英雄联盟）的被访者所说的那样。

尽管我们有更多的年轻客户习惯于通过电脑和手机观看比赛,但是老年人认为电视上的内容更值得信赖,他们更可能接受。(电视广播)可以帮助我们向父母炫耀,得到家人的尊重,让我们的工作可以被老一辈认可和理解。如果可以允许电子竞技(在电视上播放),对我们来说将是一个里程碑。

与韩国可以通过数字电视转播电子竞技比赛的模式不同,禁止转播电子竞技节目这一政策在中国电子竞技产业链中产生了重大影响,导致了直播流媒体平台成为电子竞技转播的主要媒体渠道,后者在整个电子竞技生态价值链中发挥了关键作用[①]。从 2015 年底开始,直播技术成为中国新兴的媒体行业,多样化的直播应用程序获得了巨额投资[②]。电子竞技玩家可以在电竞直播(例如在游戏直播中竞技和评论)中展示专业技能,与粉丝保持密切互动关系,获得虚拟礼物或出售游戏产品等。由于职业电子竞技选手的年收入差距巨大(在 8 万至 2000 万元人民币之间),并且直播奖励成为那些高收入的电竞选手的主要收入,因此直播模式已经推动甚至迫使某些电竞选手走向经济效益更高的直播职业之路,这样可能会让他们不太关注实际比赛。

一位俱乐部首席执行官(23 岁,上海)解释这一现象的负面效应,"这全都与商业的点击率——就是流量——和转化率有关。"他解释了与直播相关的经济利益是如何阻碍电子竞技选手的职业发展的,"一开始,这些选手的目标是争夺冠军;但是,在进入这个(直播)行业仅一个月之后,他们就变了……变得如此贪婪。"对于年轻电竞选手而言,将会面对究竟是专注于参加电竞比赛还是在巅峰期通过直播赚钱的选择困境,这种动态变化可能会给他们带来一定的心理挑战。

---

① Johnson M R. Inclusion and exclusion in the digital economy: Disability and mental health as a live streamer on Twitch.tv [J]. Information, Communication & Society, 2019, 22 (4): 506-520.
② iiMedia. Chinese livestreaming industry encounters setback in 2016 [EB/OL]. 2016. https://www.iimedia.cn/c400/42373.html.

第十章　电竞污名：中国电竞选手的"面子"与心理转变

当前的电子竞技行业（尤其是直播平台）还很不健康。您有没有看到足球评论员的收入超过足球明星的收入？没有！您看到篮球评论员的收入超过篮球明星吗？不，没有。但是在中国，他们确实做到了（项目总监，23岁，西安）。

可能不是身体恶化，这是一个精神压力、精疲力竭的问题。这些问题造成很多选手职业生涯短暂，迫使他们提前退役……这些年轻人可能身体是机敏的，但在心理上或情感上还不够成熟，因此无法处理快速的变化和围绕他们的金钱诱惑。（首席执行官兼首席教练，20岁，广州）。

受访者担心资本会影响电竞选手的价值观。相较于传统的电影电视明星，职业电竞选手更不受市场认可。因为作为职业运动员的巅峰年龄（16~22岁）和匮乏的品牌定位让他们处于不利地位。此外，职业电竞选手也面临普遍的心理健康问题或长期过度数字劳动导致的身体健康问题。一位首席教练（28岁，北京）提到了影响职业电竞选手职业道路的重要计划外决定因素以及绩效变量。

尽管直播对电子竞技行业的快速发展做出了最大贡献，但它变化太快了……这已导致电子竞技玩家不必要地浪费了很多时间和精力。比如一些才华横溢的电竞选手，他们应该保持最佳的状态去参加比赛，但是他们更喜欢直播。但最终这些玩家无法成为主播，并在巡回赛中完全消失。

因此，这些教练认为电子竞技产业的价值链（特别是直播环节）误导了一些职业电竞选手，尤其是在他们决定职业道路的关键时期。有些技术高超的职业电竞选手，因为口才不够好，或者没有成为主播的潜质，转行后只能默默无闻。相反，一些在比赛中表现不佳的电竞选手却最终成为明星主播。所以，大多数管理人员都提到了俱乐部在管理方面日益严峻的挑战，"过去，我们只需要展示自己是谁，什么是电子竞技；但现在，情况变得更加复杂……"（首席执行官，23岁，上海），他解释说，他们的电子竞技俱乐部为此提出了一项全方位的管理计划，以帮助他们招募的电竞选手更加专心地投入到比赛中，同时充分利用直播平台来维持自己的声誉并赚取额外收入。尽管定期进行直播是电子竞技选手的常态，但大多数受访者认为，专注于电子竞技比赛并在其中取得良好成绩才是成功的主要途径。

四 小结

因为特定的历史社会背景，在过去的20年间，电子竞技主要被看作是一种没有保障、不正式且不稳定的工作，面对着很多误解和挑战。一是广大家长将电子竞技简单地与游戏成瘾联系在一起，导致部分年轻人错过了进阶的训练甚至失去得到一份好工作的机会；二是这些年轻人可能被单纯地认为是人生输家，只能通过参加电子竞技的方式来掩饰自己的失败，也就是所谓的保住"面子"。这两种情况都导致中国电子竞技选手长期遭受污名的影响，并因此承受较大的心理压力，并且有研究认为污名化的巨大影响往往都被大大低估了[1]。而我们的研究表明，污名化与文化认知中的权力流动（例如"面子"）、经济刺激（例如收入）和权威属性（政策支持）等都有关系。

作为社会控制过程，这些污名化的权力流动[2]代表了电子竞技职业发

---

[1] Link B G, Phelan J C. Conceptualizing stigma [J]. Annual Review of Sociology, 2001, 27 (1): 363-385.

[2] Trammell R, Morris T. The connection between stigma, power, and life chances: A qualitative examination of gender and sex crime in Yemen [J]. Sociological Focus, 2012, 45 (2): 159-175.

第十章 电竞污名：中国电竞选手的"面子"与心理转变

展过程中心理转变的三个阶段。第一，电子竞技选手很容易自我污名化，并通过文化价值控制的方式在日常社交互动中界定自己的身份，尤其是陷于"面子"的困扰中。第二，政府通过将电子竞技选手标记为运动员来加强社会文化规范，并将这些专业人士合法化为参与技术民族主义追求的人员，这为他们摆脱不良身份提供了社会政治基础。此外，年轻企业家和网络名人如王思聪等的资金支持不仅仅只是一种资本力量，更是被业内解读为以一种合法的权力形式调动电子竞技专业人士的网络资源和自我认同。第三，被污名化的电竞选手身份仍在被重新定义的过程中。数字经济的复杂性引发的痛苦、失落和贪婪，导致电子竞技专业人士必须越来越注重形象管理。这意味着污名化损害了电子竞技玩家的能力，也导致其更加渴望获得较高的收入以获得社会地位。以上三点说明了电子竞技运动员如何在中国的"污名意识"[1]中，希望通过职业表现来获得"面子"[2]，努力地转变其社会身份，解决自我污名化和社会污名化问题[3][4]。

研究结果表明，受到更复杂的国家权力的影响，年轻的电子竞技运动员有发展自我污名化的风险。并且，电子竞技选手在快速发展的数字经济中面临巨大压力时，相对缺乏关于心理和情感发展的指导。因此，应该制定政策和法规以引导年轻玩家保持身心健康，让职业电子竞技与游戏成瘾等概念脱钩，祛除电子竞技的污名化问题。决策者可以考虑通过主流媒体传播和制度化教育，对电子竞技进行去污名化的战略安排。另一方面，由于中国电子竞技行业的专业人士仍根据电子竞技比赛的表现来评估自己的成功和价值，因此需要制定法律和政策来规范直播行业，提升管理水平以

---

[1] Pinel E C. Stigma consciousness: The psychological legacy of social stereotypes [J]. *Journal of Personality and Social Psychology*, 1999, 76 (1): 114.

[2] Yang L H, Kleinman A. "Face" and the embodiment of stigma in China: The cases of schizophrenia and AIDS [J]. *Social Science & Medicine*, 2008, 67 (3): 398-408.

[3] Park K. Stigma management among the voluntarily childless [J]. *Sociological Perspectives*, 2002, 45 (1): 21-45.

[4] Siegel K, Lune H, Meyer I H. Stigma management among gay/bisexual men with HIV/AIDS [J]. *Qualitative Sociology*, 1998, 21: 3-24.

保证未来电子竞技人才的可持续发展。值得注意的是，电子竞技俱乐部和电子竞技协会要与直播服务商进行认真合作，通过与专业直播人员互动来帮助改变电竞污名化的标签。

  总而言之，本章旨在探究快速发展的电子竞技行业中职业电子竞技运动员身份转变和心理健康发展的动态过程，并特别关注中国独特的"面子"文化和污名化权力在其中的影响。有必要改变电子竞技与游戏成瘾联系在一起的思维范式，以使年轻的职业玩家保持专注，并抵制借直播业务赚"快钱"挣"面子"。然而，这项研究仍然有一定的局限性。首先，本研究是定性研究，采用滚雪球采样策略对来自中国15个知名电子竞技俱乐部的35个人进行了访谈，研究样本规模较小，有一定的局限性。其次，本研究考察了特定的中国语境，研究具有一定的地域适用性，未来的研究须要更多考虑不同国家或地区的情况和应用场景。

第十一章　电竞认知：作为"生活方式运动"的中国电竞

2003年，电竞被国家体育总局正式批准为第99[①]个体育竞赛项目，如今，电竞成为我国正式体育运动已走过19年。电子竞技起源于游戏，兴盛于互联网，得益于政策，从"社会死角"到"鸟巢加冕"实现了从被污名化到被正名的身份转变。特别是在2017年电竞被国际奥委会正式承认为体育运动，在2018年成为雅加达亚运会表演项目，并被确定为2022年杭州亚运会的体育项目后，电竞产业快速崛起至千亿级的产业规模，成为新的全球性文化现象。

电子竞技是目前青年群体聚集性最强的参与文化与价值生产平台之一。电竞受众的年龄大多集中在19～30岁，其中虽然男性受众占比更高，但是女性受众也呈增长趋势。据企鹅智酷2019年数据，在《英雄联盟》等赛事中，女性用户占比相比传统体育增加了12%。在环太平洋大学联盟（APRU）电竞人才培养行动计划推动下，我国的电竞教育以一种新兴体育文化实践的形式进入到更广博纵深的全球文明对话中。因此，亟须探讨电子竞技在青年群体中的"话语实践"，从而真正让其实现从"洪水猛兽"到"世界语言"的颠覆性转变。

[①] 2008年，国家对体育项目进行调整，将电子竞技运动重新定义为第78项体育运动项目（张丽军，2018）。2011年，国家体育总局将电子竞技由第99个正式体育项目批改成为第78个正式体育项目（耿梅凤，2013）。

本章通过"生活方式运动"（lifestyle sports）的研究框架，探讨"生活方式电竞"如何建构电竞人的流动实践、自我认同和感知价值。具体通过在青年文化中挖掘"品味""风格""自我消费"等独特符号的能指和所指，关注"生活方式运动"是如何影响身份构建的[①]。因此，本部分通过"生活方式运动"的价值取向来拓展电竞研究向度，展现其从"泛娱乐"到"新文创"的产业转型，并同时审视电竞青年的文化政治（cultural politics）实践与影响。研究者认为不仅要强调产业价值和体育价值的统一，而且要从新兴体育与青年文化角度促使电竞基于游戏又超越游戏，发现其集科技、竞技、文化、社交于一体的前沿研究价值。

一 文献综述

（一）我国电竞的认知与发展

电竞研究是一种覆盖多个学科的跨学科研究，而国内学界的研究相对较晚，并且聚焦在电竞与游戏、电竞与体育等的讨论中。综合来看，国内外的研究主要有以下三种研究范式。

1. 差异与争议：作为新兴运动的电竞

国内电竞研究可以追溯到 2000 年前后。李宗浩认为，电竞是人（队）与人（队）之间，运用计算机（含软件和硬件设备），通过网络（局域网）所营造的虚拟平台，按照统一的竞赛规则而进行竞赛的体育活动。而西方学界中，Hemphill 也将电竞定义为运动员在数字化的体育世界中以电子方式扩展的行为活动。经过长期追踪电竞在数字平台的变化，2015 年 Hemphill 重新定义电竞为"在计算机介导或生成的体育世界中扩展的人类行为"。随后，学者们从不同角度对电竞提出新的理解，比如认为电竞运

[①] Beedie P. Legislators and interpreters: An examination of changes in philosophical interpretations of "being a mountaineer" [C] //Philosophy, Risk and Adventure Sports. Lomdon: Routledge, 2007: 39-56.

动是一种被货币化的"有组织的电子游戏比赛,世界级选手相互竞争以获得现金奖励";或者着重强调电竞运动的技能和福利,认为电竞是"体育活动的一个领域,人们在其中利用信息和通信技术发展和训练心理素质或身体能力"[1]。近几年,也有学者侧重强调电竞运动的智力属性,提出电竞是借助信息技术,依托互联网平台在虚拟世界进行的人与人(团队与团队)之间的智力对抗运动[2]。

国内外对电竞与体育社会学关系的研究态度可以分为三类。第一类,学者以体育运动学视角将电子竞技总结为一种使用视频从事游戏(gameplay)的特殊体育运动(sports)、电子体育运动(electronic sports)、虚拟体育运动(virtual sports)、网络体育运动(cyber sports)等[3][4],着重讨论电竞成为体育运动的合理合法性[5][6][7]。

第二类研究普遍认为电竞挤压和替代了大量传统体育活动的时间,两者间直接存在此消彼长的关系[8]。但是传统体育产业的单一视角已经不足以对电竞产业多重属性进行深入探索。因此,国内体育管理学领域的研究

---

[1] Wagner M G. On the scientific relevance of eSports [C] //*Proctedings of the 2006 International Conference on Internet Computing*. 2006: 3. Retrieved from: https://www.researchgate.net/publication/220968200_on_the_scientific_Relevance_of_esperts.

[2] 戴星璨,田宗远.电子竞技的发展在大学校园中德育功能理论探讨 [J].改革与开放,2017 (10):80-81.

[3] Jenny S E, Manning R D, Keiper M C, et al. Virtual (ly) athletes: Where eSports fit within the definition of "Sport" [J]. *Quest*, 2017, 69 (1): 1-18.

[4] Adamus T. Playing computer games as electronic sport: In search of a theoretical framework for a new research field [C] //*Computer Games and New Media Cultures*. Springer, Dordrecht, 2012: 477-490.

[5] Guttmann A. *Sports: The First Five Millennia* [M]. University of Massachusetts Press, 2004.

[6] Jonasson K, Thiborg J. Electronic sport and its impact on future sport [J]. *Sport in Society*, 2010, 13 (2): 287-299.

[7] Summerley R. The development of sports: A comparative analysis of the early institutionalization of traditional sports and e-sports [J]. *Games and Culture*, 2020, 15 (1): 51-72.

[8] Pargman D, Jakobsson P. Do you believe in magic? Computer games in everyday life [J]. *European Journal of Cultural Studies*, 2008, 11 (2): 225-244.

则试图推动电竞走向制度化与规范化[1][2][3]。

第三类以行动者网络理论（Actor-network Technology）为切入点，探讨技术赋权为电竞参与者带来的物质性、能动性和互动性，通过身体消费等研究视角探索运动员和技术之间的具身性、网络性和延展性。本研究认为，尽管学者们的理论切入点不同，这些观点不仅暴露了传统体育的局限性，更加固了具有具身性的电竞是一种新兴运动的核心论点[4][5]。比如，目前已出现很多以虚拟现实设备为端口的包含激烈身体运动的电竞项目，例如传统武术借助新穿戴设备开发的搏击类项目[6]，这种借助电子设备完成的电竞运动，在强度、力量方面都达到甚至超越了许多传统体育项目。对5G时代电竞产业转向社交物联网（Social Internet of Things）传播新范式的讨论，扩大了传统体育产业的研究边界[7]，成为国际前沿关注问题。

总体而言，学界普遍试图将电子竞技与游戏解绑，转而与体育活动连接[8]。然而对于电竞是否属于体育运动这一问题，大部分研究仅从电竞参与人员心理和身体的技能与表现出发进行讨论。较早的研究可以追溯到20多年前，学者Jones将电子游戏作为一种学习环境，以此探讨电竞与运动最佳体验相关的元素，此后的很多研究将电竞视为一种对运动员心理和身

---

[1] 张泽君,张建华,张健等.中国电子竞技问题审视及应对路径[J].山东体育学院学报, 2019, 35 (5): 31-36.
[2] 吕希,吴建功.世界电子竞技中国平台建设的多视野探讨[J].全国流通经济, 2017 (19): 65-66.
[3] 何天平,宋航.电竞传播在中国：媒介框架变迁与社会认知重塑[J].上海体育学院学报, 2022, 46 (4): 54-64.
[4] Witkowski E. On the digital playing field: How we "do sport" with networked computer games [J]. *Games and Culture*, 2012, 7 (5): 349-374.
[5] Zhao Y, Lin Z. Umbrella platform of Tencent eSports industry in China [J]. *Journal of Cultural Economy*, 2021, 14 (1): 9-25.
[6] 杜焕然.VR虚拟现实技术对大学生体育运动习惯影响的探究[J].新闻研究导刊, 2016 (21): 286.
[7] Conti M, Passarella A. The Internet of People: A human and data-centric paradigm for the Next Generation Internet [J]. *Computer Communications*, 2018, 131: 51-65.
[8] Whalen S J. *Cyberathletes' Lived Experience of Video Game Tournaments* [D]. Knoxrille: University of Tenmessee, 2013.

体进行竞争性职业训练的运动,这吸引了许多学者来探讨电竞的运动属性而非娱乐属性[1][2][3][4][5][6]。同时,专业选手在各大国际国内赛事中,可以以比赛成绩获得社会广泛的认可[7][8]。除技能和战术外,身体也被纳入电竞作为运动的具体考量指标,身体、情感、行动体验、感官知觉、手眼配合等都被认为是电竞作为运动所需的高超的具身体验和表现。

2. 协同与演进：作为赛事化与职业化的电竞

电竞产业是以赛事为核心的融合产业,得益于数字技术的助推而快速更新迭代。现有的研究从大众赛事扩展到职业联赛,肯定了电竞赛事职业化、标准化和国际化的发展路径[9][10][11]。纵观我国电竞发展,促进其赛事产业职业化的原因主要有三点。第一,国际影响。在20世纪末,韩国率先出现电竞职业联赛。尽管当时的职业选手还是市场概念下诞生的新兴行业从业者,这些选手并没有正式运动员的身份,但是韩国的电竞职业联赛客观上推进了电竞从单一游戏语境向职业化体育运动的过渡,并促成了这一主体性内涵的确立[12][13]。

---

[1] Lin Z, Zhao Y. Self-enterprising eSports: Meritocracy, precarity, and disposability of eSports players in China [J]. *International Journal of Cultural Studies*, 2020, 23 (4): 582-599.

[2] 耿梅凤. 电子竞技归属论 [J]. 体育文化导刊, 2013 (12): 145-148.

[3] Witkowski E. On the digital playing field: How we "do sport" with networked computer games [J]. *Games and Culture*, 2012, 7 (5): 349-374.

[4] Ferrari S. Esport and the human body: Foundations for a popular aesthetics [C] //*DiGRA Conference*. 2013.

[5] Taylor T L. *Raising the Stakes: E-sports and the Professionalization of Computer Gaming* [M]. Mit Press, 2012.

[6] 张丽军. 电竞不是"体育"质疑——兼论电竞的发展问题 [J]. 山东体育学院学报, 2018, 6.

[7] Ericsson K A. *The Acquisition of Expert Performance: An Introduction to Some of the Issues* [M] //*The Road to Excellence*. Psychology Press, 2014: 1-50.

[8] Xia B, Wang H, Zhou R. What contributes to success in MOBA games? An empirical study of defense of the ancients 2 [J]. *Games and Culture*, 2019, 14 (5): 498-522.

[9] 钱亦舟. 电子竞技产业发展思考 [J]. 体育文化导刊, 2015 (8): 118-123.

[10] 刘寅斌, 芦萌萌, 肖智戈等. 中国职业电竞赛事体系的演进及发展路径研究——以英雄联盟职业联赛为例 [J]. 山东体育学院学报, 2019, 35 (6): 43-47.

[11] 洪建平. 电竞入奥的政治经济学考察：争议、利益与影响 [J]. 未来传播, 2021.

[12] 徐丽, 曹晟源. 电竞简史：改变我们生活的商业简史 [M]. 北京：中国经济出版社, 2020.

[13] 何天平, 宋航. 电竞传播在中国：媒介框架变迁与社会认知重塑 [J]. 上海体育学院学报, 2022, 46 (4): 54-64.

第二，政策影响。在我国重点部署5G技术、增强现实、虚拟现实和云服务等工作的背景下，需要深入探索技术平台能够怎样助力实现国际奥委会在电竞策略报告中提倡的"体育运动项目数字化和虚拟化发展"[1]。我国相关部门陆续推出了一系列有代表性的引导电竞产业化、职业化发展的政策，例如，2015年7月，国家体育总局颁布《电子竞技赛事管理暂行规定》；2016年，国家发展和改革委员会发布《关于印发促进消费带动转型升级行动方案的通知》，其中明确扶持"举办全国性或国际性电子竞技游戏游艺赛事活动"；2016年，教育部增补"电子竞技运动与管理"为本科专业，2019年人社部正式认定"电竞运营师""电竞员"为新职业等。

第三，产业链构成。自20世纪90年代起，在政府的监管与支持、资本的入驻与加持、电竞选手的专业追求与能力提升三重驱动下，电竞产业已经形成了相对完整的上中下游产业链。其中，上游是游戏开发与授权，中游是电竞赛事与组织，而下游是赛事传播与增值服务。随着产业链的形成，我国的电竞产业经济贡献约占全球的35%，不仅在国家经济中占有重要的地位[2]，也推动形成了中、美、韩三足鼎立的电竞市场新格局[3]。更进一步，学者Zhao和Lin运用平台化基础设施与设施化平台理论论证了中国电竞产业呈现出伞形的多边平台化结构，认为电竞将成为新技术领导的创新产业前沿力量[4][5]。

但是，目前我国的电竞职业化还不够完善，有关"电竞产业人才缺口或达50万人"的媒体报道引发了社会讨论[6]。从电竞职业的广度来看，现

---

[1] 铁钰，赵传飞.中国电子竞技产业研究［J］.体育文化导刊，2017（7）：100-104.
[2] 范桂玲.影响我国电子竞技运动产业化发展的因素及其系统模式研究［J］.商场现代化，2007（13）：353-354.
[3] Newzoo.2020年度电竞市场报告：全球电竞市场营收破11亿美元［EB/OL］.新浪网，2020. http://vr.sina.com.cn/news/report/2020-03-17/doc-iimxyqwa0980029.shtml.
[4] Zhao Y, Lin Z. Umbrella platform of Tencent eSports industry in China［J］. *Journal of Cultural Economy*, 2021, 14（1）：9-25.
[5] 何天平，宋航.电竞传播在中国：媒介框架变迁与社会认知重塑［J］.上海体育学院学报，2022，46（4）：54-64.
[6] 戴金明.我国电子竞技体育化嬗变中的难点探析［J］.广州体育学院学报，2021，27-31.

有研究大多局限在俱乐部和职业选手中[1][2][3][4]，忽视了对电竞赛事解说员、职业经理人等相关从业人员职业化的讨论[5]；从职业化发展程度看，学者普遍认为我国电竞产业的职业化程度低下，人力资本体系不健全，缺少"裁判员—教练员—运动员"三级考核制度等支撑保障[6][7]。

3. 融合与衍生：作为文创产业的电竞

自1998年以来，全球电子竞技产业经历了两轮产业浪潮。电竞产业从以美国和韩国为中心，转变为美国、韩国、中国三足鼎立，并且有持续向中国转移的趋势[8]。当前中外电竞文化融合的现象，引起了学界对电竞产业国际化和文化转向的关注[9][10][11][12]。特别是2016年中国首次将数字创意产业纳入国家新兴产业发展规划，明确鼓励包括电竞在内的数字文化产业发展，令越来越多的学者从文创视角切入讨论电竞产业。

第一类研究围绕文创产业集聚性发展的特征，以电竞赛事整体运营为

---

[1] 张丽军. 电竞不是"体育"质疑——兼论电竞的发展问题［J］. 山东体育学院学报，2018，6.
[2] 戴金明. 我国电子竞技体育化嬗变中的难点探析［J］. 广州体育学院学报，2021，27-31.
[3] 沈钟. 我国电子竞技体育现状调查分析［J］. 辽宁体育科技，2013（4）：20-21.
[4] 朱东普，黄亚玲. 我国职业电子竞技俱乐部发展探析［J］. 体育文化导刊，2016（10）：109-114.
[5] 张鑫，金青梅. 我国电子竞技职业化路径分析［J］. 体育文化导刊，2016（7）：105-109.
[6] 贺诚，于文谦. 我国电子竞技职业化发展研究［J］. 体育文化导刊，2015（4）：151-154.
[7] 孙润南. 电竞文化影响下的青年社会化引领［J］. 思想教育研究，2022.
[8] Seo, Y. Electronic sports: A new marketing landscape of the experience economy［J］. *Journal of Marketing Management*，2013，29：1542-1560.
[9] Taylor T L, Witkowski E. This is how we play it: What a mega-LAN can teach us about games［C］//*Proceedings of the Fifth International Conference on the Foundations of Digital Games*. 2010：195-202.
[10] Szablewicz M. From addicts to athletes: Participation in the discursive construction of digital games in urban China［J］. *AoIR Selected Papers of Internet Research*，2011.
[11] Menasce R M. *From Casual to Professional: How Brazilians Achieved eSports Success in Counter-Strike: Global Offensive*［D］. Northeastern University，2017.
[12] Lokhman N, Karashchuk O, Kornilova O. Analysis of eSports as a commercial activity［J］. *Problems and Perspectives in Management*，2018，16（1）：207-213.

核心关注其地域集聚性和产业集聚性[1][2]。体坛电竞和虎牙直播联合发布的《2019中国电竞城市发展指数》,揭示了电竞市场发展的地域化趋势,电竞赛事与丰富的城市视觉符号相联结产生了新的文创业态,成为城市文化的塑造方向之一。然而,这类研究大多只关注电竞小镇和电竞产业园等集聚性电竞生态的发展,依然处于"数字文化产业与民族国家"和"数字文化产业与国际市场"相对立的二元思维定式当中,未能从批判性视角分析电竞产业中"国家—资本—社会"互动关系的历史性和复杂性。

  第二类研究聚焦"电竞+文娱"的跨界新业态和协同演进[3][4]。相比传统体育,电竞更具有泛文娱特质[5][6],因此,现有研究聚焦游戏角色及其打造的虚拟偶像,以及衍生的综艺节目等[7][8]。部分学者关注电竞的下游链条,例如电竞是如何高度依赖于直播平台和社交媒体运作的,电竞是如何吸引和巩固粉丝群体来提高电竞用户的转化率和渗透率的[9][10][11]。

  第三类研究呼吁电竞文化产业的"文化"转向。这类研究从微观角度切入,关注电竞过程或电竞赛场上,观众与选手在真实和虚拟两种文化环境中的互动,以及这种互动过程中裹挟着的身份、休闲、价值观形塑,并

---

[1] Funk D C, Pizzo A D, Baker B J. eSport management: Embracing eSport education and research opportunities [J]. *Sport Management Review*, 2018, 21 (1): 7-13.

[2] 虎牙直播. 2020. 《2019中国电竞城市发展指数》 [EB/OL]. 2020-02-26. https://mp.weixin.qq.com/s/ss8O-2VLE6ZN5qHqDM9yrQ.

[3] 何岸伦. "电竞热"对大学生价值观的影响及其应对 [J]. 思想理论教育, 2022 (03): 102-107.

[4] 何天平, 宋航. 电竞传播在中国: 媒介框架变迁与社会认知重塑 [J]. 上海体育学院学报, 2022, 46 (4): 54-64.

[5] 张丽军. 电竞不是"体育"质疑——兼论电竞的发展问题 [J]. 山东体育学院学报, 2018, 6.

[6] 庞亮, 李雅君. 社交媒体平台的圈层化电竞传播及其观念引导 [J]. 现代传播 (中国传媒大学学报), 2022, 44 (02): 84-90.

[7] Jin Y, Yoon T J. Convergence of music and esports [J]. *Global Esports: Transformation of Cultural Perceptions of Competitive Gaming*, 2021: 184-201.

[8] 马骁, 思涵. 电竞综艺扎堆记. 齐鲁周刊, 2019.

[9] 汪明磊. 互动仪式链视角下电竞用户文化研究——以英雄联盟粉丝为例 [J]. 当代青年研究, 2021 (04): 18-24.

[10] 洪建平. 电竞入奥的政治经济学考察: 争议, 利益与影响 [J]. 未来传播, 2021.

[11] 李刚. 电竞直播平台传播存在的问题与对策 [J]. 传媒, 2018.

对此进行生成式探索。但是，相关研究仍处于起步阶段，在更具体的文化价值传播问题上仍处于空白状态。特别是在如何充分发挥电竞的正向积极传播价值，探索参与者的创造力，以及规避虚拟与现实在深度耦合时不同文化圈层的价值观冲突风险等问题上，国内学界尚未形成系统的研究。

以上三种主流的研究范式和成果为本研究奠定了良好的基础，但是，目前尚未发现从"生活方式运动"视角展开的对电竞人文化流动性的实践研究。因此，本研究聚焦于"生活方式运动"如何提供一种另类的认同和空间，不仅直接挑战了主流的运动学和身份政治研究范式，同时让我们可以试图展开对当下新青年文化生活变迁的追踪与反思，延伸以电竞实证数据为基础的中国互联网产业、文化产业和体育青年文化三重交叉的新场景。

（二）"生活方式运动"的跨学科研究

20世纪80年代，西方发达国家兴起了一种被称为"生活方式运动"（lifestyle sports）的新型运动形式。这种新型运动不仅被视为城市再生过程的一部分，也是许多媒体所呼吁的重塑城市公共空间的方式之一。"生活方式运动"的起源可以追溯到二战之后。这一时期，"反文化"[1] 社会运动和青年亚文化得到迅速发展，由此引发的抵制权威、传统和主流观念的精神和批判态度深刻震撼并影响了美国社会，动摇了美国的传统文化。社会转型和"反文化"运动使美国青年一代渴望在资本主义工具理性和"物化"的束缚下寻找自由的道路，为"生活方式运动"的产生构建了基础[2]。"生活方式运动"最初诞生于北美，因此最初关于这一主题的研究主要由

---

[1] "反文化"是指美国20世纪60年代在青年人当中流行的以反战和反主流文化为特征的一种价值观、文化和生活方式（Stephen Glazier，1992）。
[2] 刘春梅，李文川，肖焕禹. 国外生活方式体育研究 [J]. 体育文化导刊，2010（4）：155-158.

北美学者主导，少部分由澳大利亚学者主导[1]。然而，在过去几十年里，"生活方式运动"在全球范围内的增长速度超过了最初在北美、澳大利亚和西欧的发展，并且引发了跨学科的研究。

1. 内涵与外延

"生活方式运动"是指在城市和农村进行的，具有参与性、非正式、寻求刺激等特点的个性化运动，包括单板滑雪、自由式小轮车、山地自行车、滑板、帆板、攀岩、跑酷、冲浪和滑冰等[2]。这些活动与传统的、受规则约束的、竞争性的和制度化的西方主流运动不同，它们通常是单独或以小组形式参与，重点是享受和追求技术能力的提升。

总体来看，"生活方式运动"的内涵与外延有三个特点。第一，文化精神内核方面，"生活方式运动"更加强调运动作为一种独特的生活方式[3]。与传统体育受规则约束不同，"生活方式运动"以能够激发人们参与为最突出的吸引力（attraction of the marked），它追求更加自由的精神，而不跟随主流社会价值[4]。"生活方式运动"追求刺激的兴奋感和超感官通感，令参与者通过实践创造自我和实现价值，体验"超越自我"甚至迷失自我的感觉。尽管参与者对自己的生活方式和身份认同付出了大量的情感投入，但这种投入带有"兴奋"的感觉，是伴随着"嗡嗡声"的"对瞬间的强烈意识"，游走在速度的狂喜与时间的静止之间，是时素、地素和人素三种的叠合[5]。在体育社会学研究中，这也被称为类似于超凡的"心流状

---

[1] Wheaton B. Introducing the consumption and representation of lifestyle sports [M] // The Consumption and Representation of Lifestyle Sports. Routledge, 2014: 1-25.

[2] Whenton B. Understanding Lifestyle sport: Consumption, Identity and Difference [M]. Routledge, 2004.

[3] Gilchrist P, Wheaton B. Lifestyle and adventure sports among youth [J]. Routledge Handbook of Youth Sport, 2016: 186-200.

[4] Rinehart R. Emerging/arriving sport: Alternatives to formal sports [J]. Handbook of Sports Studies, 2000: 504-519.

[5] Wheaton B. The Cultural Politics of Lifestyle Sports [M]. Routledge, 2013.

第十一章 电竞认知：作为"生活方式运动"的中国电竞

态"①，也是对液态现代性精神形象的一种描述。

第二，在自我认同和社会身份的关注方面，"生活方式运动"会呈现出一种资本主义或后现代社会的核心问题和悖论。例如，自我认同的表达呈现"流动、多元、个人、自我反思、受制于交换和创新"②等特点，反映出集体价值观的衰落以及对自我（自我实现、享乐主义）的关注，即Beck所说的"个人化的社会高潮"。这种运动还非常强调运动美学，即将表演者的身体展示和对他人的动作之美（或"被看"）也纳入其考量的一部分③。

第三，生活方式运动作为一种矛盾的新物品消费，不仅是商业主义的"受害者"，还重塑了全球消费文化的普遍形象和意义④。在这一研究视阈下，一个较为突出的争议是，在商业化条件下，"生活方式运动"的实践经验是否还能保留"真实性"（authenticity）⑤，更有研究者认为参与者往往会排斥那些高度商业化的，人与人身体之间对抗的活动⑥。可见，消费资本主义正以复杂而矛盾的方式渗透到"生活方式运动"中。同时，在许多"生活方式运动"中，女性消费者体现出至关重要的独特性、力量和自主性形象，已经成为最有价值和最有针对性的商品之一。将"生活方式运动"纳入更广泛的经济领域考量，为全球经济提供了可取的价值观，也体现出对"生活方式运动"的相关讨论离不开新自由主义消费和

---

① Csikszentmihalyi M, et al. *Optimal Experience: Psychological Studies of Flow in Consciousness* [M]. Cambridge university press, 1992.
② Kellner D. *Popular Culture and the Construction of Postmodern Identities* [M]. Oxford. Blackwell, 1992.
③ Salome L, van Bottenburg M. Are they all daredevils? Introducing a participation typology for the consumption of lifestyle sports in different settings [J]. *European Sport Management Quarterly*, 2012, 12 (1): 19-42.
④ Skelton T, Valentine G. *Cool Places: Geographies of Youth Cultures* [M]. Psychology Press, 1998.
⑤ Salome L. Constructing authenticity in contemporary consumer culture: The case of lifestyle sports [J]. *European Journal for Sport and Society*, 2010, 7 (1): 69-87.
⑥ Wheaton B. *The Cultural Politics of Lifestyle Sports* [M]. Routledge, 2013.

身体的意识形态实践①。

2. 研究现状：参与者、媒介与文化差异

从研究趋势看，参与者、媒介与多元文化实践是"生活方式运动"的三大研究焦点。参与者研究本身就分为三个主要研究面向。从参与者主体出发，现有研究更倾向于主要围绕其年龄层次、性别文化和种族主义展开。比如，由于"生活方式运动"的亚文化属性，其参与者最初主要被描述为年轻人、白人、西方男性，这一类参与者有"勇往直前"的态度，作为一个相当同质化的群体，是体育亚文化的精英或核心成员②。随着"生活方式运动"由户外向室内的发展，参与者年龄层逐渐扩大，从西方年轻白人男性扩展到不同背景、年龄和经验水平的参与者，甚至包括儿童和老人，例如英国开始关注"银发冲浪者"。从参与者的性别出发，"生活方式运动"的男性主导地位经常被解释为他们的风险活动以及在时间、精力和金钱方面的投资行为。Pomerantz 等代表性学者则通过对女性滑冰者的研究，证明了她们已经建立了另一种亚文化，有可能挑战"生活方式运动"在性别、空间、风险和体验上的主导态度③。研究发现，在这些背景下，男性主导的地位逐渐改变，"生活方式运动"成为女性主义出现的重要舞台，给了女性参与者挑战男性在传统体育活动中话语权的机会，争取到了更多平等的权利④⑤。纵然如此，仍然有学者提出在体育运动过程中，女性还是被一些传统的观点所束缚，很难完全参与到运动之中⑥。从参与者的

---

① Heywood L. Third-wave feminism, the global economy, and women's surfing: Sport as stealth feminism in girls' surf culture [C] //In: Heywood, L. (ed.) *Next Wave Cultures*. Routledge, 2012: 63-82.

② Donnelly M. Studying extreme sports: Beyond the core participants [J]. *Journal of Sport and Social Issues*, 2006, 30 (2): 219-224.

③ Pomerantz S, Currie D H, Kelly D M. Skater girls: Skateboarders, girlhood and feminism in motion [J]. *Women's Studies International Forum*. 2004, 27 (5-6): 547-557.

④ Comer K. *Surfer Girls in the New World Order* [M]. Duke University Press, 2010.

⑤ Olive R, McCuaig L, Phillips M G. Women's recreational surfing: A patronising experience [J]. *Sport, Education and Society*, 2015, 20 (2): 258-276.

⑥ Brennan D. Surfing like a girl: A critique of feminine embodied movement in surfing [J]. *Hypatia*, 2016, 31 (4): 907-922.

种族出发，随着冲浪运动在巴西、非洲、澳大利亚等国越来越受欢迎，有研究批判性地分析了非洲、拉丁美洲、东南亚和亚太地区的"生活方式运动"正在挑战"西方中心"霸权[①]。认为生活方式运动不再仅仅是"西方世界的游戏选择"和"白人的特权"，还可以在非西方、非白人占主导地位的背景下具有不同的文化内涵，甚至可以出现跨地方、文化和身份的混合[②]。

第二，从媒介研究领域切入"生活方式运动"研究。自20世纪60年代以来，凭借媒体的广泛展示，例如英国广播公司使用街头跑步、冲浪和放风筝的画面，或者美国邮票上出现极限运动的图像等，都使得"生活方式运动"的知晓度在公共和私人空间中得到了广泛的提高。同时，"生活方式运动"逐渐成为众多主流电视节目和电影的焦点。比如 *Blue Crush*、*Point Break*、*Kids*、*Z-Boys* 等节目和电影专注于呈现"生活方式运动"的风险和乐趣，展示出在乌尔里希·贝克描述的"风险社会"中经历危险和充分享受生活的重要性；再比如，ESPN（Entertainmentand Sports Programming Network，即娱乐与体育节目电视网）举办的 X Games 和 NBC 的美国忍者勇士，集中展示了以"生活方式运动"为主题特色的电视活动以及商业化表现[③][④][⑤]。此外，一些学者关注到"生活方式运动"与社交媒体的问题。研究表明，社交媒体经常被用于推广小众"生活方式运动"、塑造参与者身份或联系运动品牌赞助合作。例如 Kidder 发现，YouTube 视

---

① Evers C, Doering A. Lifestyle sports in East Asia [J]. *Journal of Sport and Social Issues*, 2019, 43 (5): 343-352.
② Wheaton B. *The Cultural Politics of Lifestyle Sports* [M]. Routledge, 2013.
③ Wheaton B, Thorpe H. Action sport media consumption trends across generations: Exploring the Olympic audience and the impact of action sports inclusion [J]. *Communication & Sport*, 2019, 7 (4): 415-445.
④ Hull K, Billings A, Schwartz L. The "Mighty Kacy" effect? American Ninja Warrior and the elevation of women Athletes [J]. *Journal of Sports Media*, 2021, 16 (2): 111-131.
⑤ Puchan H. Living "extreme": Adventure sports, media and commercialisation [J]. *Journal of Communication Management*, 2005, 9 (2): 171-178.

频是传播小众或新兴"生活方式运动"(如跑酷)相关知识的重要渠道[1]。Olive[2]探索了澳大利亚的女性冲浪者如何使用社交媒体来塑造自我。Woermann[3]认为,社交媒体在"生活方式运动"中的使用不仅是创意表达的渠道,同时具有"改变核心亚文化实践的性质",比如自我学习和身份认同。新媒体可以显著缩小业余爱好者和专业运动员之间的差距,相关用户通过拍摄视频或者撰写文章的方式可以增加知名度,聚集追随者[4]。此外,新媒体在"生活方式运动"中的另一个关键功能,是成为"生活方式运动"的参与者和潜在品牌赞助商之间沟通的桥梁[5]。总体来看,"生活方式运动"与媒介关系的研究大多集中在大众媒体的作用、表现、商业化等方面[6][7]。

第三,从多元文化实践研究领域切入"生活运动方式"研究。近年来,"生活方式运动"的相关研究开始转向微观视角和实践角度,聚焦不同国家、不同种类运动的个案研究。例如"生活方式运动"制度化的研究,Højbjerre借鉴了制度理论和实证调研数据,对国家、社会文化背景和体育治理体系如何影响丹麦跑酷运动的制度化进行了分析,并用制度同构

---

[1] Kidder J L. Parkour, the affective appropriation of urban space, and the real/virtual dialectic [J]. *City & Community*, 2012, 11 (3): 229-253.

[2] Olive R. Reframing surfing: Physical culture in online spaces [J]. *Media International Australia*, 2015, 155 (1): 99-107.

[3] Woermann N. On the slope is on the screen: Prosumption, social media practices, and scopic systems in the freeskiing subculture [J]. *American Behavioral Scientist*, 2012, 56 (4): 618-640.

[4] Dumont G. The beautiful and the damned: The work of new media production in professional rock climbing [J]. *Journal of Sport and Social Issues*, 2017, 41 (2): 99-117.

[5] Snyder G J. The city and the subculture career: Professional street skateboarding in LA [J]. *Ethnography*, 2012, 13 (3): 306-329.

[6] Puchan H. Living "extreme": Adventure sports, media and commercialisation [J]. *Journal of Communication Management*, 2005, 9 (2): 171-178.

[7] Edwards B, Corte U. Commercialization and lifestyle sport: Lessons from 20 years of freestyle BMX in "Pro-Town, USA" [J]. *Sport in Society*, 2014, 13 (7-8): 1135-1151.

| 第十一章　电竞认知：作为"生活方式运动"的中国电竞 |

的概念解释了跑酷作为一种"生活方式运动"和传统运动接近的原因[①]。Leeder 和 Beaumont 通过 53 名英国体育教师的在线定性调查数据，探索了英国体育教师在开展"生活方式运动"时遇到的机遇和挑战，分析了当前的发展需求[②]。Chiu 和 Giamarino 探讨了"生活方式运动"对美国政治话语权的争夺，通过对比纽约和洛杉矶政府对滑板玩家的不同政策，以及两个城市滑板玩家的应对方式，分析"生活方式运动"如何对城市公共空间产生作用[③]。然而，中国的"生活方式运动"研究暂时没有得到本土学者的关注，反而在西方形成了讨论。例如，部分学者关注中国滑板运动，分析中国式的空间、监管、制度化和身份政治是如何影响参与者的[④][⑤][⑥]。尤其是学者 Evers 的研究对本章有很大启发。他通过在中国的民族志，描绘了冲浪与中国社会环境、身份政治、旅游以及经济的关系，提出尽管中国体育有着悠久的历史、民族认同感和自豪感，但中国存在对"生活方式运动"制度化的抵制，因为我国的部分"生活方式运动"参与者担心目前这种小众的草根文化会因为制度化而被折损[⑦]。在广泛的世界范围内，"生活方式运动"被纳入奥运会后，其内生的反文化话语力量与制度化和政治化的

---

① Højbjerre L S. The institutionalisation of Parkour in Denmark. A national case of how institutional isomorphism works and affect lifestyle sport [J]. *International Journal of Sport Policy and Politics*. 2022.
② Leeder T M., Beaumont L C. Lifestyle sports and physical education teachers' professional development in the United Kingdom: A qualitative survey analysis [J]. *Education Sciences*. 2021.
③ Chiu C, Giamarino C. Creativity, conviviality, and civil society in neoliberalizing public space: Changing politics and discourses in skateboarder activism from New York City to Los Angeles [J]. *Journal of Sport and Social Issues*. 2019.
④ O'Connor P. Skateboarding, helmets, and control: Observations from skateboard media and a Hong Kong skatepark [J]. *Journal of Sport and Social Issues*, 2016, 40 (6): 477-498.
⑤ O'Connor P. Handrails, steps and curbs: Sacred places and secular pilgrimage in skateboarding [J]. *Sport in Society*, 2018, 21 (11): 1651-1668.
⑥ Sedo T. Dead-stock boards, blown-out spots, and the olympic games: Global twists and local turns in the formation of China's skateboarding community [J]. *Cultural Autonomy: Frictions and Connections*, 2010: 257-282.
⑦ Evers C. Surfing and contemporary China [J]. *The Critical Surf Studies Reader*, 2017, 386-402.

倾向相悖，从而引发了大范围的激烈辩论[1][2][3]。

总而言之，本研究一方面受到了倾向于支持亚文化是促进集体认同和行为功能性意义结构等相关研究的启发，将"生活方式运动"作为透视电竞文化的过程与方法，而非结果；另一方面，我们也提出"生活方式运动"是一种真正的全球现象和21世纪最重要的不可阻挡的趋势之一[4]。

二 研究方法

为了更深入地观察电竞人的流动实践与身份认同，评估其在日常实践中因"生活方式运动"带来的感知价值、流动状态和潜在的体验冲突，本部分采取质性研究，使用了两轮的混合民族志（观察法）与半结构化采访的方式来展开。

（一）观察目标的确立

首先，确定电竞人的流动样本和范围非常关键，因为在广泛的电竞和游戏背景下，参与者的身份认同差异大、认知情景复杂，这不仅影响我们确定研究对象的准确性和代表性，同时关系着我们与研究对象联结所需要的知识背景。因此，本阶段同时使用了"探索－建构"（discovery-construct）的方式。研究者凭借前后5年的田野观察（积累了四十万字的观察素材）和研究判断，将电竞的职业性质分为全职业电竞、半职业电竞

---

[1] Honea J C. Beyond the alternative vs. mainstream dichotomy: Olympic BMX and the future of action sports [J]. *Journal of Popular Culture* (*Boston*), 2013, 46 (6): 1253-1275.

[2] Thorpe H, Wheaton B. "Generation X Games", action sports and the Olympic movement: Understanding the cultural politics of incorporation [J]. *Sociology*, 2011, 45 (5): 830-847.

[3] Wheaton B, Thorpe H. Action sport media consumption trends across generations: Exploring the Olympic audience and the impact of action sports inclusion [J]. *Communication & Sport*, 2019, 7 (4): 415-445.

[4] Leeder T M, Beaumont L C. Lifestyle sports and physical education teachers' professional development in the United Kingdom: A qualitative survey analysis [J]. *Education Sciences*, 2021, 11 (10): 642.

和大众电竞。全职业电竞人员主要是指全职投入电竞运动和行业的运动员或者从业人员；半职业电竞人员是指因赛事聚集在一起，但并非全职投入的运动员或者从业人员；而大众电竞主要指泛电竞项目凭借休闲、社交等属性吸引着越来越多的用户，成为电竞产业一个新的经济增长点。排除了全职的职业电竞选手，以及完全以休闲娱乐为主、去职业化的普通玩家，本部分主要聚焦于两类具有流动属性的群体：一类是保持职业参赛资格，同时兼顾其他职业的选手；另一类是曾有职业参赛经历，现转为电竞主播，但是仍兼顾直播平台管理范畴下的大众赛事的人。研究通过滚雪球的方式招募到60名半职业参与者进行第二轮的田野观察，以便更完整准确地理解观察语境。在这60名被观察对象中，大部分对象都长期参加电竞赛事，并在不同程度上通过社交媒体或者社区参与过与赛事相关的集体活动。

（二）观察时间和空间的确立

由于研究语境是由受访者的"个人-群体认同"建构而来，为了更好地观察参与者们在比赛前后与日常生活中是否存在多元认同的叠加与组合，本研究根据每个受访者的特性实施了3~6个月的参与式观察（经历1~2个赛季）。除了日常观察之外，调查内容还涵盖了三个时间段：一是与电竞相关的赛事活动时间，二是与电竞无关，与其他兼职工作相关的日常工作时间，三是与工作无关的日常生活时间。研究选择的电竞赛事主要是两类具有对比性的赛事，一是以"全民电竞""打通大众到职业晋级通道"为定位目标的项目，包括《和平精英》在全国范围内举行的官方下沉化赛事——《和平精英》城市赛（2021年3~6月，长沙），《英雄联盟》的策略模式《云顶之弈》和手游版，以及《王者荣耀》的全国大赛、城市联赛和高校赛；二是以《反恐精英》《炉石传说》为代表的非大众赛事。

（三）采访数据的结合使用及其作用

民族志需要关注和捕捉参与者的观点，而采访的恰当使用可以进一步帮助我们理解被观察者的经历背景对他们的重要性和战略性，便于深度挖掘半职业从业人员与运动员的话语实践与生活经历。在 60 名被观察者中，有 55 名接受了采访，其中男性占大多数，年龄大部分集中在 19~30 岁，平均年龄为 24 岁。采访者的第一或第二职业涵盖公务员、期刊编辑、主播、厨师、学生、个体户等 15 种职业。每次采访时长为 1~1.5 小时。访谈问题包括参赛的背景、动因、态度和意义，参赛之外的生活方式，参加半职业赛事相关的线上线下活动的经历，以及收获与损失等体验，还有如何评价自己的赛事表现等。最终，本研究一共得到 280 页的采访数据，并通过 NVivo13 进行主题编码，在编码的过程中遵循归纳和演绎原则，不断反思和丰富原定义的编码节点。

综上所述，本研究提出了三个主要研究问题。第一，流动电竞人的生活方式变迁与行为表现有哪些特点？第二，从"生活方式运动"角度如何理解其生活态度与精神追求？第三，这些生活实践如何影响其自我认同？具体而言，是将"生活方式运动"作为一种方法，从电竞青年的价值主张、身份认同和消费实践中探讨其流动性、阶级性和风格化的亚文化情境（subcultural milieu）。研究发现，我国电竞文化发展出一种"液态"的青年亚文化特点，体现为他们身份叙事（identity narratives）的内容与风格、比赛内外的竞争实践，以及电竞生活的等级观念等方面都呈现出"液化"状态。

三　分析与讨论

（一）青年价值的"液态"取向

访谈发现，受访的半职业运动员和偶尔参赛的电竞主播们普遍强调了现在的电竞生活中独有的"反传统""风格化""非固化"等价值主张，秉持了一种勇往直前、不服输且适应能力强的"液态"青年价值观，这极大挑战了传统的认知向度——将电竞的意义从一种"不负责任"的游戏爱好转变为一种改变生活的实践，以多元思维和主观能动突破"非规则化"，

第十一章 电竞认知：作为"生活方式运动"的中国电竞

最终以自我发展突围传统性窠臼。

> 我不知道我的情况是不是唯一，但是我已经玩电竞15年了，它让我改变很多，比如教会我如何带领和管理团队。其实很多人很不理解电竞，是因为他们把它仅仅当作游戏。（受访者1）

> 我在上学的时候是很喜欢打篮球的，但是他们要求（能打篮球的）是身高在1米9以上，所以当时心里有一股劲，我说我在球场上我可能不行，但是我在电竞的赛场上一定比你们都要厉害。（受访者3）

从类似的采访回答中，我们发现受访的青年人对于玩的理解是多元的，超越了"玩只是玩"。对于公众长期污名化电竞的认知，这群青年一方面在自我消化中试图寻找自我正名的突破口，另一方面，他们更关注自我感受，在日常权衡中自由地做出生活决策，甚至具备"玩就是学"的张力。从他们在玩与职业之间的生活态度和行动实践中，我们发现了三种认知特性：一是严肃性，他们在阐述自己在其他工作之余（大部分受访者都同时兼任其他职业）参与电竞赛事的行为具有"采集""冒险""团队""社交""击败""征服""独立"的属性或精神；二是前瞻性，这群"液态"青年自称自己比过去任何一代都更早认识世界，所以他们的数字实践是根深蒂固和积极主动的。在探索世界的过程中，他们能清晰地阐述自己在玩和工作中的欲望与期冀，并且能主动思考"电竞比赛这个过程最关键的不只是游戏，而是一种训练，我自己训练出来的思维方式会在工作中和学校里（对我）有极大帮助"（受访者4）；三是独立性，"液态"青年的强适应性和个性追求，促使他们敢于寻求和别人不同的爱好，对所谓"主流"或"权威"的依赖性降低，有自己的思考和坚持。

这样的价值主张在亚文化青年群体中并不少见，后者不仅要赋予生活中玩以价值,更试图将自己与传统的社会认知区别开①。换句话说,他们在强调自己从电竞中收获积极意义的同时,也意识到了游戏对于其他人的消极影响。他们对于部分人出现游戏上瘾问题的坦诚,一方面来自他们对于将自己区别于游戏上瘾人群的独特性的渴求,另一方面来自其对于生活风险拥有较高把控性的自我证实和自我满足。

> 生活在现代社会的人,通过生活方式的表现形式来区分自己和他人……半职业电竞赛事的参与者大部分是大学生、公司职员等,拥有一定的消费潜力。我们居住在省会城市和一线城市……因而作为一种手段,我们通过"生活方式运动"的参与来展示自己的生活,挑战自我,挑战传统。(受访者5)

与此同时,我们发现这群"液态"青年的生活价值主张还着重强调"液态即平衡"的效能认知。一是他们对于自己液态化生活的平衡能力建立在隐形的生产力(productivity)之上,既有经济生产力,同时也包含了智力和创造力的生产价值。这一点在比赛奖金成为他们获得半职业认同的经济象征上尤为突出。虽然他们对于此类报酬的价值意义没有统一的描述,但是这种"充分利用碎片化时间也能赚钱"的认同证明了他们身上对于现代工作的新的理解和实践。比如,有位采访者将此类报酬等同于"滴滴"和"短视频创作"的正当性收入。

> 我们的生活是流水型的,流到哪里都可以赚钱,只要你愿意,所以我闲暇时间打场比赛拿个奖金,和我上班路上用顺风车载个人,我吃饭打卡发个抖音赚点带货费性质都差不多,这是我们现代人的能力。(受访者2)

---

① Wheaton B. *The Cultural Politics of Lifestyle Sports* [M]. Routledge, 2013.

| 第十一章 电竞认知：作为"生活方式运动"的中国电竞 |

二是他们在自由生活与保障生活之间进行着理性权衡。在探讨日常流动性生活与高强度工作的关系，或第一职业和第二职业的关系时，受访者均强调了自己对于生活和工作的把握和平衡。

> 我们金融行业的工作节奏非常快，但是我和我身边的朋友都习惯了自由切换。我们打「电竞」比赛的时候也很高效，跟我们在其他工作状态下的投入和产出比差不多⋯单一的工作模式不适合我们，「打比赛」换个思维模式反而帮我们提高工作效率。（受访者15）

对于电竞作为一种半职业与其他工作状态如何衔接的问题，受访者的描述常常与"高效"关联。这个现象回应了我们在田野观察时发现的一些有趣的叙事风格和内容，比如这些正在比赛的年轻人会重复一些自律性话语，例如"这场打完就回去加班""太爽了，我又满血去工作了"，以此警示自己并提醒伙伴。同时，当我们进一步和他们探讨全职电竞职业的问题时，受访者们强调了全职电竞职业的"不稳定""黄金年龄太短"等保障力较弱的特点，肯定了自己现在有"两份收入""两份保障"的低风险与高自由的状态。

可见，受访者们对于数字技术赋能下的新文化生活内容和形式有着"液态即平衡"的价值取向。他们不同于以往叛逆的亚文化行动者，而是一方面用自己的认知挑战了传统的文化价值观，另一方面又用传统的经济目标（经济报酬）来证明自己坚持的合理性。他们试图从积极的角度用正能量实践来颠覆传统认知，用自我正名创建一种在电竞领域的全新亚文化取向。

（二）文化认同的阶级性

透过作为方法的"生活方式运动"的话语表述来探寻"液态"青年群体在电竞时建构文化认同的过程，研究发现选择参与的运动/游戏项目或者是否有职业选手的经历成为参与者们阶级性身份的隐喻，并具备两个层次特点：第一层次是圈层文化认同，第二层次是对职业背景的高度认同。

具体而言，在电竞圈层文化认同中，参与者们的叙事内容和风格既存在着强烈的、自上而下的"游戏主机-电脑游戏-手机游戏"技能感上的鄙视链，电竞项目的选择也有与"精英-大众"模式有着显著关联的阶级感，其思考和实践在追求社交抑或是"生活方式运动"时是矛盾的。有趣的是，大多采访者认为当下最流行的《王者荣耀》《和平精英》仅作为拥有大众赛事和社交破冰属性的工具存在，认知和参与上的低门槛致使它不具备"生活方式运动"的气质和特质。比如，很多采访者提到，电竞是"天赋异禀"，是"酷文化"，玩家对电竞产品的选择划分是非常清晰的，例如《王者荣耀》《和平精英》被认定为不具个性化的选择，"它没有彰显个性，反而是一种从众"。相反，《炉石传说》作为"生活方式运动"的电竞，其内部圈层有着强烈的精英文化认同，该运动对参与者的智力要求使圈层成员对身份的感知度普遍很高。

> 炉石黄金公开赛就是很好的案例。平时我们生活压力太大，而且大家都是在意身份的人，这个圈子里的人智商不低，所以工作之余我们想从这里寻求更刺激的方法，就好像我以前很怂的同学去了 Google IP 工作以后，现在平时动不动就参与从飞机上往下跳那种速降滑雪。（受访者 2）

> 《王者荣耀》让我没有成就感……我觉得打王者（荣耀）的人很少真正进入选手的身份。（受访者 20）

第二，在对电竞职业背景文化的认同中，"生活方式电竞"在日常实践过程中裹挟着对职业文化的精神体验和想象。换言之，是否有电竞选手的职业背景和经历决定了受访者们对自己身份认同的程度。根据田野观察的结果，可以将电竞主播根据其自身对于电竞职业联赛的卷入程度和方式大致分为以下三大类，选手向、解说向和主播向主播。三类主播中选手向主播是"金字塔顶端"，他们是以电竞职业选手作为主业、主播作为副业的现役电竞选手，或者是教练以及退役的前电竞职业选手转行做电竞主播。更进一步，可以发现无论是出于自我认同或是社会认同，主播群体中选手向主播的身份认同度最高：由于赛事位于电竞产业链中游核心，选手向主播们与电竞赛事具有强关联度和卷入度，在其身份转换后以技能转移形式——沿用赛事理解、技术操作的电竞文化资本——形成具有说服力的技术派解说风格。因此，选手向主播的职业经历形成了他们的个性化电竞标签，带来了电竞圈层的认可，并为其直播内容积累粉丝与相应身份，形成与整个赛事体系的高强度绑定。

> 因为他曾经打过赛事，有过光环，他在转移到做主播的时候，平台给他的流量也好，关注度也好，很容易让人对他产生一种想象，就是从职业选手走向了职业的另外一个高峰。（受访者25）

随着各种官方小型职业赛事、平台主播赛事、全民赛事等半职业电竞赛事的出现，以赛事作为中介，上述相对封闭的圈层网络以及相对保守的电竞主播身份认同开始逐渐瓦解并重构。首先，主播开始有机会参与赛事交流，成为临时性选手、教练，与职业战队交流对抗，开展训练、复盘，完成破圈，但是并非所有人对这类转型有着一致认同。

> 现在的实际情况是我不认为有真正意义上的半职业电竞。如果说有的话，我认为是一些以面向大众为主的平台赛，给个别队伍或单人以此为寻求进入职业圈的机会。（受访者3）

2021年12月，虎牙平台组建的主播战队HYA对阵英雄联盟职业战队TES并最终赢得比赛胜利，这使之前从未有过职业联赛或大型比赛经历的电竞主播真正以参与者的身份介入到职业联赛当中。通过平台与赛事方的搭桥联系，高选手身份认同度的电竞主播将有机会下沉至基层选手圈层当中，而高主播身份认同度的电竞主播同样借此扩充了社会资源，获得现实利益。这一现象在一定程度上也影响了他们的心理效能感知，包括获得冠军的胜利感与自我证明、享受队友的亲密配合与相互依赖，在认同层面上"觉得自己更像一名选手"，形成圈层突破与再融合。此外，对于为什么高选手身份认同度的电竞主播需要持续参与平台赛，受访者解释道："他需要不断地用平台的比赛强化这个精英身份……让他有优越感。"

（三）职业消费主张的再嵌与脱嵌

随着移动媒体对现代生活价值实践的入侵，消费态度与价值决策之间产生了暧昧的嬗变。以"液态"电竞青年群体为例，探讨"职业—消费"论中"谁主导谁"的盲点，研究发现大部分人都经历了消费逻辑下的双重异化，即"消费驯化的合理化"与"流量为王的新精英模式"，这两者之间既存在消费冲突，又有一定的融合关系。

本次研究对象中不乏中国第一代电竞人，他们对电竞职业与商业消费的态度与20世纪末电竞初期发展的记忆有关。由于第三方赛事在我国民间出现很早，比如省级网吧赛事，有被访者提到网咖作为电竞周边的代表会充分与游戏厂商的优惠活动协作，适时举办一些亮眼的精英比赛，来提高网络会所上座率。此类模式不仅吸引了大量青少年结成趣缘社群深度卷入，也成为全国级规模赛事出现的先声。大多采访者认定，该模式为中国电竞职业选手的培育和走向世界奠定了关键的草根基础。

在综合的社会评价里，最开始打电竞的都是名校，你不是985大学的"人家"不和你玩的，而且都在北京、上海、广州，你想想

| 第十一章　电竞认知：作为"生活方式运动"的中国电竞 |

(20) 01 年（20) 02 年做互联网公司的，一年能挣个十几万二十万的都算社会的精英阶层，他们是奠定"电竞"（基础的）第一代消费者……在第一代里，没有所谓的全职，就像滑雪在美国一样，也不是全职。（受访者 40）

但是如果是玩星际、玩 CSO、玩炉石的这种人，因为（这些电竞）的消费高，然后加上技术难点相对比较高，所以反而彰显了他在其他工作之余要追求的一种其他技能，用来体现他的个性。（受访者 38）

然而，一个有趣的发现是，社会大众的认识普遍受到对网吧的负面记忆的影响，对电竞玩家的印象也停留在"网瘾少年"的阶段，这和我们采访观察人群的话语实践恰恰相反。事实上，很多数据都显示"液态"青年的电竞实践本身与大众的、流行的实践是相悖的。随着网吧和移动互联网的普及，行业的准入门槛降低，电竞的发展也延续了从精英到基层的消费逻辑。

以前的电竞更像是"生活方式运动"，但是现在……电竞运动在我看来，有些时候已经被游戏厂商给裹挟了。（受访者 35）

现在很多厂商的玩法其实不属于电竞，但他们称之为电竞，为什么？是因为称电竞自然带流量，为什么？是因为它（电竞）确实是一个反传统的（东西）。这个表现有点像美国 20 世纪 70 年代这种反传统思潮，特别类似于摇滚乐披头士。（受访者 20）

大众消费引发的价值嬗变也导致了对职业本身的消耗。一方面，电竞行业的知名企业以电竞为名消费着大众，而电竞的"液态"青年以职业为名消费着电竞，这样的混合关系恰恰关照了当代青年的"液态"价值取向，在消费文化与文化消费中又有身份认同与物化再嵌。可惜的是，模糊和矛盾的自我认同再次促使电竞主播等群体嵌入消费与被消费的格局中。以腾讯电竞为主开展的大众和全民电竞赛事，以及斗鱼虎牙直播平台打造的平台赛事，创建了本质为大众消费的精英想象，构建了一种新的年轻人的生活方式，隐性鼓励非全职的职业化转向。采访发现，"液态"青年们不得不承认在主流价值话语的裹挟下，他们也会通过赛事追求心里崇拜已久的冠军，这种过程被很多受访者称之为"消费的后现代化"，比如下面这个有趣的回答。

> 其实这里面的消费主体也有一种博弈，比如说这些所谓的对生活感觉把控感非常强的这一波参与者，他们也在被消费。你看他去参加平台的电竞赛事，是因为这些平台也抓住了这一波人的心理……（受访者24）

当进一步探讨"液态"青年的价值取向与消费态度是如何进行自我协商时，我们再次证明了这群青年群体在消费追求方面的精英式体验令他们具有强烈的优越感。不仅仅如上述所言，大部分受访者都能明确地做出"不只是玩"的区分，更重要的是他们对"赢""冠军"的追求向往以及对于"被赞美"的强烈想象。尤其是他们回忆自己的电竞生涯与经历时，普遍认为自己"很容易受到别人的赞美"。由于电竞本身依存于数字环境，因此，我们发现他们的价值取向与消费态度的关系呈现出隐喻的液态感。一是多样化的反馈机制（弹幕、直播、留言、虚拟礼物等）使得"液态"青年们总能及时地获取认同感，这种交流实践成为青年产生流动认同的一种路径。当他们回应自己是否属于迎合大众时，他们解释"流量或许意味着受更多人喜欢，流量是眼下很珍贵的资源"。二是这样的认同获得本身与低成本的信息流通有直接关系，比如有受访者提到，电竞的下游产业链赋能了直播行业的极速发展。在斗鱼、虎牙、B站等流行直播平台上，电竞比赛是最受欢迎的直播内容之一,通常平台热度都可高达上千万,为用户提供了一个高效率高聚集度的虚拟场域。随着消费逻辑的下沉,以《王者荣耀》《英雄联盟》为代表的大众流行赛事吸引了更多追求流动性的玩家,比如其中的云顶之弈模式从设计逻辑上为参与者打造和提供了更加休闲、更加碎片的游戏场景。

> 我们《英雄联盟》本身就是世界级的生态,从游戏 IP 到品牌、社区、直播、电竞 BD 等周边,我们看到年轻人在这里实现了硬核竞技的价值取向,他们在社交媒体上展现善于表达的态度,他们的兴趣就是"有梗会玩",而且他们愿意为生活方式的品质买单。(受访者 27)

四 小结

"每一位召唤师都能找到自己的舞台。"

本章采用了参与式观察法和半结构化访谈法的研究方法,强调将生活方式电竞运动作为一种方法,透视了现代社会生活变迁对电竞青年构建决策价值和身份认同的内在影响。以电竞作为研究方法可以回归电竞的历史发展与现实场景,从电竞青年的思维方式和话语逻辑本身出发,聚焦电竞与社会发展互嵌中折射的青年人的价值观变化。研究发现,半职业电竞具有排他性(exclusion),其话语实践都指向了形式多样的、竞争性的、精英式的集体空间(critical mass),与消费实践直接相关,但矛盾点在于参与其中的人在追求排他的同时也在积极追求所谓的有特质感(idiosyncratic)的归属。另一方面,半职业电竞被视为寻找社区归属(belonging)的动态工具,半职业运动员们通过构建另类的价值系统(alternative value system),比如,他们不依赖竞争而是通过技能转移(自我调节、创造力、自我表现)等方式来发展社交技能与收获愉悦（同伴支持、合作学习等），最终促进自我提升来实现精英式追求。

本部分研究发现了生活方式电竞运动的日常实践体现了青年人的"液态"取向、阶级认同与消费嵌入三个特点。对比这三个特点发现，与西方相同的是，国内的电竞运动文化组织网络中仍然存在明显的阶级性，以圈层、专业（professional）、高消费作为阶级背书，可以形成高度的文化认同，更重要的是，圈层风格（style）和专业风格同样深嵌在他们的运动选择与实践中，不同之处在于生活价值的"液态"体现。第一，受制于国内的传统文化规范（cultural norms），电竞青年一方面用正能量实践来颠覆传统认知，用自我正名塑造了中国式电竞领域的亚文化取向；另一方面他们在职业自由与生活保障中寻求平衡，因而从生活焦虑中解放的同时，面对电竞职业的不稳定性也能掌握得"轻盈"。第二，受国内平台经济消费逻辑的影响，电竞青年既深嵌流量光环，即相信"流量为王的新精英模式"，也在资本的裹挟下成为产业生态中享受着流动性身份从而获得自我认同的玩家，即他们经历着"消费驯化的合理化"。

本章探讨的"液态"的半职业电竞往往是新发展运动，所以受访者常常与"非正式运动""青年运动""精英运动"等术语互为关照。这里的"液态"进一步复杂化为现在社会中正在发生的流动与平衡。因为电竞青年强调的"液态即平衡"使得流动这个概念具备一定的争议性，过往的身份决定认同之说在"液态"青年中被剥离，使得认同的流动和身份的流动变得更为复杂和多样。这种非一致性的改变是否进一步揭示了现代社会安全感的缺失或是社会秩序的内在缺陷，值得进一步反思。

总体而言，聚焦"生活方式运动"的半职业电竞的生活协商与运动实践，有助于从学理上揭示动态文化权力的发挥与自我认同之间的相关关系和复杂表述，探索青年文化生活的变迁，也能从实践上指导社区参与、创意和健康生活方式等新问题。未来研究可以进一步追逐数字技术的最新发展对电竞产业和受众的影响，因为目前大部分研究肯定了电竞将成为5G

领导的创新前沿①，但缺乏对内在影响机制和技术叠加机制的挖掘。同时，传统的体育产业研究忽略了以电竞为代表的新兴技术赋能下文化产业的价值，产业经济学和文化产业研究尚未追问中式互联网巨头如何塑造电竞全球化，也未将"国家-企业主体-资本"博弈纳入对青年群体的研究，未追问国家政策支持和治理模式对中国电竞全球化的影响，所以，5G时代正是对我国电竞产业的发展和规制进行研究的好时机。

---

① Iannacci J. Internet of things (IoT); internet of everything (IoE); tactile internet; 5G-A (not so evanescent) unifying vision empowered by EH-MEMS (energy harvesting MEMS) and RF-MEMS (radio frequency MEMS) [J]. *Sensors and Actuators A: Physical*, 2018, 272: 187-198.

结　语

全球范围内的电子竞技仍旧处于上升发展期。然而，受到社会语境、产业特殊性等影响，我国的电竞产业仍然面临诸如社会接纳程度不高、监管保障体系不完善、产业盈利模式不明确、职业电竞选手培养机制不健全等问题。在这种产业发展背景下，学术界也关注到电子竞技，并将电子竞技发展为传播学、体育学、社会学等共同关注的跨学科研究问题。

一　电竞作为场域

以传播学为例，该学科内电子竞技的研究议题包括电子竞技与媒体的关系、相关人员的数字劳动、电竞亚文化、电竞平台研究、电竞中的性别问题等。例如，围绕电子竞技本身，Taylor、Burroughs 与 Rama 等学者针对现实空间与虚拟空间合并而成的融合空间展开研究，探讨虚拟与真实之间的关系。Lin 和 Zhao 聚焦中国电子竞技产业的物质行动者和关系网络，借以分析行动者的聚集过程以及彼此之间的影响；此外，两位还围绕平台进行研究，指出中国电子竞技产业的伞状结构。在电子竞技与媒体关系方面，相关研究主要涉及媒体报道对电子竞技的舆论影响，如何天平、宋航研究指出本土化电竞传播框架经历了"休闲娱乐—游戏危害性—作为竞技体育的属性正当化—正名与理性反思"的变化，这促进了电子竞技向中国社会主流思想的融入；庞亮、李雅君则从社交媒体入手，探讨了社交媒体公共话语空间中电竞话题的圈层化传播规律。在电竞文化领域，相关研究

| 结　语 |

主要集中于游戏词汇对日常生活的影响以及电竞与粉丝文化的结合两个方面，例如汪明磊依靠互动仪式链理论，对电竞用户的集体情感生成展开研究；张文杰则探讨了粉丝群体让电子竞技融入主流文化和商业文化的过程。总体而言，目前电子竞技相关研究庞杂，尚未形成特定的研究范式。相关研究正在向多学科交叉融合、研究议题垂直深耕、研究对象逐渐广泛、强调本土化和案例研究等方向发展。

在这种研究背景下，本书将电竞作为研究场域，对这个新兴领域进行了先导性探索。通过对电竞从业人员、电竞选手及相关产业从业者的深入访谈和案例研究，阐释电竞文化所蕴含的丰富内涵，并在探索电竞发展趋势方面提出有价值的思考和建议。

首先在绪论部分，本书对电子竞技的发展情况进行了系统梳理。相较于其他概念，电子竞技的边界相对模糊，处于体育与游戏之间的暧昧区域。在对比界定电子竞技概念意涵的基础上，这一部分对国内外电子竞技发展轨迹的现实问题进行了分析梳理，国外方面，以电子竞技兴起最早的美国和职业赛事最为发达的韩国为案例，剖析产业的国外发展经验；国内方面，将电子竞技发展分为了"曲折中前进""初见曙光""趋向成熟"和"百花齐放"四个阶段。

其次，在纵向梳理的基础上，本书通过知识图谱对电子竞技的社会影响进行了横向剖析，具体通过 CiteSpace 软件对国外和国内电竞研究的作者、机构、关键词等进行知识图谱分析，并且在研究电竞理论历程的基础上，结合既有文献，分析了电竞研究的发展前景、受众及拓展方向。在此基础上，本书进行了研究视角和研究案例两部分的分析。研究视角部分，主要从游戏视角、体育视角、文化视角和产业视角进行了分析。在电竞的游戏视角研究中，国内研究探究了玩家视角、优化视角下电子竞技与游戏的关系，国外研究则探究了动机、身体和劳动视角下电子竞技与游戏的关系。

在电竞与体育方面，主要以"体育运动"要素作为衡量标准，探讨国内电子竞技是否属于体育范畴,以及"电竞体育化"的问题;国外学者则注重拆解电竞的内涵,将电竞与体育运动进行对照,关注电竞本身涉及的身体性、竞争性、技能型、组织性、制度性等问题。电竞与文化方面,国内电竞文化主要与电竞产生的社会背景、青年亚文化,以及性别等议题相关;国外则是与博彩、性别和粉丝文化等相关。电竞与产业方面,国内形成了不同观点,部分学者认为电竞是投入产出比极高的新兴业态,也有部分学者关注电竞产业的盈利能力;国外研究者更加重视对电子竞技文化商业化、产业化等问题的研究,与国内已有研究相比切入视角更为微观,多以实证研究为主。

在研究案例部分,本书主要从电竞素养、电竞职业、电竞污名和电竞认知方面进行了分析。

电竞素养部分引入战略管理领域的商业生态系统概念框架,延伸到以电竞实证数据为基础的中国互联网产业、文化产业和体育文化三重交叉新场景中。通过采用混合式方法,本部分将电竞视为一个生态系统展开跨学科交叉研究,以电竞素养作为边界融合的路径,构建和完善跨学科试验研究的理论框架和范式,剖析其内部的行动者如何在与外部环境互动的同时实现协同演进,并在此基础上具体地讨论了"电竞素养(esports literacy)"的三个层面:社会素养(societal literacy)、实践素养(practical literacy)与体育素养(athletic literacy)。本研究试图强调素养的重要性,不仅仅是因为其可以有效构建行动者竞争与合作的价值主张,实现了行动者之间的互补性,推动持续性的创新与协同演进,更重要的是从应用价值挖掘电竞运动和产业发展的合理性,引导电竞产业在新技术背景下持续发挥科技向善的积极正向作用。

电竞职业部分探讨了在风险社会中职业电子竞技选手的动态身份转变和心理发展。在过去十几年间,中国电子竞技产业的持续发展造就了众多的职业游戏玩家,他们的职业巅峰期在 16 至 22 岁之间。本部分通过对在中国上海、广州、苏州和成都的 15 个顶级电子竞技俱乐部工作的职业选手、教练、经理和评论员的深入访谈，发现电子竞技被中国大众视为一项不安全、不稳定和不规范的职业，而职业电子竞技选手在整个职业生涯中所经历的心理变化会受到更复杂的国家权力和包括文化认知信念、经济激励和权威归属在内的社会规范的影响。

电竞污名部分首先确定了电子竞技运动员职业生涯发展的特征；其次，探究了促进电子竞技职业发展的关键因素；最后搭建了一个新的理论框架以清楚阐释电子竞技职业复杂而动态的发展过程。随着电子竞技行业过去几年的迅速发展，专业电子竞技运动员的数量也大幅增加。然而，围绕这些运动员职业生涯的研究却非常有限，而且，传统的职业理论也可能不足以捕捉这一新兴行业的复杂性和动态本质。相比传统的体育职业理论，职业混沌理论包含的内容可以更有效地描述和解释电子竞技职业的本质与特征。

我国电竞成为正式体育运动已有19年的时间。电竞认知部分，本研究采用参与式观察法和半结构化访谈法，强调生活方式电竞运动作为一种方法，透视了现代社会生活变迁对电竞青年构建现实生活的决策价值和身份认同的内在影响。本研究从电竞青年的价值主张、身份认同和消费实践入手探讨其流动性、阶级性和风格化的亚文化情境，发现我国电竞文化发展出一种"液态"青年的亚文化特点，体现为他们身份叙事的内容与风格、比赛内外的竞争实践，以及电竞生活的等级观念中的"液化"状态。

二 电竞作为方法

在前述电竞作为场域的基础之上，本节想尝试性提出"电竞作为方法"的命题，期待能够转化电竞研究既有的知识结构，使得现有的研究图景和研究视角可以得到扩展和创新。这一命题的提出当然直接受启发于近几年的"方法热"，但其问题意识实则根植于笔者当年读博时阅读的陈光兴的《去帝国：亚洲作为方法》[①]，而陈光兴的著作又受启发于竹内好在

---

① 陈光兴. 去帝国：亚洲作为方法 [M]. 台北：行人出版社, 2006.

1960年的著名演讲《作为方法的亚洲》，以及沟口雄三1989年出版的《作为方法的中国》。

"亚洲作为方法"的历史脉络可以追溯到20世纪初期，在50年代后期和60年代初期引起了更广泛的关注。当时一些亚洲国家正在或者已经摆脱殖民统治并建立自己的国家，从而开始重新审视自己的文化和哲学传统，并试图将其应用到其他领域以超越西方现代性的框架，更好地理解世界。在日本，一些知识分子也开始重新审视自己的传统、文化和哲学，并试图将其与现代性相结合，他们认为西方现代性过于强调理性、分析和实证主义，而忽视了其他重要因素，而亚洲文化和哲学强调的整体性、综合性和关系性及其历史、传统和文化价值观等所提供的思考方式和方法可以帮助我们超越这种局限。而陈光兴则在此基础上，将分析场域移转到亚洲的脉络内部，希望透过亚洲这个想象的"停泊点"或者"方法"，将亚洲内部的不同国家与地区视作各自的参考点，从而反思、批判、挑战或者改变原有的对于自我的理解，超越后殖民批判的限制，推进去殖民、去帝国、去冷战三位一体的历史结构性方案，并最终建立起不同于殖民主义的替代参考框架，促使亚洲的历史经验和实践真正成为一种另类的视野和境界，对世界史提出不同的理解问题的方式。

正是受上述批判研究脉络的启发，我们最终尝试提出"电竞作为方法"的命题，即对电竞这个概念重新审视和理解，将其作为一种方法来思考当前时代下青年群体乃至我们这个社会和世界所面临的各种问题和挑战。数字化时代下，电竞已经成为一种全球性的文化现象，它不仅仅是一项娱乐活动和竞技形式，更是一种生活方式和价值观，也在不同领域都产生越来越重要的作用和意义。这需要我们从历史和文化的角度探讨电竞的根源和演变过程，也需要关注电竞所涉及的社会、经济、政治等方面的问题，更要求我们进行跨学科的研究以探讨数字化时代下人类文化、社会、心理等多个方面的变革与发展，并以此为想象和中介，探索新的研究途径和方法论。

| 结 语 |

虽然我们还很难准确解释"电竞作为方法"的含义，但"电竞作为方法"这一命名的提出本身就包含着将电竞定位为主体并模糊其问题化的期望。其意义在于，通过电竞视角的想象和中介，指向多领域、多学科、多层次的开放空间，并使这些不同主体成为彼此的参照点，可以重新相互看待从而改变他们对自身的理解，进而建立不同的联系并整合新的可能性。在这个意义上，将电竞作为"参照点"或者说"方法"的可能性，实际上开启了对我们这个世界乃至我们自身的不同视角并提出了新问题；这时候，所谓的"方法"实际是一种想象、参照和中介的过程，帮助我们走出现有限制和框架，走向更具生产力的开放空间。因此，通过把"电竞作为方法"，我们可以尝试从多元历史和现实经验中建立新的参照点和新的知识结构，并在不同主体之间建立对话和交流的可能性，用以推动电竞研究、游戏研究、文化研究乃至更广泛意义上的青年研究、世代研究和全球研究。

图书在版编目(CIP)数据

电子竞技研究：图景、视角与案例 / 林仲轩，赵瑜佩著. -- 北京：社会科学文献出版社，2024.10.
ISBN 978-7-5228-3871-7

Ⅰ.G898.3

中国国家版本馆 CIP 数据核字第 20249H458W 号

电子竞技研究：图景、视角与案例

著　　者 / 林仲轩　赵瑜佩

出 版 人 / 冀祥德
责任编辑 / 张建中
责任印制 / 王京美

出　　版 / 社会科学文献出版社·文化传媒分社（010）59367004
　　　　　 地址：北京市北三环中路甲 29 号院华龙大厦　邮编：100029
　　　　　 网址：www.ssap.com.cn

发　　行 / 社会科学文献出版社（010）59367028
印　　装 / 三河市龙林印务有限公司

规　　格 / 开　本：787mm×1092mm　1/16
　　　　　 印　张：15.5　字　数：219 千字
版　　次 / 2024 年 10 月第 1 版　2024 年 10 月第 1 次印刷
书　　号 / ISBN 978-7-5228-3871-7
定　　价 / 89.00 元

读者服务电话：4008918866

版权所有 翻印必究